베트남전쟁과 워터게이트

미국사 산책

10

미국사 산책 10 : 베트남전쟁과 워터게이트

ⓒ강준만, 2010

1판 1쇄 2010년 9월 6일 펴냄

지은이 | 강준만 펴낸이 | 강준우 기획편집 | 박김문숙, 이혜미, 이연희, 이동국
디자인 | 이은혜, 임현주 마케팅 | 이태준, 최현수 관리 | 김수연 펴낸곳 | 인물과사상사
출판등록 | 제17-204호 1998년 3월 11일 주소 | (121-839) 서울시 마포구 서교동 392-4 삼양빌딩 2층
전화 | 02-471-4439 팩스 | 02-474-1413 홈페이지 | www.inmul.co.kr | insa@inmul.co.kr
ISBN 978-89-5906-157-0 04900 ISBN 978-89-5906-139-6 (세트)
값 14,000원

베트남전쟁과 워터게이트

미국사 산책 10

강준만 지음

인물과
사상사

차례

제1장
베트남전쟁의 소용돌이

미국과 북한의 충돌
푸에블로호 사건

1·21 사태와 푸에블로호 사건

1968년 1월 21일 새벽 4시 북한산 비봉에 31명의 젊은 남자들이 모여 있었다. 그들은 1월 16일 개성을 출발해 17일 밤 휴전선을 넘은 김신조를 비롯한 북한 무장공비단이었다. 이들은 밤 8시에 산을 내려와 9시 30분에 세검정 부근까지 진출했다. 나중에는 청와대에서 불과 500미터 떨어진 거리까지 접근했다. 이들은 청와대로 가는 도중에 발각되자 기관총을 난사하고 수류탄을 투척하면서 뿔뿔이 흩어진 채로 각자 도주했다.

이것이 바로 북한 무장공비들의 청와대 습격 사건인 1·21 사태다. 도주한 공비들에 대한 소탕작전은 1월 말까지 계속되었다. 3명은 북한으로 탈주했고, 1명만 생포되었다. 이 과정에서 민간인을 포함한 30명이 사망했고, 52명이 부상을 입었다.

분노한 박정희(1917~1979)는 미국 대사 윌리엄 포터(William J. Porter)

무장공비 중 유일하게 생포된 김신조.

를 불렀다. 1월 21일 자정 무렵 청와대에 온 포터에게 박정희는 "북을 공격해야겠소. 이틀이면 평양에 닿을 수 있다고 생각하오"라고 말하며 미국의 지원을 요청했다. 진심이었는지 딴 뜻이 있었는지는 알 수 없으나 포터는 냉담한 반응을 보였다. "북을 공격하시려거든 혼자 하십시오."(이상우 1986)

1·21 사태가 일어난 지 이틀 후인 1월 23일, 동해상에서 미국의 첩보함 푸에블로(Pueblo)호가 영해 침범으로 인해 북한에 억류되는 사건이 일어났다. 100톤급인 이 군함의 승무원은 모두 83명이었다. 가을에 대통령 선거를 앞두고 강한 반전(反戰) 무드가 일고 있는 가운데 존슨 행정부는 82명의 목숨(1명은 교전 중 사망)이 걸린 이 문제에 적극적으로 매달리지 않을 수 없었다.

미국은 "공해상의 부당한 나포였다"며 군사행동을 취하겠다고 위협했다. 린든 존슨(Lyndon B. Johnson, 1908~1973) 대통령은 1월 24일과 25일에 국가안전보장회의를 소집해 '군사보복'에 착수하기로 했다. 미국은 핵항공모함 엔터프라이즈(Enterprise)호를 원산 앞바다에 출동시킨 데 이어 항공모함 2척을 추가 배치하고 일본 오키나와에 있던 공군전투기 361대를 남한으로 전진 배치했다.

그러나 상황은 미국에게 불리하게 돌아가고 있었다. 함장 로이드 부커(Lloyd M. Bucher, 1927~2004)는 푸에블로호가 이북의 영해를 침범하여 스파이 활동을 벌였다고 시인했다. 또 사건 발생 일주일 뒤인 1월 30일 남베트남민족해방전선이 이른바 구정공세(Tet Offensive)를 펼쳐 존슨 행정부는 강공책을 펴기 어려웠다. 결국 미국은 2월 1일부터 북한과의 비밀협상에 들어갔다.(한홍구 2003)

미국의 태도는 처음부터 분명했다. 미국은 푸에블로호 사건을 1962년 쿠바 미사일 위기 사건처럼 간주했다. 1월 29일 점심식사 자리에서 존슨과 고위 측근들은 선원들을 송환하고, 한국군이 베트남에서 미군과 계속 협력하게 하며, 가장 중요하게는 '아시아에서 제2의 전쟁을 피할 것'을 목표로 한다고 결정지었다. 한 회의에서 중앙정보국(CIA;

첩보함이 나포된 사건은 미 해군 역사상 푸에블로호(사진)가 처음이었다. 핵공격 주장이 일각에서 제기됐으나, 베트남전쟁으로 고전 중이던 당시로서는 위험한 생각이었다.

Central Intelligence Agency) 국장 리처드 헬름스(Richard M. Helms, 1913~2002) 가 "푸에블로호를 지정된 날짜에 우리에게 돌려주지 않으면 중대한 사태를 맞을 것이라고 북한에 경고하는 게 뭐가 잘못되었느냐"고 묻자, 존슨은 즉각 "대답은 간단하다. 우리는 중국·소련과 전쟁을 하고 싶지 않다는 것"이라고 반박했다.(월간중앙 2003)

미국은 처음에는 소련 측에 푸에블로호 석방을 위해 북한에 압력을 넣어달라고 부탁했다. 그러나 '자주노선'을 강하게 외치고 있던 북한에 소련의 압력은 전혀 먹혀들지 않았다. 나중에 존슨은 의회에 푸에블로호 사건을 보고하면서 "북한이라는 나라는 소련의 압력이 먹혀들지 않는 나라인 것 같다"고 말했다.(김진국·정창현 2000)

박정희의 분노

푸에블로호 사건에 대한 미국의 요란한 대응은 박정희를 분노하게 했다. 자신의 목숨을 노린 1·21 사태에 대해서는 냉담하게 반응하던 미국이 푸에블로호 사건에는 전혀 다른 태도를 취한 데 대해 박정희는 배신감마저 느꼈다.

외무장관 최규하(1919~2006)는 "청와대 습격보다 푸에블로호 사건에 중점을 두는 미국 정책에 전적으로 반대한다"는 이례적인 성명까지 발표했다. 국방장관 김성은(1924~2007)은 주한 미8군 참모장 로버트 프리드먼을 불러 "작은 피그 보트(Pigboat; 군함의 속어) 한 척에 온 천지가 진동하고 있으면서 우리 대통령 관저 앞에서의 총격전은 아무것도 아니란 말이오?"라고 항의했다.(이상우 1986)

박정희는 북한의 훈련소들을 공격해 없애버리고 싶어 했으며, 미국이 청와대 사건보다 푸에블로호 사건에 더 큰 우선순위를 두고 있는 사실에 분개했다. 박정희는 이미 미국 관리들에게 '술꾼'으로 알려져 있었기에, 푸에블로호 사건 이후 박정희가 더욱 과음하고 미국에 대노하자 미국 측은 전쟁이 일어날까 봐 걱정이 많았다. 주한 미 대사 월리엄 포터는 "박 대통령이 거의 이성을 잃은 채 북한을 칠 필요가 있다는 데 사로잡혀 있다"고 워싱턴에 보고했다.(월간중앙 2003)

박정희가 전쟁을 일으킬 가능성을 염려한 미국은 대통령 특사 사이러스 밴스(Cyrus R. Vance, 1917~2002)를 한국에 파견했다. 박정희는 밴스와 5시간 30분 동안 격론을 벌였다. 박정희는 구체적인 공격 목표까지 제시해 가면서 북한에 대한 강력한 응징을 주장했다. 밴스는 "올해는 미 선거가 있는 해이고 푸에블로호 문제는 한미관계 및 동남아에서의 미국의 입장과 관련해 선거의 주요 현안이 될 수 있다"는 점을 설명했다. 밴스는 미국은 북한과의 협상에서 한국을 따돌리지 않겠다는 약속과 1억 달러의 추가 군사원조, M16 소총공장 건설 등을 선물로 내놓으면서 박정희를 달랬다. 미국은 월남 파병 건 때문에 박정희를 함부로 무시할 수 없었던 것이다.(박성준 2002, 월간중앙 2003, 이상우 1986)

"박정희는 위험한 인물"

미국은 박정희를 달래는 동시에 경고 메시지도 보냈다. 만약 박정희가 베트남에서 한국군을 철수하겠다고 위협할 경우 미국은 주한미군을 철수하는 것으로 대응하겠다는 요지였다. 그러면서도 미국은 행여 박정희가 무슨 일을 벌일까 염려해 주한유엔군사령관을 통해 한국군에 유류공급을 중지하는 등 사전견제 조치들을 취했다. 그래서 한국

군은 전방부대 지휘관들의 지휘용 차량까지 운행 제한을 받는 등 곤욕을 치러야 했다.(김창수 1998)

최근 비밀해제된 미 행정부 문서에 따르면, 푸에블로호 나포 직후 긴장이 고조되자 미국은 박정희의 동요를 무척 우려했다. 존슨의 특사로 박정희를 만난 밴스는 존슨에게 "박정희는 위험한 인물이고 다소 불안하다", "그는 변덕스럽고 잘 흥분하며 술을 많이 마신다"고 보고했다. "박이 느닷없이 술을 마시기 시작한 건가"라는 존슨의 질문에 밴스는 "아니다. 꽤 된 일"이라면서 "부인에게 재떨이를 던지기도 했고, 보좌진에게도 몇 차례 재떨이를 던진 일이 있다"고 대답했다. 밴스는 "박 대통령은 술을 마시기 시작하면서 모든 명령을 내린다"면서 "박 대통령의 장군들은 그 명령에 따른 모든 조치를 이튿날 아침까지 연기해 놓으며, 다음 날 아침 박 대통령이 아무 말이 없으면 간밤에 박이 말한 내용을 잊어버린다"고 말했다.

박정희는 푸에블로호 선원 송환을 위해 북한과 협상하려는 미국에 협조했다. 그러나 2개월 후에도 주한 미 대사관은 한국이 '병력 이동'을 고려하고 있으며 심지어 '북한에 대한 선제공격'까지 고려하고 있다고 워싱턴에 경고했다.(월간중앙 2003)

결국 미국은 11개월간의 협상 끝에 영해 침범 사실을 시인하고 사과하는 승무원 석방문서에 서명했고, 12월 23일 82명의 승무원들은 석방됐다. 미 해군은 사후수습 과정에서 부커 함장이 대응사격을 하지 않은 채 나포된 점과 나포되기 전 함정의 기밀 자료를 파기하지 않은 점 등을 들어 군법회의에 회부하려고 했다.

1969년 초 부커의 미 해군 사문회(査問會) 증언은 미국인들에게 북

본국으로 송환되는 푸에블로호 선원들.

한에 대한 부정적 이미지, 아니 "코리언들은 야만적"이라는 인상을 깊이 심어주었다. 그의 발언은 전국 텔레비전에 방영되었는데, 부커는 "북한이 하라는 대로 자백했으며 그럴 수밖에 없는 이유가 있었다"고 주장했다.

그는 어느 조사실에 끌려 들어갔다가 기절할 정도로 놀랐다고 말했다. 그 방 한구석에 20대쯤의 한 청년이 발가벗겨진 채로 산 것도 같고 죽은 것도 같은 모습으로 묶여서 매달려 있었는데, 몸의 여기저기에 뼈가 드러나 있었으며 한쪽 눈알은 피범벅이 된 채 밖으로 튀어나와 있는 상태에서 숨이 끊일 듯 말 듯 이어지는 모습을 보았다는 것이다. 부커는 북한의 조사관이 "저 괴물이 남조선에서 넘어온 군인 간첩인데, 너도 시키는 대로 하지 않으면 저렇게 될 것"이라고 협박해 쓰라는 대로 썼다고 말했다. 이 발언 덕분에 부커는 예편(현역에서 예비역으로 편입함)되는 선에서 사면되었다. (김학준 1995a)

EC-121기 격추사건

미국과 북한의 갈등은 푸에블로호 사건으로 끝나지 않았다. 1969년 4월 15일 북한이 미국 해군 정보기(EC-121)를 동해상에서 격추시켜 31명을 사망케 한 사건이 일어났다. 북한은 EC-121기 격추사건(EC-121 shootdown incident) 때에는 겁을 먹었다. 무엇보다도 소련이 미국의 입장에 동조하고 북한을 비판했기 때문이다. 소련은 미국이 정찰기 잔해를 찾는 작업을 도와주었으며, 국가원수 니콜라이 포드고르니(Nikolai Viktorovich Podgornyi, 1903~1983)를 평양으로 보내 북한 지도층을 비판했다. 포드고르니는 "소련은 동북아시아에서 긴장이 완화되기를 강력히 바라고 있다"며 긴장 고조의 책임을 모두 북한에 돌렸다.(김학준 1995a)

2010년 5월 미 국무부가 비밀 해제해 공개한 당시의 문서에 따르면, 리처드 닉슨(Richard M. Nixon, 1913~1994) 대통령은 격추사건 다음 날 헨리 키신저(Henry A. Kissinger) 백악관 국가안보보좌관을 통해 ●북한 요격기 이륙 비행장 공습 ●원산항 해상봉쇄 ●원산항 기뢰 폭파 ●잠수정 발사어뢰를 통한 북한 군함공격 등, 군사적 옵션을 국방부가 검토해 보고하도록 지시했다.

그러나 CIA는 4월 17일 보고서를 통해 미국이 군사적 위협이나 제한적 공습으로 대북보복을 할 경우 오히려 북한이 이득을 볼 것이라며 그 이유로 '외부 위협'에 맞닥뜨린 북한 지도체제를 더욱 공고하게 하고 북한주민들을 충성심으로 뭉치게 할 수 있다는 점을 지적했다. 결국 닉슨 대통령은 북한이 공해상에서의 미 정찰기 활동을 중지시킬 수 없으며, 유사 사태가 있을 경우 강력한 응징에 직면할 것이라고 경고하며 4월 29일 공해상에서의 북한 정찰 활동 재개를 지시하는 것으로 사태를 마무리했다.(황유석 2010)

"그 빌어먹을 배 이야기는 하지 말라"

한동안 '푸에블로 음모론'도 등장했다. 이 음모론의 요지는 이 사건이 미국이 상호 갈등을 빚고 있던 중국과 소련의 관계를 악화시키기 위해 꾸민 일이라는 것이다. 그 근거로 ①미국은 이미 정찰위성과 정찰기의 최신예 레이더로 북한의 정보를 수집하고 있어, 정보함을 북한 영해 가까이 보낼 필요가 없었다는 점 ②푸에블로호에는 기관총을 비롯해 제대로 된 방어 무기가 없었다는 점 ③나포 당시 미 공군이나 해군의 즉각적인 구원 작전도 없었다는 점 등의 이유가 제시되었다. 그래서 "미국 정보기관이 나포된 푸에블로호에 계획적으로 미리 실어 놓았던 비밀서류를 통해, 소련의 침공 계획을 알게 된 중국이 미국에 보낸 눈짓이 바로 1971년 4월 7일 미국 탁구팀 초청이었다"는 주장까지 나왔다.(김창훈 2002)

2001년 4월 25일 푸에블로호 함장이었던 로이드 부커 예비역 해군 중령과 승무원들은 이 사건의 전모를 설명하는 전시 패(牌)를 조지아(Georgia) 주 앤더슨빌에 소재한 국립전쟁포로박물관 벽에 직접 거는 게패식(揭牌式)을 가졌다. 이는 사건 20여 년 만인 1989년에야 전쟁포로 지위를 인정받았던 푸에블로호 승무원들이 마침내 국립 전쟁포로박물관에서까지 본격 예우를 받음으로써 명예회복을 했다는 의미였다. 석방 이후 매년 정례모임을 갖고 후세 교육을 위해 웹사이트(www.usspueblo.org)까지 운영 중인 푸에블로호 퇴역자협회의 F. C. 슈

메이커 회장은 "이번 푸에블로호 게패식이 해상과 공중에서 활동하는 우리 장병들이 어떠한 위험에 놓여 있으며, 어떠한 위험을 무릅쓰고 있는가를 분명하게 보여주는 계기가 되기를 바란다"고 말했다.(윤승용 2001)

푸에블로호 사건은 미 해군 106년 역사상 가장 치욕적인 사건으로 간주되었다. 오죽했으면 도널드 그레그(Donald P. Gregg) 전 주한 미 대사가 훗날 미 해군 4성 장군을 만나 푸에블로호 이야기를 꺼내자 그 장군이 "그 빌어먹을 배 이야기는 하지 말라"고 화를 벌컥 냈을까. 반면 북한은 납치한 푸에블로호를 원산항에 두고 '반미 승전'의 교재로 삼았으며, 1990년대부터는 배를 대동강변으로 옮겨 전시하고 있다. 이곳은 바로 1886년 미국 상선 제너럴셔먼(General Sherman)호가 평양 시민들의 손에 불태워진 자리라고 한다. 미 하원(2002년)과 상원(2005년)은 북한에 푸에블로호 반환을 요구하는 결의안을 제출한 바 있다.(이기환 2009)

세계에서 미국의 잘못을 손볼 수 있는 거의 유일한 국가! 이런 긍지는 북한의 축복이라기보다는 저주가 아닐까? 그런 긍지에 집착하고 그 긍지 하나로 버텨나가면서 인민을 굶겨 죽이는 본말전도(本末顚倒)를 달리 어찌 설명할 수 있으랴. 미국과 북한의 관계, 이는 '팍스 아메리카나' 시대의 본질을 밝힐 수 있는 중요한 화두가 될 것이다.

참고문헌 Lindaman & Ward 2009, O'Neill 1971, 김진국·정창현 2000, 김창수 1998, 김창훈 2002, 김학준 1995a, 박성준 2002, 월간중앙 2003, 윤승용 2001, 이기환 2009, 이상우 1986, 한홍구 2003, 황유석 2010

"앵커맨에 의해 종전이 선포된 최초의 전쟁"
'안방전쟁'의 소용돌이

베트남 '구정공세'

1966년 초부터 미군은 매일 164회에 걸쳐 베트남에 공중폭격을 가했지만, 전쟁은 미국의 뜻대로 돌아가지 않았다. 1967년 초 영국에서는 노동당 국회의원 100명이 베트남을 초토화하는 미군의 폭격을 범죄행위로 규정했으며, 4월에는 50만 명의 미국 시민이 뉴욕에 있는 유엔 건물 앞에서 반전시위를 벌였다. 10월에는 미국 동·서부에서 벌어진 서로 다른 평화시위에 참여했던 여가수 조앤 바에즈(Joan Baez)와 작가 노먼 메일러(Norman K. Mailer, 1923~2007)가 체포되었다. 12월 31일 북베트남의 지도자 호찌민(Hồ Chí Minh, 1890~1969)은 미국의 평화 시위자들에게 새해 인사를 보냈고, 백악관과 국방성은 즉각 비난성명을 발표했다.(Woodall 2001)

그렇게 1967년이 저물었지만, 1968년이라고 해서 나아질 기미는 전혀 보이지 않았다. 1968년 초 미군은 베트남 전선에서 매주 수백 명씩

죽어 나가고 있었다. 미국은 이미 53만 5000명의 병력을 파견했고, 2차 세계대전 때보다 더 많은 양의 폭탄을 베트남에 투하했으며, 매월 20억 달러가 전쟁 비용으로 들어가고 있었다. 존슨은 군부를 다그쳤지만 베트남전의 총사령관인 윌리엄 웨스트멀랜드(William C. Westmoreland, 1914~2005) 장군은 승리가 눈앞에 있다고 하면서 더 많은 병력, 더 많은 예산만을 요구했다. 병력과 돈을 아무리 쏟아부어도 전황은 악화일로(惡化一路)를 걷자 천하의 강심장 존슨도 어쩔 줄 몰라 하며 자신의 후원자인 조지아 주 상원의원 리처드 러셀(Richard B. Russell, Jr., 1897~1971)을 개인적으로 만났을 때 울음을 터뜨리기까지 했다.(Greenstein 2000, 김봉중 2006)

아무리 참혹한 전쟁이라도 명절은 있는 법. 과거 유럽 전선에서는 크리스마스가 명절이었지만, 베트남에서는 음력설인 구정(舊正)이 최대 명절이었다. 연휴 3일간 휴전이 합의됐지만, 이 합의는 지켜지지 않았다. 1968년 1월 31일 구정을 기해 북베트남군과 베트콩(Viet Cong)은 베트남 전역에서 대대적인 공세를 취했다. 베트콩은 주요 라디오 방송국을 점령하고 심지어 사이공 시내에 있는 미국 대사관 내부까지 침투했다. 2주일간 계속된 이 '구정공세(Tet Offensive)'로 인해 미군 1100명, 남베트남군 2300명, 약 1만 2500명의 민간인이 사망했고, 100만 명 정도의 새로운 난민이 발생했다.(Zinn & Stefoff 2008, 김봉중 2006)

세계 각국의 좌파들은 '구정공세'에 대해 "작은 후진국 농민군이 세계의 헤게모니 초강대국에 승리할 수 있다는 것이 극적으로 드러났다"고 높게 평가했다.(Reifer & Sudler 1999) 그러나 엄밀하게 말하자면 구정공세는 실패였다. 미군이 2500명을 잃은 반면, 베트콩은 3만 7000

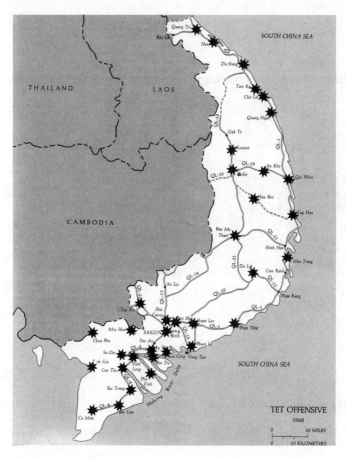

구정공세 기간 중 베트콩의 공격지역.

명을 잃었다. 또한 북베트남군과 베트콩이 기대했던 민중 봉기는 일어나지 않았으며 북베트남조차 패배를 시인했다. 그럼에도 전쟁에서 중요한 요소는 '심리'였다. 미국은 심리적으로 패배했다. 반전운동에 시달리던 미국은 구정공세 직전 "전쟁의 흐름이 미국의 승리로 향하고 있다"고 섣부르게 공식 선언했으니 스스로 패배를 이끌기 위해 애쓴 셈이었다. 미국인에게 구정공세는 미국의 패배를 의미하는 동시에

구정공세 당시 피란민들의 모습.

마음만 먹으면 베트남 어디든 공격할 수 있는 베트콩의 능력을 입증하는 상징이 되었다.(Davis 2004, Frey 2004, Gaddis 2010, Hanson 2002)

구정공세는 미국의 평범한 가정에까지 반전 무드가 확대되는 출발점이 되었다. 유진 매카시(Eugene J. McCarthy, 1916~2005)의 설명에 따르면 "옆집에 누가 사는지도 모르고, 누구의 자식이 죽었는지에 전혀 관심이 없는 루이스빌(Louisville), 켄터키(Kentucky), 멤피스(Memphis), 뉴욕(New York) 같은 대도시에 미군의 주검이 돌아왔을 때는 큰 문제가 없었다. 그러나 이런 일이 인구 5000명이나 1만 명 미만의 소규모 도시로 확대되어 가자, 그런 곳에서는 즉각 동네와 지역사회의 문제로 부각되기 시작했다. 지역사회 전체가 누구의 자식이 죽었다는 데에 비상한 관심을 표하기 시작했다. 지방 신문들이 앞다투어 기사화했다. 이 나라에 큰일이 일어나고 있다고 생각하게 된 것이다. 이렇듯 반전 분위기가 사회 밑바닥에서부터 서서히 고조되어 가고 있을 때, 실질적인 충격의 도화선이 되었던 것은 북베트남군의 구정공세였다."(Maclear 2002)

'안방전쟁'과 존슨의 불출마선언

구정공세 중인 2월 1일 베트남 경찰국장 구엔 곡 로안(Nguyn Ngc Loan)
은 사이공(현 호찌민) 거리에서 한 명의 베트콩 포로를 즉결 처분했다.
당시 AP통신 에디 애덤스(Eddie Adams, 1933~2004) 기자는 이 장면을 사
진에 담아 전 세계에 알렸다. 손이 뒤로 묶인 채 공포에 질려 찡그린 표
정을 지은 베트콩의 머리에 권총 방아쇠를 당기기 직전의 그의 모습은
월남전의 잔혹함과 비극의 상징으로 세계인들의 가슴 속에 남았다.

크놉(Knopp 1996)에 따르면 "『라이프(Life)』에 최초로 발표되어 세계
여러 곳에서 수없이 많이 게재된 이 사진은 그 이후 전쟁의 잔혹성을
충격적으로 보여주는 상징이 되었으며, 베트남전쟁 종결을 위해 몇
개의 사단보다 나은 기능을 수행했다. 이 사진을 본 이후 미국인은 이

〈사이공식 처형(The Saigon Execution)〉이라는 제목의 이 사진은 본래, 재판 없이 무고한 시민을 살해하는
장면으로 알려졌다. 후일, 처형당한 포로가 베트콩 장교였다는 사실이 드러나자 애덤스는 로안과 그의 가족
에게 사과했다고 한다. ⓒ Eddie Adams, AP, 연합뉴스

(위)베트남 후에 지역에서 인터뷰를 진행하는 월터 크롱카이트(왼쪽에서 두 번째).
(아래)병사와 인터뷰를 하는 NBC 뉴스의 개릭 어틀리(Garrick Utley).

와 같은 전쟁에서 '자유를 위해' 목숨을 걸 가치가 있는지 자문하게 되었다." 애덤스는 이 사진으로 퓰리처상을 받았고 로안은 베트남이 공산화되던 1975년 미국으로 탈출, 버지니아(Virginia) 주에서 식당을 운영하며 살다가 1998년 사망했다.

'사진'도 강력했지만 '텔레비전'은 더욱 강력했다. 텔레비전이 전쟁 수행에 영향을 미치는 이른바 '안방전쟁(living room war)'은 CBS 앵커맨 월터 크롱카이트(Walter L. Cronkite, Jr., 1916~2009)의 1968년 2월 27일 방송으로 절정에 이르렀다.(Arlen 1969) 베트남전선을 시찰하고 돌아온 크롱카이트는 그 날 저녁뉴스에서 준엄한 목소리로 존슨 행정부의 베트남전쟁 수행은 잘못되었으며 미국에게 필요한 건 승리가 아니라 협상이라고 단언했다. 이에 장단 맞추듯 이틀 후인 2월 29일 국방장관 로버트 맥나마라(Robert S. McNamara, 1916~2009)는 미국의 베트남전쟁 승리는 불가능하다는 판단 아래 장관직을 사임했다. 후임으로 클라크 클리포드(Clark M. Clifford, 1906~1998)가 임명되었지만, 그 역시 이미 전쟁은 졌다고 결론 내리고 전쟁 확대를 중지하고 정치적인 해법을 찾는 길을 모색하기 시작했다.

윌리엄 웨스트멀랜드 장군은 존슨에게 베트남으로 20만 6000명을 추가 파병해달라고 요청하고 있었다. 하지만 크롱카이트의 2월 27일 뉴스를 보고 있던 존슨 대통령은 "이제 모든 것이 끝났다"고 탄식했으며, 이는 실제로 여론조사 결과로도 나타났다. 구정공세 전에 있었던 한 여론조사에서는 존슨이 민주당 내 도전자인 유진 매카시를 63퍼센트대 18퍼센트로 앞서고 있었지만, 3월 16일의 여론조사에서는 매카시가 2대 1로 존슨을 압도한 것으로 나타났다. 존슨은 3월 31일 대통령재선에 출마하지 않겠다고 공식선언해 많은 미국인을 깜짝 놀라게 했다. 이를 두고 어느 평론가는 베트남전쟁이야말로 "앵커맨에 의해 종전이 선포된 최초의 전쟁" 이라고 평했다.(Newsweek 1968, Novak 1981)

전쟁은 베트남에서만 일어나고 있는 건 아니었다. 미국 내부도 반전운동과 민권운동으로 뜨거웠고, 그 와중에서 1968년 4월과 6월에 각각 마틴 루서 킹(Martin Luther King, Jr., 1929~1968)과 로버트 케네디(Robert F. Kennedy, 1925~1968)가 암살당하는 비극이 연달아 일어나면서 미국 사회는 내전을 방불케 할 만큼 혼란의 소용돌이에 빠져들었다.

마틴 루서 킹 암살

1967년의 도시 폭동으로 80명 이상이 사망하자, 이 문제를 해결하기 위한 대통령위원회가 설치되었다. 이 위원회의 보고서는 1968년 2월 29일에 나오지만, 한 달 전인 1월 31일 앞서 말한 베트남 '구정공세' 가 시작되면서 미국정부는 반전시위에 대한 유화정책을 포기하고 강경정책으로 선회했다. 이는 2월 8일 사우스캐롤라이나(South Carolina) 주 오렌지버그에서 열린 평화적 시위를 통해 잘 드러났다. 3명의 흑인이 사살되고, 34명이 부상을 입는 사건이 발생한 것이다.

이 오렌지버그 사건으로 인해 흑인 민권투쟁 진영에서는 비폭력과 인종통합의 정당성이 또 한 번 의문시되었다. 1968년 3월말 테네시(Tennessee) 주 멤피스의 '블랙 파워' 추종자들은 흑인 목사 애덤 클레이턴 파월(Adam Clayton Powell, 1908~1972)이 "마틴 루서 킹이 종말을 고할 날이 왔다"고 말하는 신호에 따라, 킹이 이끌던 시위 행렬에서 이탈해 건물들의 창문을 부수면서 폭동을 일으키기 시작했다. 시위대에서 1명의 사망자와 60명의 부상자가 발생했다.(Katsiaficas 1999)

그렇게 혼란스러운 상황이 지속되던 1968년 4월 4일 킹이 멤피스에서 백인 암살자의 총에 숨지는 사건이 일어났다. 킹은 저임금과 열악한 노동환경에서 허덕이던 노동자들의 시위를 지원하던 중이었다. 킹이 숨지자 주방위군 4000명이 멤피스에 투입됐고 일출부터 일몰까지 통행금지령이 내려졌다. 린든 존슨 대통령은 흑인들의 소요를 우려해 하와이에서 열릴 예정이던 베트남과의 평화협상 일정을 연기했다.

범행을 자백한 제임스 얼 레이(James Earl Ray, 1928~1998)는 투옥되었지만, 케네디 암살 때처럼 의혹과 소문이 무성한 가운데 다시 폭동의 물결이 미국 전역의 도시를 덮쳤다. 10여 개 주요 도시가 '선발대' 역할을 했다. 킹 사망 이후 6일까지 이들 도시에서 방화와 약탈, 총격 등으로 최소 19명이 목숨을 잃고 3000여 명이 체포됐다. 흑인이 많이 사는 도시인 디트로이트는 38건의 방화로 몸살을 앓았고 시카고에서도 건물 20여 채가 파손됐다. 테네시 거리에서는 4시간가량 총격전이 벌어지기도 했다. 폭동 진압을 위해 군인 1200여 명이 투입됐다. 폭동은 4월 14일이 되어서야 진정세에 접어들었지만, 전국적으로 168개 도시에서 흑인 폭동이 일어나 34명의 흑인과 5명의 백인이 죽었다.

킹이 죽은 지 19일 후, 컬럼비아대학의 학생들은 다섯 개 대학 건물을 점거하기 시작했다. 점거 이유는 베트남전쟁 반대와 더불어 흑인 빈민 거주지에 대학 체육관을 세우려는 '인종차별' 반대였다. 점거 농성 일주일 만에 경찰이 덮쳐 150여 명이 중상을 입었고, 700명이 체포되었다. 점거 농성을 한 학생 중 하나였던 톰 헤이든(Tom Hayden)은 좌파 잡지인 『성벽(Ramparts)』 1968년 6월 15일자에 실은 글에서 "무기를 개발하는 교수들의 사무실을 습격하라"고 요구했다.(Katsiaficas 1999)

대학점거 농성이 오하이오 주립대학 등으로 번져나가는 가운데, 킹의 암살에 대해 FBI 배후설이 떠돌았다. FBI가 킹의 암살에 개입하지 않았더라도 책임져야 할 부분은 있었다. 킹의 동료인 앤드루 영(Andrew J. Young)은 "킹 목사를 암살한 쪽은 FBI가 눈감아주리라 생각했을 것이며, 그러한 분위기를 조성한 FBI의 책임도 크다"고 주장했다.(Summers 1995)

1965년 2월에 암살당한 맬컴 엑스는 킹을 "백인 악마에게 영혼을 파는 20세기의 샘 아저씨"라고 조롱하곤 했었다. 비폭력투쟁이란 "흑인의 목줄을 짓밟고 있는 가장 잔인한 짐승인 백인 앞에서 무방비 상태로 있으라는 것일 뿐"이라는 논리였다. 이런 비난이 킹에게 영향을 미쳤던 걸까? 킹은 1967년 "지난 12년 동안 우리는 개혁운동을 해왔다. 그러나 이제 우리는 혁명의 시대로 나아가지 않으면 안 된다"고 말했다. 두 사람 모두 암살되긴 했지만, 말년에는 상호 수렴되는 모습을 보인 것이다.

킹이 죽기 전 흑인 육상선수들에게 남긴 말은 멕시코올림픽에도 영향을 미쳤다. 1968년 10월 16일, 멕시코올림픽 남자 200미터 결승에서 입상한 미국의 흑인 선수 금메달리스트 토미 스미스(Tommie Smith)와 동메달리스트 존 카를로스(John W. Carlos)는 시상식 중 미국의 국가가 연주되는 동안 주먹을 치켜올려 '블랙 파워'를 상징했다. 다음 날 두 선수는 "스포츠를 정치로 더럽혔다"는 이유로 메달을 잃고 미국 팀에서 제명되었다. 이들은 이후 수년간 빈곤에 허덕이는 비참한 운명에 처했다. 훗날 카를로스는 다음과 같이 말했다.

"우리들이 눈에 띄는 항의 행동을 안 하면, 미국 내의 흑인과 백인의 대립을 세계에 알릴 수 없다고 생각했습니다. 하지만 모든 것이 평온하게 진행되기를 원했습니다. 사실 그 행동은 대회 직전에 마틴 루서 킹을 만났을 때 내

신발을 신지 않은 것은 흑인에 대한 린치와 빈곤, 검은 장갑은 블랙 파워의 위대함, 치켜든 오른손은 흑인의 힘, 왼손은 흑인의 단결을 상징했다.

가 생각했습니다. 킹은 나에게 다른 형태의 좀 더 명확한 지원을 필요로 하고 있다고 말했습니다. 항의행진을 하거나 일부러 형무소에 들어가는 것만이 아닌 다른 행동 말입니다. 그래서 우린 그렇게 했습니다."(Knopp 1996)

마틴 루서 킹의 유산은 한국에까지 영향을 미쳤다. 마틴 루서 킹의 측근인 솔 알린스키(Saul D. Alinsky, 1909~1972)의 '지역사회 이론'은 "잠자는 민중을 깨워 리더로 양성시킨 뒤 그들 스스로 문제를 해결하도록 한다"는 것이었는데, 이는 훗날 한국 운동권에도 수입되었다.(문갑식 2009)

1983년 11월 2일 로널드 레이건(Ronald W. Reagan, 1911~2004) 대통령은 킹을 기념하는 공휴일을 제정하는 법안에 서명했다. 1986년 1월 20

일부터 시작된 '마틴 루서 킹의 날'은 해마다 킹의 생일에 가까운 1월 셋째 월요일에 지켜진다. 미국의 10번째 법정 기념일이다. 킹에 앞서 이런 영광을 얻은 이는 조지 워싱턴과 크리스토퍼 콜럼버스뿐이다. 미국에서 73개 도시가 킹의 이름을 딴 거리를 조성했으며, 미국 성공회와 루터교회는 그를 '성인'으로 추대했다.

그러나 '성인'일지라도 완벽할 수는 없었나 보다. 그는 섹스 스캔들 이외에 사후 표절 스캔들에 휘말렸다. 영국 일간지 『데일리텔리그래프(The Daily Telegraph)』의 프랭크 존슨 기자는 1989년 12월 3일자 신문에 「마틴 루서 킹: 그는 표절꾼이었는가?」라는 제목의 기사를 올렸다. 이때에는 잠잠하더니 1990년 11월 9일 『월스트리트저널(Wall Street Journal)』이 다시 표절 혐의를 제기한 기사를 싣자 다른 신문들이 비슷한 기사를 게재하면서 본격적으로 공론화되었다. 킹의 보스턴대학 박사학위 논문이 3년 전에 나온 다른 학위 논문을 대거 표절했다는 내용이었다. 이런 경우 논문을 취소하는 게 관례지만, 성인의 반열에 오른 인물인데 그렇게 할 수야 있겠는가. 보스턴대학은 킹이 부적절한 행동을 했다는 점을 인정하면서도 그의 학위 논문은 여전히 학문에 기여하는 바가 있다며 학위를 취소하지 않았다.(김종철 2009)

로버트 케네디 암살

로버트 케네디는 처음부터 베트남전쟁을 지지했으며 1965년 파병에도 찬성했다. 그러나 대세를 간파한 그는 1967년부터 돌연 전쟁 반대로 돌아섰다. 1968년 3월에 대선 출마를 선언한 로버트 케네디는 민주당 예비선거에서 돌풍을 일으키며 대통령 자리에 근접해 가고 있었

로버트 케네디는 1968년 강력한 대선후보로 부상하여 6월 4일 캘리포니아 주 예비선거에서 승리를 거둔 것을 비롯해 5개 주에서 선전했다.

다. 그 역시 형인 존 F. 케네디(John F. Kennedy, 1917~1963)처럼 아버지의 막강한 재력을 바탕으로 풍성한 물량 공세를 펼쳤다.

1968년 5월 그는 CBS-TV의 앵커맨 월터 크롱카이트와의 인터뷰에서 "인디애나(Indiana) 주의 예선을 돈으로 사고 있다는 세간의 비판에 대해 어떻게 생각하느냐"는 질문에 이렇게 답했다. "텔레비전 광고가

존 F. 케네디 장례식에서의 재클린(계단을 내려오는 여인)과 로버트.

그렇게 비싸지만 않다면 우리는 선거자금의 80퍼센트를 절약할 수 있을 것입니다. 텔레비전이 이러한 일을 공익 서비스의 차원에서 해준다면 정치 캠페인에 그렇게 돈이 많이 들지 않을 텐데요.”

헌데 이 무슨 형제의 불운이란 말인가. 로버트 케네디는 1968년 6월 6일 로스앤젤레스에서 자신의 승리를 확인하는 연설을 하고서 몇 분 뒤 암살당했다. 범인은 24세의 팔레스타인인 시르한 비샤라 시르한(Sirhan Bishara Sirhan)이었으며, 살해 이유는 로버트 케네디가 이스라엘을 지지한다는 것이었다.

로버트 케네디의 형수인 재클린 케네디(Jacqueline Kennedy Onassis, 1929~1994)는 남편과 시동생을 죽인 미국이라는 나라에 회의를 느꼈다. 그녀는 로버트 케네디의 장례식 후 친구에게 '나는 이 나라가 싫다. 나는 미국을 경멸하고 내 자식들이 더 이상 이곳에 사는 것을 원치 않는다. 케네디가(家)가 암살 대상이라면 내 자식들이 첫 번째 목표다. 이곳을 벗어나고 싶다"고 말했다.(Thomas 1994)

미국을 벗어나고 싶어 하던 마음이 간절했기 때문일까. 재키(재클린)는 로버트 케네디가 암살당한 지 4개월여 후인 10월 20일 서둘러 그리스의 재벌 아리스토틀 오나시스(Aristotle Onassis, 1906~1975)와 결혼해버렸다. 이때 오나시스는 62세, 재키는 39세였다. 재키와 오나시스의 결합은 필요에 의한 것이었다. 오나시스는 자신의 나쁜 평판을 쇄신시켜줄 여자를 찾았고, 재키는 재정적인 압박에 시달리고 있었다. 사치벽이 있던 그녀로서는 미국 정부에서 나오는 연금과 케네디가에서 주는 돈으로 생활을 꾸려갈 수 없었다. 그래서 돈 많은 오나시스가 필요했다.

이 같은 사실은 오나시스와 재키가 결혼하기 전에 체결한 혼전계약서에 잘 나타난다. 재키가 자신의 변호사를 통해 오나시스와 협상한 계약서에는 '오나시스는 결혼과 동시에 재키에게 300만 달러를 일시불로 지급하고, 재키의 자녀가 21세 때 찾을 수 있도록 100만 달러를 별도로 예금시킬 것이며, 오나시스가 죽거나 재키와 이혼할 경우 재키에게 평생 매년 20만 달러씩을 지급해야 한다' 는 조항이 명시되어 있었다. 대신 오나시스는 자신이 사망할 경우 재키는 상속권을 포기해야 한다는 조건을 내걸었다.(Heymann 1992)

오나시스와의 결혼은 재키의 이미지를 실추시켰다. 많은 미국인들이 그녀의 재혼과 재혼상대자에 대해 분노와 실망을 표했다. 인기 있는 퍼스트레이디에서 사기꾼이라 불리던 갑부의 아내로 변신한 재키의 모습에서 대중은 배신감을 느낀 것이다. 재키와 오나시스의 결혼 생활은 처음부터 삐걱거리기 시작하더니 1970년을 고비로 파경의 길을 걷기 시작한다. 직접적인 원인은 오나시스와 일정한 거리를 유지한 재키에게 있었다.

재키와 오나시스 사이에 말다툼은 점점 늘어갔고 재키의 낭비벽도 심해졌다. 현금을 마련하기 위해 오나시스의 카드로 구입한 물건을 재활용시장에 되팔아 치울 정도였다. 오나시스는 결국 이혼을 결심했으나 1975년 3월 15일 사망함으로써 실행하지 못했다. 재키는 1994년 5월 19일, 65세의 나이로 사망해 알링턴 국립묘지에 안장된 존 F. 케네디 옆에 묻혔다.

국가 지도자급 인사들이 그렇게 연달아 암살을 당하면 총기 규제를 할 만도 한데, 그 점에 관한 한 미국사회는 요지부동이었다. '개인 총기 소유'는 프런티어(Frontier) 문화의 유산인 동시에 미국 정체성의 본질이라고는 하지만, 바로 그 문화가 세계적인 폭력을 자주 유발하는 건 아닌지 의심스럽다.

참고문헌 Ali & Watkins 2001, Arlen 1969, Davis 2004, Frey 2004, Gaddis 2010, Greenstein 2000, Hanson 2002, Heymann 1992, Katsiaficas 1999, King 2000, Knopp 1996, Maclear 2002, Meyer 1998, Neale 2004, Newsweek 1968, Novak 1981, Reifer & Sudler 1999, Summers 1995, Thomas 1994, Woodall 2001, Zinn & Stefoff 2008, 강준만 1992, 김봉중 2006, 김종철 2009, 문갑식 2009, 서울신문 1998, 손세호 2007, 최희진 2010a, 한겨레신문 문화부 1995

1968년 대선
제37대 대통령 리처드 닉슨

"전 세계가 지켜보고 있다!"

1968년 대선은 현직 대통령 린든 존슨이 재선출마를 포기함에 따라 부통령으로 민주당 대통령 후보가 된 휴버트 험프리(Hubert H. Humphrey, 1911~1978)와 공화당의 대통령후보 리처드 닉슨(Richard M. Nixon, 1913~1994)의 대결 구도로 치러졌다.

존슨은 격화일로로 치달은 반전시위로 인해 사실상 백악관에 유폐된 상태였다. 경비가 철통 같은 군사기지 외에는 공개석상에 나타날 수 없었다. 이런 상황에서 1968년 8월 시카고에서 열린 민주당 대통령 후보 지명대회가 난장판이 된 건 놀랄 일은 아니었지만, 그 폭력성은 상상을 초월하는 수준이었다.

'민주사회를 위한 학생(SDS; Students for a Democratic Society)' 등 반전단체들은 존슨의 영향권하에 있는 휴버트 험프리가 대통령 후보로 지명되는 것을 막겠다는 듯 민주당 전당대회를 일종의 최후의 전쟁으로 간주하고 전력투구했고, 이런 결사항전의 의지는 존슨 측도 마찬가지였다. 물리적인 힘으로는 당연히 존슨 측이 우세였다. 시카고 시장 리처드 데일리(Richard J. Daley, 1902~1976)의 지휘하에 경호 병력으로 경찰 1만 2000명, 주방위군 6000명이 동원되었으니 시위대가 당해내기에는 역부족이었다.

지명대회장 근처에서는 4000여 명의 반전시위대와 경찰이 충돌했는데 경찰은 무자비한 진압 작전을 폈다. 경찰은 시위 참가자들을 꼼짝 못하게 붙들고 얼굴과 머리를 총 개머리판으로 가격하기도 했다. 경찰의 잔인한 폭력은 나흘 밤낮으로 계속되었으며, 이는 텔레비전에 그대로 중계돼 9000만 명 이상의 시청자가 지켜보았다.

기자들도 경찰의 폭력으로부터 자유롭지 못했다. 경찰이 경찰봉을 치켜들고 기자들에게 달려들 때마다 기자들은 "전 세계가 지켜보고 있다!(The whole world is watching!)"고 소리쳤지만, 카메라의 존재도 폭력을 막지는 못했다. 월터 크롱카이트와 『뉴욕타임스(The New York Times)』의 기자 톰 위커(Tom Wicker)는 이런 폭력에 대해 분노 어린 말과 글을 쏟아냈으며 "이건 경찰의 폭동(police riot)"이라는 말까지 나왔다.(Morrow 1996)

시위에는 이피(Yippie; Youth International Party and Hippie)도 가세했다. 이피는 펑크족과 선동가 들로 이루어진 유동적인 집단으로 히피와 신좌파(New Left)의 중간을 자처했다. 이피를 조직한 애비 호프먼(Abbot H. Hoffman, 1936~1989)과 제리 루빈(Jerry Rubin, 1938~1994)은 '혁명'과 '방화(放火)'를 역설했다. 제리 루빈은 경찰과의 대결을 통해 "미국이 물리력에 의해 통치된다는 것"을 보여줌으로써 "시카고 경찰과 데일리 시장 그리고 연방정부가 자멸하는 상황을 만들어내려고 했다"고 주장했다. 그러나 갤럽(Gallup)이 실시한 여론조사로는 56퍼센트의 국민이 경찰의 행동을 지지했다.

유진 매카시와 조지 맥거번(George S. McGovern)을 누르고 민주당 후보가 된 험프리는 '기쁨의 정치(the politics of joy)'라는 구호를 내걸었고 전당대회장에는 "행복한 날이 다시 왔어요"라는 음악이 울려퍼졌지만, 전당대회장 밖의 폭력 사태는 험프리에겐 큰 타격이었다. 『뉴욕타임스』 8월 29일자 헤드라인은 「험프리, 베트남정책이 인준된 후 1차 투표에서 지명되다. 경찰들, 거리의 시위대와 전쟁하다」로 뽑혔으며, 헤드라인 아래 두 개의 사진이 실렸다. 험프리 지지자들이 깃발과 사진판을 들고 환호하는 장면, 그 옆에는 헬멧을 쓴 경찰이 시위대를 체포하는 사진이었다. 이는 험프리와 거리의 혼란을 동일시하는 효과를 냈다.(Jamieson 2002, 이주영 1995)

닉슨의 와신상담(臥薪嘗膽)

1968년 10월 전국에 걸친 반전시위가 있던 날, 보스턴에만 10만 명, 전국적으로는 200만 명이 운집했다. 전국적으로 들끓은 반전시위는 집권당 후보인 험프리에게 불리하게 작용해 11월 5일 대선에서 닉슨이 43퍼센트의 득표율로 제37대 대통령에 당선되었다. 험프리와는 약 81만 표라는 근소한 차이의 승리였지만, 선거인단 표에서는 301대 191로 큰 차이를 보였다.

1969년 1월 20일 대통령 취임연설에서 닉슨은 "미국의 열정과 양심에 귀 기울이는" 대통령이 되겠다고 약속했다. 미네소타대학의 커뮤

미국의 제37대 대통령 리처드 닉슨.

니케이션 학자 로버트 스코트(Robert L. Scott 1970)는 케네디가 대통령 취임연설에서 'I'라는 단어를 딱 한 번 사용한 반면 닉슨은 'I'를 16번이나 사용했다는 점을 지적하면서 취임연설에서 두드러진 건 '닉슨 개인'이었지 '미국 대통령'이 아니었다고 꼬집었다.

닉슨으로서는 문자 그대로 와신상담(臥薪嘗膽)이었으니 이해할밖에 어찌겠는가. 닉슨은 1960년 대선에서 패배한 뒤 1962년 자신의 고향인 캘리포니아(California) 주지사 선거에서도 패배해 사실상 정치생명이 끝났다고 간주되었던 인물이었으니, 와신상담이 아니고 무엇이겠는가.

그러나 바로 그 와신상담에 닉슨의 그늘이 있었다. 인생 자체가 와신상담의 연속이었던지라 그는 늘 어두웠다. 닉슨의 사촌인 작가 제서민 웨스트(M. Jessamyn West, 1902~1984)에 따르면 닉슨은 어렸을 때부터 '껴안아주고 싶은 꼬마'가 결코 아니었다. 그의 어린 시절은 가난과 형의 죽음으로 얼룩졌고, 학창 시절에는 내내 몹시 수줍고 자존심 센 고집불통이었다. 닉슨의 정치보좌관이었던 브라이스 할로(Bryce Harlow, 1916~1987)는 "애인이나 부모, 또는 절친한 친구 중 누가 닉슨의 마음을 크게 다치게 해 그가 그 충격을 못 이기고 다시는 아무도 믿지 않게 된 것 같다"고 말했다. 닉슨은 자수성가했다고 자랑스레 떠벌리곤 했지만, 자신이 따돌림 받는다는 생각을 내내 지우지 못했다.(Morganthau 1994) 닉슨은 대통령이 된 후 한 보좌관에게 "사실 나를 이 정치역정으로 들어서게 만든 것은 어렸을 때 받은 비웃음과 멸시, 푸대접이다"라고 말했다.(Miller 2002)

닉슨의 그런 피해의식은 캘리포니아 주지사 선거에서 민주당의 팻 브라운(Edmund G. Brown, Sr., 1905~1996)에게 30만 표 차이로 패배한 다음 날 '마지막 기자회견'에서도 드러났다. 그는 언론을 향해 다음과 같이 쏘아붙였다. 아니, 원한(怨恨)을 토로했다고 하는 편이 더 어울리겠다. "언론인 여러분을 떠나며 내가 말할 수 있는 것은 이것뿐이다. (앨저) 히스 사건 이후로 16년 동안 당신들은 너무나 재미를 보아왔다. 나를 공격할 기회도 얻었고 나 역시 당한 만큼 많이 공격했다고 생각한다. …… 이제 내가 여러분을 떠나는 마당에 이것을 알아주기 바란다. 앞으로 내가 얼마나 아쉽게 느껴질 것인지 생각해보라. 이제는 더 이상 골려줄 닉슨은 없을 것이다."(Morganthau 1994)

그러나 닉슨은 이 마지막 기자회견을 한 지 며칠도 되지 않아 대권을 향한 다음 공격을 구상하기 시작했다. 그는 케네디의 재출마가 확실한 1964년이 아니라 1968년에 최상의 기회가 올 것이라고 생각했다. 텔레비전에 대한 생각도 바꾸었다. 지난 8년간 더욱 커진 텔레비전의 영향력 때문에라도 텔레비전을 껴안지 않고서는 아무 일도 할 수 없다는 사실을 깨달은 것이다.(Trent 1971)

닉슨은 케네디와 붙었던 1960년의 선거결과에 대한 마셜 매클루언(H. Marshall McLuhan, 1911~1980)의 충고를 잊지 않았다. 매클루언은

'1960년 대토론'을 라디오로 청취한 사람들은 닉슨이 승리했다고 생각했다는 사실을 상기하면서 닉슨이 영상 이미지에 강하지 못하다는 점을 지적했었다. 닉슨은 실제로 텔레비전 정치 광고에는 일체 자신의 모습을 보이지 않고 음성만을 사용했다. 닉슨은 집권 기간 중에도 결코 텔레비전과 좋은 관계를 유지하지 못했다.

닉슨은 대선 과정에서 자신을 보호하기 위해 자유주의자를 비난하는 데 선봉장이었던 스피로 애그뉴(Spiro T. Agnew, 1918~1996) 매릴랜드 주지사를 러닝메이트로 지명했다. 애그뉴는 그리스 이민자의 아들로 태어나 대학을 중퇴했고 무인가 야간 법률학교를 졸업해 변호사를 거쳐 주지사에까지 오른 입지전적인 인물이었다. 별 생각 없이 정계의 관행을 답습해온 그는 1973년 10월 부정 스캔들로 사임하지만, 닉슨이 하고 싶어 하는 말을 도맡아 해주는 악역(惡役)을 충실히 해낸다.

동부 기득권층에 대한 반감

1968년 대선은 공화당 내부의 분열 양상을 보여준 선거이기도 했다. 당시 공화당에서 세력을 얻고 있던 반(反)기득권적 비주류 보수주의('outsider' conservatism)는 당의 재벌 가문 위주의 '동부 기득권층(eastern establishment)'과 언론사·재단·싱크탱크·이이비리그대학 위주의 '동부 자유주의 기득권층(eastern liberal establishment)'을 공격했다. 반기득권적 우파는 블랙팬서(Black Panther; 흑표당)와 캘리포니아 포도 수확 노동자들을 위해 뉴욕 파크 애비뉴와 사우스햄프턴에서 파티를 열어 '급진적 멋(radical chic)'을 부리는 백만장자들을 조롱한 작가 톰 울프(Thomas K. Wolfe, Jr.)의 풍자를 즐겼다. 울프는 그의 『급진적 멋내기와 관료들 겁주기(Radical Chic & Mau-Mauing the Flak Catchers)』(1970)에서 백인 부유층이 급진주의 운동을 지원함으로써 안락하지만 지루한 생활에서 벗어나 색다른 흥분과 유별난 멋을 누리려는 모습을 풍자적으로 표현했다.(Phillips 2004)

물론 닉슨은 반기득권적 비주류 보수주의에 속하는 인물이었다. 닉슨과 빌 클린턴(Bill Clinton)의 공보 보좌관을 지낸 데이비드 거겐(David Gergen 2002)에 따르면 "미국의 지도층이라 할 정치 엘리트들과의 경험은 극히 적대적이었다. 평생 동안 닉슨은 이들로부터 거절을 당하며 살았다. 월스트리트와 언론, 대학, 관계(官界) 등 각 다른 분야들로부터 말이다. 심지어는 부통령 시절에도 리처드 로비어(Richard H. Rovere, 1915~1979)의 글에 따르면, 그는 소위 '기득권층'에 대한 소속감을 느끼지 못했다고 한다. 조지타운의 고급 술집들은 그를 문전에서 거절했고 그는 조롱으로 맞설 뿐이었다."

거겐의 '닉슨을 위한 변명'은 계속된다. 거겐은 "심지어 나 같은 중간급 보좌관들도 그가 시도 때도 없이 기득권층 내부에 부패가 만연되고 있다며 욕설을 퍼붓는 소리를 들을 수 있었다. 또한 그는 노동조합 지도자들을 싫어했고, 이에 비례하여 일반 노동자들을 사랑했다. 일반 노동자들이야말로 마약과 범죄에 맞서고, 국가방위와 강한 미국이라는 이상에 기대고 있는 유일한 세력이라고 생각했다"며 다음과 같이 말한다.

"닉슨은 아마도 이렇게 생각했으리라. '은수저(좋은 가문 출신)와 아이비리그 졸업장을 가진 자들을 데려와 보라. 그들이 얼마나 허약한 자들인지 보여주리라.' 그는 소위 지도층이라는 사람들이 미국을 망쳐놓았다고 생각하고 있었던 것이다. 닉슨은 기회가 있을 때마다 기득권층과 대화를 시도했지만, 그때마다 부당한 대접을 받았다는 느낌으로 끝이 났다. 특별한 이유는 없었다. 한번은 인권문제에 관해 지도급 인사들을 초청해 대화들을 나누면서 자신의 진보적인 견해를 피력한 적이 있었다. 그러나 그들은 백악관 잔디밭을 나서면서 카메라 앞에서 대통령에게 비난을 퍼부었다. 언젠가는 대학 총장들에게 조언을 청했던 적이 있지만 머리를 발로 걷어차이는 듯한 굴욕감을 느꼈다. 그리하여 그는 언론과 시위대, 반전운동가 등 소위 '기득권층' 이라고 보았던 모든 무정형적인 악의 산물들에 대해 넌더리를 냈던 것이다."

그대로 다 믿을 내용은 아니지만, 닉슨이라는 인물을 이해하는 데에는 도움이 될 수 있겠다. 실제로 닉슨은 1968년 대선에서 남부와 농장지대와 서부에서 승리를 거둔 반면 맨해튼 동부의 기득권층 지역에서는 별 지지를 받지 못했다. 브룩스(Brooks 2001)의 주장에 따르면 "이 동부 기득권층 엘리트들은 가문이 별 볼일 없음에도 불구하고 야심에 찬 사람들(이를테면 린든 존슨이나 리처드 닉슨)을 무지하게 괴롭혔다."

별 볼일 없는 가문에, 별 볼일 없는 학벌이라는 점에 있어 존슨과 닉슨은 닮았다. 적어도 상류층 세계에서는 미국의 학벌차별이 한국의 학벌차별보다 더 심한 것 같다. 벤저민 브래들리(Benjamin C. Bradlee 2002)에 따르면 "닉슨은 휘티어(Whittier)대학 출신으로, 사우스웨스트 주립사범대(Southwest State Teachers' College) 출신이었던 린든 존슨처럼 아이비리그 대학 출신자들에 대한 일종의 열등감을 느끼고 있었으며 『뉴욕타임스』나 『워싱턴포스트』, 텔레비전 방송들이 편향되어 있다고 늘 의심했다. 그 결과 그가 구축한 핵심세력이 일종의 캘리포니아적 특성들을 지니고 있는 것은 놀랄 일이 아니었다. 닉슨의 의심과 반감을 공유했던 그들은 권력을 잡자 공격적으로 바뀌었다."

브래들리가 닉슨과 원수관계였던 『워싱턴포스트(The Washington Post)』 사람인데다 케네디의 하버드대학 후배로서 친(親)케네디 인사라는 점을 감안하고 듣는다면 '닉슨의 열등감'은 '아이비리그 출신의 우월감'으로 달리 표현할 수 있다. 열등감에서 비롯된 막연한 피해의식인지 실제로 당할 만큼 당했기 때문에 갖게 된 정당한 피해의식인지 따져볼 필요가 있다는 뜻이다. 게다가 닉슨은 하버드대학에 합격했는데도 가정 형편상 진학할 수가 없어 지역의 퀘이커교도 학교인 휘티어대학에 들어갔다. 그랬으니, 닉슨이 아이비리그 출신이라고 '거들먹거리는' 사람에 대해 어떤 생각을 가졌을지 미루어 짐작하기 어렵지 않다.(Maclear 2002)

닉슨은 휘티어를 거쳐 듀크대학 로스쿨을 졸업한 뒤 동부에서 취직하고 싶어 법률회사와 FBI에 지원했지만 모두 다 거절당했다. 닉슨은 동부 기득권층에 대한 반감 때문에 국무부는 물론 CIA도 믿으려 들지 않았다.

닉슨이 보기에 CIA는 아이비리그 명문대학 출신들이 많았고 지나치게 자유주의적이었다. 그는 자신 못지않게 비밀스러운 것을 좋아하는 헨리 키신저를 국가안보회의 의장으로 임명함으로써 외교에 대한 통제력을 확보하고자 했다. 키신저는 1938년 나치즘을 피해 이민 온

키신저는 닉슨 행정부 발족과 함께 대통령보좌관 겸 국가안보회의 의장으로 취임하여 국무부의 통상적인 외교경로를 무시하고, 이른바 '키신저외교'를 전개했다.

독일계 유태인 출신의 야심 많은 정치학자로서 하버드대학 교수 시절에 이미 많은 정책에 관여한 인물이었다.(이상민 1998)

키신저에 관해 "1류의 지성과 3류의 성질을 가진 사람"이라는 평가가 있다. 키신저는 선거기간 중 험프리의 자문을 맡은 새뮤얼 헌팅턴(Samuel P. Huntington, 1927~2008)을 만났고, 헌팅턴의 친구인 즈비그뉴 브레진스키(Zbigniew K. Brzezinski)에게 "오랫동안 닉슨을 혐오해왔다"고 말하는 등 사실상 양다리를 걸친 인물이었다. 닉슨이 키신저의 그런 비밀스러움까지 알고도 그를 택했는지는 의문이다.(Hitchens 2001, Morris 1977)

얼마 후 키신저가 자신을 극도로 자기중심적인 사람이라고 비난한 법무장관 존 미첼(John N. Mitchell, 1913~1988)에게 보낸 메모에서 한 다음과 같은 말이 키신저의 특성을 잘 말해주는지도 모르겠다. "나는 과대망상증이라고 비난받아왔고 실제로 편집증으로 고생하고 있다. 학계가 아닌 정부에서 일하는 데 있어 가장 좋은 점은 진정한 적(敵)을 가질 수 있다는 사실이다."(Thomas 2000)

이 세상을 적으로 가득 찬 전쟁터로 보는 점에 있어 키신저는 닉슨과 배짱이 맞았다. 닉슨이 1973년 AP통신 기자 사울 팻에게 한 말에 따르면 "나는 선거유세 투쟁이든 공직에서의 투쟁이든, 투쟁을 믿습니다. 그것은 끊임없는 투쟁입니다. 그것은 여러분이 가는 곳마다 있고, 아마 나는 다른 사람들보다 더 많이 투쟁할 것입니다. 그것이 나의 길이기 때문입니다."(Thomas 2000)

왜 존슨은 험프리가 아니라 닉슨을 도왔는가?

1998년 3월 보스턴대학 역사학자 로버트 댈럭(Robert Dallek)은 린든 존슨 대통령의 일대기를 다룬 『흠집난 거인(Flawed Giant)』이란 책에서 존슨이 집권 당시 부통령이었던 험프리가 베트남전쟁을 반대할 것을 우려해 부통령 집무실 전화를 도청했다고 폭로했다. 이 책에 따르면, 존슨은 험프리가 연약하고 진보적인 성향이 강해 결단을 내리기에는 적합하지 않은 인물로 불신했으며, 만약 험프리가 대통령에 취임하는 그 순간 베트남전쟁을 포기할 것이며 미국 역사상 전쟁에 패한 최초의 대통령으로 자신을 기록되게 하리라고 가슴 속 깊이 믿었다.

댈럭은 "이에 따라 존슨 대통령은 험프리 대통령 후보의 내부 선거유세 활동을 면밀하게 감시하기 위해 연방수사국(FBI)을 시켜 험프리의 전화를 도청하도록 지시했다"고 말했다. 존슨은 험프리의 전쟁관에 대한 불신감으로 공화당의 닉슨 후보를 비밀리에 지원했으며 부통령 보좌관들의 출입을 금지하는 등 험프리의 수족들을 자르기 위한

1968년 7월 26일, 닉슨 대통령 후보와 존슨 대통령.

행동도 했다는 것이다.(경향신문 1998)

결코 무리한 주장은 아니다. 존슨이 험프리에게 도움이 되지 않을 일을 한 사례는 많다. 독감 때문에 윈스턴 처칠(Winston S. Churchill, 1874~1965)의 장례식에 참석할 수 없게 된 존슨은 험프리마저 보내지 않았다. 후일 기자회견에서 이에 대한 질문이 나오자, 존슨은 "내가 부통령이었을 때 난 누구의 장례식에도 가지 않았습니다"라는 궁색한 답을 내놓았다. 존슨은 대선 유세가 한창 진행 중인 9월 10일 뉴올

리언스의 재향군인 집회 연설에서는 베트남정책에 대해 변명하면서 "전쟁이 언제 끝날지 예측할 수 없다"고 말함으로써 험프리에게 '엄청난 타격'을 주었다.

험프리가 존슨의 신임을 얻지 못한 데에는 험프리의 문제도 있었다. 험프리의 다변(多辯)을 마땅치 않게 생각한 존슨은 참모인 잭 발렌티(Jack J. Valenti, 1921~2007)에게 "미네소타 주 출신들은 입을 다물 줄 모르는 모양"이라고 비꼬곤 했다.(Graham 1997) 에드워드 버네이스

(Edward L. Bernays, 1891~1995)의 주장에 따르면 "만약 험프리가 자신의 활동 범위에 한계를 정했더라면 훌륭한 대통령이 될 수 있었을지도 모른다. 하지만 그는 너무하다시피 자신을 퍼뜨리고 다녀서, 우리가 말하는 용어로 '언어의 설사증'을 가지고 있었다. 그는 즉흥적으로 몇 마디 뱉어내서 이야기나 이끌어 가는 인물이라는 인상을 주고 말았다." (Tye 2004)

그러나 험프리는 패배 후 대인(大人)의 면모를 보여주었다. 측근 인사들이 존슨의 방조 또는 사실상의 배신을 폭로하라고 종용했지만, 험프리는 이를 반대하면서 자신의 패배를 스스로의 주체성과 강인함이 부족한 탓이라고 말했다. UPI통신의 백악관 출입기자 헬렌 토머스(Helen Thomas 2000)는 "존슨이 닉슨을 비판하고 험프리가 필요로 했던 것을 기꺼이 해줬더라면 험프리가 대통령이 되었을 것이라 확신한다"고 말한다.

조지 월리스 현상

1968년 대선에서 공화당 내부의 분열 못지않게 흥미로운 현상은 미국 독립당(American Independent Party)을 조직했지만 사실상 무소속으로 출마해 13.5퍼센트에 달하는 근 1000만 표를 얻어 46명의 선거인단을 확보한 조지 월리스(George C. Wallace, Jr., 1919~1998)의 활약이었다. 그는 남부 6개주(앨라배마, 노스캐롤라이나, 조지아, 미시시피, 루이지애나, 아칸소)를 석권함으로써 1924년 이래 제3당의 후보로는 가장 많은 표를 획득했다. 그는 매우 이색적인 인물이었다. 미국 정치사에서 공개적으로 인종차별주의 선거운동을 펼친 최후의 대통령 후보였기 때문이다.

앞서(9권 2장) 살펴보았듯이, 1963년부터 4년간 앨라배마 주지사를 지낸 윌리스는 취임식 연설에서 "오늘도 분리, 내일도 분리, 영원한 분리!(Segregation now! Segregation tomorrow! And segregation forever!)"를 외치던 인종차별주의자였다. 당시 앨라배마 헌법은 연임을 허용하지 않아 1966년에는 그의 아내 루린(Lurleen)이 출마해 주지사에 당선되었지만, 그녀는 지병으로 1968년 5월 사망했다.

1968년 대선에 출마한 윌리스에게 표를 던진 사람들은 누구인가? 당시 흑인 투쟁의 성장 자체가 백인들의 비밀스러운 반동을 초래했다는 점에 주목할 필요가 있다. 북부에서 윌리스의 전형적인 지지자는 주로 블루칼라 노동자들이었다. 그들의 사회적 지위는 흑인에 가까웠다.(Bell 1990)

윌리스 현상은 남부에서 지속되어온 인종차별 정치의 표현인 동시에, 북부와 일부 서부 농업지대에서 윌리스에 던져진 놀라울 정도의 지지에서 알 수 있듯 가난한 백인들의 경제·문화적 실망감에 대한 정치적 표현이었다. 특히 젊은이들의 지지율이 높았다.

케빈 필립스(Kevin P. Phillips 1969)는 『부상하는 공화당 다수(The Emerging Republican Majority)』에서 닉슨과 윌리스에게 던져진 표의 합계는 57퍼센트에 이른다는 점을 지적하면서 "뉴딜 민주당의 시대는 끝났으며 이제 미국 정치의 새로운 시대가 열렸다"고 선언했다.

립셋·랍(Lipset & Raab 1970)은 풍족하지 못한 백인들의 보수화 현상을 "미국의 새로운 딜레마(New American Dilemma)"라고 불렀다. 도널드 워런(Donald I. Warren)은 『급진적 중도: 중산층 미국인들의 소외의 정치(The Radical Center: Middle Americans and the Politics of Alienation)』(1976)에서 정부, 노조, 기업으로부터 소외된 대략 2500만 정도가 이러한 유권자들이었다고 추산했다. 그는 이러한 유권자들의 정치 성향을 '중산층 급진주의'라고 명명했다.

워런이 1973년의 논문에서 편 주장에 따르면 "많은 백인 미국인들이 흑인과 빈민을 거부하는 것은 단지 정부와 부자에 대한 더 큰 거부의 일부를 반영한 것일 뿐이다. 전 미국을 대상으로 1690명의 백인을 표본으로 조사한 결과 전체 인구의 30퍼센트가 흑인이 지나치게 큰 정치권력을 지니고 있다고 응답했고, 63퍼센트는 부자들의 정치권력이 지나치게 강하다고 응답했다. 30퍼센트 정도는 가난한 흑인들이 합당한 몫 이상으로 정부의 지원을 받고 있다고 했으며, 56퍼센트는 부자들이 지나친 지원을 받고 있다고 대답했다. 18퍼센트는 흑인들이 백인보다 법원에서 정당한 재판을 받을 가능성이 더 높다고 응답한 반면에, 42퍼센트는 부자들이 그렇다고 응답했다. 달리 말하자면, 부자에 대한 적개심은 흑인들에 대한 적개심만큼 크거나 그 이상이라는 것이다."(Phillips 2004)

후일, 지미 카터(Jimmy Carter) 진영에서 여론조사를 담당했던 패트릭 캐델(Patrick H. Caddell)에 따르면 1972년 선거를 위한 표본조사에서는 미국인의 18퍼센트가 월리스를 대통령으로 지지했고, 1974년 말 무렵에는 2배로 뛰어서 35퍼센트가 월리스를 지지했는데, 18퍼센트는 실제로 그가 대통령에 당선되기를 바란다고 했고, 17퍼센트는 기존 체제에 대한 항의의 표시로 월리스에게 투표하러 온다고 응답했다. 많은 유권자들이 경제적으로는 급진적이고 사회주의적인 대안을 선호하면서도 문화적 이슈에서는 매우 보수적인 반응을 보인 것이다. 캐델은 "이념적 성향이 가장 약한 계층으로 간주되었던 중간계층이 가장 동요하고 있다"면서 "41퍼센트가 미국식 삶의 방식이 급격히 사라지고 있으며 이를 보존하기 위해 물리력을 사용해야 할지도 모른다고 생각하고 있다"고 주장했다. 그는 "중간계급은 해체되고 있다. '중도세력 극단주의(center extremism)'라고 불러야 정확하다"고 말했다.(Phillips 2004)

월리스는 1970년 주지사에 재도전해 인종차별주의적 흑색선전으로 당선되었다. 그는 1972년 대통령 선거에서 민주당 후보로 출마했지만, 아서 브레머(Arthur H. Bremer)의 총격에 쓰러져 평생 하반신이 마비되고 말았다.

월리스는 1974년 세 번째 주지사에 당선되었고 1982년에는 네 번째로 당선되었다. 이 시기에 그는 모든 인종차별주의를 포기하고 그가 "상처를 주고 아프게 했던 모든 이들"에게 사과하는 대전환을 했다. 마틴 루서 킹 추모사업을 조직화하기 위해 위원회를 구성하는 일에도 앞장섰다. 그의 정치적 전향은 마지막 선거에서 흑인 유권자들의 전폭적인 지지를 받을 만큼 극적인 것이었다.(Meyer 1998, Morrow 1986, Swint 2007)

월리스의 대전환이 '쇼'가 아니라고 믿는다면 1960년대의 가장 흥미로운 인물은 케네디도 존슨도 닉슨도 아닌 월리스가 아닐까 하는 생각이 든다. 대부분의 정치인들이 다 표리부동(表裏不同)하지만 월리스는 그럴 수 없었다는 것일까? 하지만 노골적인 인종차별주의의 죄악을 생각하자면, 때로는 위선이 그러하듯이 표리부동이 미덕일 수도 있지 않을까? 월리스는 여러 가지를 고민하게 만드는 인물임에 틀림없다.

참고문헌 Ali & Watkins 2001, Angelo 2001, Bell 1990, Bradlee 2002, Brooks 2001, Chester 외 1971, Courtney 1971, Evans 1971, Gaddis 2010, Gergen 2002, Graham 1997, Hitchens 2001, Jamieson 2002, Katsiaficas 1999, Lipset & Raab 1970, Maclear 2002, McGinniss 1969, Meyer 1998, Meyrowitz 1985, Miller 2002, Morganthau 1994, Morris 1977, Morrow 1986 · 1996, Noonan 1996, Phillips 1969 · 2004, Scott 1970, Steinem 2002, Swint 2007, Thomas 2000, Trent 1971, Tye 2004, Wills 1969, Zinn & Stefoff 2008, 경향신문 1998, 김봉중 2001a, 사루야 가나메 2007, 소에지마 다카히코 2001, 손세호 2007, 이상민 1998, 이주영 1995

"개인적인 것이 정치적인 것이다"
미국의 '68혁명'

대학생 인구의 폭발

2차 세계대전 이후 많은 나라에서 이루어진 급속한 경제성장은 미래에 대한 기대감을 고조시켰다. 중간층이 창출되고 교육 기회가 확대됨으로써 1967년 미국의 대학생 수는 600만 명에 이르렀고, 서유럽은 250만 명, 일본은 50만 명에 이르렀다. 이들은 파시즘의 대두를 막지 못했던 부모 세대에 대해 비판적이었으며, 경제발전 속도를 따라잡지 못하는 정치·사회 구조의 권위주의와 낙후성에 분노하기 시작했다.(Ali & Watkins 2001)

1968년 3월 22일 학생운동가의 체포에 대한 반발로 파리대학 낭떼르(Nanterre) 분교에서 일어난 항의 투쟁은 5월에 이르러 1000만여 노동자가 참여하는 총파업과 공장 점거 투쟁으로까지 발전했다. 학생과 노동자들은 샤를 드골(Charles de Gaulle, 1890~1970)의 경제개발 정책과 식민지 정책, 즉 소외된 노동과 제3세계 수탈에 저항했다.

낡은 세계에 이의를 제기했던 파리의 68운동 시위대(사진)는 그 성격상 권위주의적인 드골 정부와 대립할 수밖에 없었다. ⓒ 연합뉴스

1968년 5월에서 6월 사이 파리는 물론 베를린, 로마, 프라하, 런던에서 대대적인 학생 시위가 벌어졌으며 이 같은 시위는 미국, 뉴델리, 자카르타, 동경, 부에노스아이레스로까지 퍼져 나갔다. 68운동 중, 드골의 결단에 따라 의회를 해산하고 실시한 6월 30일 총선에서는 드골파가 압도적으로 다수를 차지하고 역사상 최고의 정부 신임률을 기록했음에도 이 운동의 파장이 너무도 커 '68혁명'이라는 말까지 탄생했다.(Johnson 2009)

'68혁명'은 무엇에 반대했던가? 학생들의 메시지 가운데 널리 알려진 슬로건은 반전(反戰)이었지만 그게 전부는 아니었다. 젊은이들에 대한 무거운 규율과 답답한 권위적 분위기, 서구사회의 타락, 소비사회의 비인간화, 대중매체의 조작성, 제국주의, '삶에 대한 국가관리'

등, 타도 대상은 한두 가지가 아니었다.

1968년의 사상적 핵심어는 '소외' 였다. 1968년의 학생들은 기존의 진보개념에 대해 의문을 제기한 '신좌파(New Left)' 였다. 신좌파는 구좌파가 착취, 그것도 노동계급의 착취만을 문제 삼았을 뿐 소외는 이해하지 못했다고 보았으며 사회변혁은 자의식의 변형과 동반해야만 한다는 사실에 주목했다.

프랑스의 경우 학생들은 '교육제도 및 사회에 대한 전면적인 이의 제기' 를 하면서 직접 행동으로 대학을 점거해나갔는데, 이들이 문제 삼은 부분은 '지식활동의 소외' 혹은 '소외된 지식' 이었다. 그들은 이렇게 주장했다.

"대학은 졸업장 공장이다. 이는, 대학교수는 생산요원으로 사회기능의 계층적 구조 안에 위치하고 있고 학생은 생산품에 불과하며 시험을 통해 정부로부터 품질보증 상표를 얻으려 한다는 의미다. 학생은 상품화되고 있는 생산품에 불과하고 아직 마무리 단계의 가공 도중에 있으므로 그것을 가공하는 전문가의 손으로부터 벗어나는 것은 특권적 상태의 은총이다. 연관 작업의 직공이라는 역할로서 교수가 생산품에 부여하는 각인은 개성을 없애는 일이며 교수는 생산품 앞에서 조건반사의 노예가 되어버렸다."

미셸 푸코의 활약

학생들은 자율적인 지식활동과 대학 자치를 요구했다. 권력과 지식의 상관성 문제도 대두되었다. 이 분야의 선두 주자였던 미셸 푸코(Michel Foucault, 1926~1984)는 1977년에 가진 한 대담에서 1968년 5월의 정치적 변화가 없었더라면 "처벌, 감옥, 교육 같은 나의 문제의식을 발전시킬 엄두도 내지 못했을 것"이라고 회고했다. 왜였을까? 푸코가 품은 문제의식은 마르크스주의나 프랑스 공산당의 전통에 상반되었기에, 그는 잔뜩 주눅 들어 있었기 때문이다.

푸코는 자신의 문제의식과 같은 방향을 가진 '68년 혁명'에 적극적으로 동참했다. 이에 대해 J. G. 메르키오르(Merquior 1998)는 ①대부분의 1968년주의자들처럼, 푸코는 규율이 잡힌 혹은 통합된 혁명운동보다는 탈중심화한 혁명운동을 지지했다. 그는 레닌이나 트로츠키보다는 로자 룩셈부르크에 가까운 즉흥적인 사람이었으며, 사회주의적인 청사진이나 전 세계적인 사회주의 건설 따위는 믿지 않은 점 ②대부분의 1960년대의 반항적인 지도자들처럼, 푸코는 고전적 경제논리의 계급투쟁보다는 구체적 투쟁을 더 선호한 점 ③순수 무정부주의의 전통을 더욱 확고하게 고집하면서 아무리 혁명적인 것일지라도 일체의 제도를 불신한다는 결연한 태도를 보였다는 점을 이유로 제시했다.

푸코의 이러한 태도가 말해주듯, '68혁명'은 근본적으로 개인주의적인 저항이었다. 학생들은 "금지를 금지하라"고 외쳤다. 설사 주도자들이 개인주의를 의도하진 않았을망정 이때 꽃피운 개인주의 이데올로기가 전 지구적 자본주의를 촉진하는 결과를 가져왔다는 주장도 있다.

노서경(2000)은 1968년 이전에는 지식인들의 개별적 성향이 달라도 반(反)개인주의의 기치 아래 구심점을 갖고 지식인들이 모일 수 있었지만, 이후 프랑스의 지식인 세계는 철학적으로나 정치적으로 개인의 문제에 몰두하게 되었다고 말한다. 또 다른 면에서는 1968년의 결과에 실망한 많은 사람들이 공적인 정치활동을 중단하고 개인적이고 사적인 부문으로 잠입하기도 했다는 것이다.

신좌파는 기술과 산업을 거부하는 낭만주의를 보임으로써 새로운 사회 건설을 위한 대안 제시에는 실패했다. 1960년대 내내 신좌파와는 정반대로 『이기주의의 미덕(The Virtue of Selfishness)』(1961) 등을 통해 이기주의를 찬양한 보수 논객 에인 랜드(Ayn Rand, 1905~1982)가 『신좌파: 반(反)산업혁명(The New Left: The Anti-industrial Revolution)』(1971)이라는 책에서 1960년대의 급진주의 운동을 '반(反)산업혁명'으로 규정한 것도 무리는 아니다.(이주영 1998)

그런 명백한 한계에도 불구하고 '68혁명'에 대한 일반적인 평가는 구좌파를 비롯한 기성체제의 권위에 도전하고 직접 행동에 기초하여 참여 민주주의를 표방함으로써 기존 가치를 전복했고, 그 결과 법적 · 도덕적으로 금지되었던 많은 문제들을 합법화시킴으로써 '새로운 사회운동'의 탄생에 기여했다는 것이다.

"개인적인 것이 정치적인 것이다"

"개인적인 것이 정치적인 것이다.(The personal is political.)" 이는 68혁명 슬로건 중의 하나로, 관습적 차별과 일상적 금기와 통제가 실은 권력관계를 유지 · 강화하려는 정치적 문제라는 인식이다. 이는 미국에서 페미니스트 구호로 널리 활용되었는데, 그 배경 이론은 이렇다.

공사영역의 분리는 남성권력을 강화한다. 공적 영역에서는 남녀가 평등한 척하지만 가정과 같은 사적 영역에서는 남성 우월주의가 바뀌지 않고 있다. 가정은 권력관계의 무대다. 가사노동과 육아가 왜 여성

1953년 9월 7일 애틀랜틱시티에서 열린 미스 아메리카 대회의 모습.

만의 몫이란 말인가.

이런 문제의식하에 여성운동은 사적인 개인 영역도 투쟁의 주요 무대로 삼았다. 이후 성적 괴롭힘, 배우자 학대 등과 같은 문제들이 큰 사회문제로 비화되었다.(Gitlin 1995, 곽병찬 2009)

그런 문제의식하에 1968년 9월 7일 미스 아메리카(Miss America) 대회가 열리고 있는 뉴저지(New Jersey) 주의 애틀랜틱시티(Atlantic City)에는 200명의 여성들이 모여들었다. 이들은 미스 아메리카 대회를 남성의 눈요기를 위한 굴욕적인 대회이자 인종차별적인 백인 여성들의 경연대회로 간주했으며, 당선자들이 군인들을 위문하기 위해 베트남을 여행한다는 일정도 문제 삼았다. 주동자 중 캐롤 허니쉬(Carol Hanisch)는 미인대회는 여성을 선천적으로 타고난 생물학적 요인에 의해서 가치

를 결정짓는 장으로, 여성도 부단히 노력함으로써 인간의 가치를 개발할 수 있다는 의지를 말살한다고 주장했다.(이창신 2001)

　200여 명의 여성들은 '자유의 쓰레기통(Freedom Trash Can)'이라 이름붙인 거대한 쓰레기통에 행주치마, 거들, 가슴을 올려주는 기능성 브래지어, 가짜 속눈썹 등 여타의 '여성 억압도구'를 내던지면서 양에게 '진정한 미스 아메리카'라고 적힌 왕관을 씌우는 이벤트를 벌였다. 이들은 "대회 참가자들은 온순하고 어리석은 양과도 같다"는 메시지를 전하기 위해서 양을 끌고 와 시위를 벌이면서 "여성은 가축이 아니라 사람이다(Women are people not livestock)"라고 주장했다. 이들은 "미스 아메리카가 몸을 팝니다"라는 선정적인 구호와 함께 "자기 고기를 팔아서 돈을 벌 때 그녀는 더 이상 예쁘지 않다네"라는 노래를

불렀다.(Ali & Watkins 2001, Harris 1996, 이창신 2003)

이는 '페미니즘 제2의 물결'의 시작을 알리는 상징적인 사건이었지만, 언론은 "시위를 위해 브래지어를 태웠다"고 날조한 기사를 내보내 'bra-burner(브래지어를 불태우는 사람)'가 페미니스트들을 지칭하는 단어로 영어사전에까지 올랐다. 끊임없는 논란 속에서도 미스 아메리카 대회는 계속돼 1970년에는 최초로 흑인 여성이 주 대표로 선발된 데 이어 1984년에는 최초로 흑인 미스 아메리카가 탄생하고, 1994년에는 청각 장애인이 미스 아메리카로 선발된다.

'자유를 위한 쓰레기통(사진)' 퍼포먼스는 히피식으로 길거리에서 진행되었다. 1960년대 '페미니즘 제2의 물결'이 시작된 이래 본격적으로 언론의 주목을 받은 시위였다. ⓒ suttonhoo

미스 아메리카 대회 방해 사건이 미친 영향은 컸다. 1968년 말에는 '지옥에서 온 국제여성 테러음모단(W.I.T.C.H.; Womens International Terrorist Conspiracy from Hell)' 이라는 단체가 신부(新婦)를 위한 패션쇼 행사를 방해하면서 결

W.I.T.C.H.(사진)와 같이, 기존의 여성 이미지를 비판하고 그 대안을 제시 하려는 움직임은 당시 여성운동 전반에 걸쳐 일어나고 있었다.

혼행진곡에 맞춰 "노예들이 등장한다. 무덤으로 가기 위해서"라는 노래를 부르기도 했다. 그러나 엉뚱하게도 'WITCH(마녀)' 는 이런 여성운동을 마땅치 않게 생각하는 사람들에 의해 여성운동을 총칭하는 별명이 되기도 했다.

미국의 68혁명 시 컬럼비아대학에서 영문학과 비교문학을 전공하는 박사과정에 있던 케이트 밀레트(Kate M. Millet)는 컬럼비아대학의 여성 그룹을 결성해 '혁명을 위한 선언' 을 발표했다. 그녀는 1969년 8월 1만여 명의 여성해방주의자들이 뉴욕 5번가를 행진할 때 "오늘은 새로운 운동의 첫날이다. 오늘로서 수천 년 압제의 세월은 끝났다"고 선언했다. 브래지어를 하지 않은 '반역자' 라며 구경꾼들이 야유를 보내는 가운데 보스턴에서는 1000명, 샌프란시스코에서는 2000명의 여성이 비슷한 행진을 벌였다.(Harris 1996)

밀레트는 1968년에 쓴 '혁명을 위한 선언' 을 모태로 1970년 출간한

케이트 밀레트(사진)는 『성의 정치학』에서 서구 작가들의 소설을 통해 등장인물들의 남성 중심적인 경향을 구체적으로 실증했다.

『성의 정치학(Sexual Politics)』에서 처음으로 남녀의 관계를 불평등한 권력관계로 규정하면서, 양성 간의 불평등이 계급이나 인종의 불평등보다도 더욱 근본적인 불평등이라고 주장했다. 그녀의 주장은 1970년대 여성해방운동에서 역사의 가장 기본적인 동력을 여성을 지배하려는 남성의 투쟁으로 보는 '급진주의 여성해방론'이 등장하는 계기가 되었다. 밀레트는 나아가 여성해방론에서 주장하는 "개인적인 것이 정치적인 것이다"라는 슬로건의 의미를 확실하게 보여줬다.

조영미(1996)의 해설에 따르면 "밀레트는 여성 억압의 원인을 분석하면서 그 토대를 남녀의 성 역할 사회화 과정과 남녀간 성 관계의 영역에서 제시했는데 이러한 영역은 이제까지 순수하게 개인적인 관심의 영역 내지는 자연적인 영역으로만 간주되어왔다. 하지만 밀레트는 바로 이 개인적인 영역에서 남성이 여성을 체계적으로 지배하므로 정치적인 영역이 된다고 강조했다. 밀레트는 정치적 영역에 개인적 영역을 포함시킴으로써 기존의 편협한 정치 이론을 더욱 풍부하게 해줄 가능성을 제공했다."

1969년 엘린 윌리스(Ellen Willis), 캐롤 허니쉬, 슐라미스 파이어스톤(Shulamith Firestone) 등이 결성한 페미니스트 집단인 '붉은 스타킹(Redstockings)'은 좀 더 간명하게 "만약 모든 여성이 똑같은 문제를 공유한다면, 이 문제가 어떻게 개인적일 수 있겠는가? 여성의 고통은 개인적인 것이 아니라 정치적인 것이다"라고 설명했다. 이 단체는 여성들의 '의식고양(consciousness-raising)'이라는 개념을 중심으로 활동했다.(Katsiaficas 1999)

슐라미스 파이어스톤은 1970년에 출간한 『성의 변증법(The Dialectic of Sex: The Case for Feminist Revolution)』에서 성별 이분법이 성, 계급, 인종지배의 기초라는 생각을 소개하면서 인공 출산이라는 테크놀로지로 인해 최소한 출산이라는 한 가지 방식의 억압은 사라질 것이라고 주장했다.(McLaren 2003) 하이디 하트만(Heidi Hartmann 1989)은 "파이어스톤의 저작은 마르크스주의자들에 의해 심하게 매도되었다"며 "그러나 파이어스톤의 책이 여성들의 심금을 울리는 것은 여성에 대한 남성의 지배력에 관한 분석과 그런 상황에 대한 건강한 분노 때문이었다"고 말한다.

번햄·루이(Burnham & Louie 1989)는 이런 '급진주의 여성해방론'은 "'개인적인 것이 정치적인 것이다'라는 슬로건을 퍼트림으로써 지나치게 내부 지향적이고 자기만족적인 분리주의를 고집하여 정치적 사회 영역에서의 여성억압에 대한 투쟁을 포기하게 하는 결과를 낳았다"고 주장했다. 크리스토퍼 히친스(Christopher E. Hitchens)는 "이 슬로건을 처음 들었을 때 현실도피적이고 자기중심적인 것으로 여겨져 최후의 심판이 임박한 듯한 느낌을 받았다"고 말했다. 노엄 촘스키(A. Noam Chomsky)는 히친스의 생각에 동의한다면서도 "하지만 그 슬로건을 그런 식으로만 해석할 필요는 없을 듯하다. 예컨대, 우리에게는 어떤 억압이나 차별도 받지 않고 개별적으로 원하는 삶을 택할 권리

가 있다는 뜻으로도 해석될 수 있기 때문이다"라고 말한다.(Chomsky & Barsamian 2004)

미국 신좌파운동의 '7인의 영웅'

미국의 68혁명에 넌덜머리가 났던 걸까? 린든 존슨 대통령은 1968년을 결산하는 추수감사절 연설에서 "1968년을 되돌아보는 미국인들은 하나님의 축복에 감사하기보다는 하나님의 은총과 보호란 과연 무엇인지 의문을 제기하고 싶을 것이다"라고 말했다. 그러나 그렇게까지 비관할 필요는 없는 일이었다. 1968년 최고의 베스트셀러는 경제평론가 애덤 스미스(Adam G. Smith)의 『머니 게임(The Money Game)』이었기 때문이다. '돈 벌기'를 찬양한 이 재테크 책은 선풍적인 인기를 끌면서 '침묵하는 다수'를 사로잡았다.(Katsiaficas 1999)

다양한 영역에서 벌어진 '68혁명'의 메시지는 한국에는 도달하지 못했으며 오히려 한국에서는 정반대의 상황이 전개되고 있었다. 한홍구(2003a)에 따르면 "전 세계를 휩쓴 반전운동은 한국을 비켜갔다. 시인 김수영 같은 이도 정정당당하게 '월남 파병에 반대하는 자유를 이행하지 못하고' '바람아, 먼지야, 풀아 나는 얼마큼 적으냐'를 되뇌었을 뿐이다."

그러나 미국이라고 해서 '68혁명'의 메시지가 지속되었던 것은 아니다. 대학은 68혁명의 산실이자 족쇄였다. 68혁명은 대학이 졸업장 공장으로 전락한 현실에 저항하고자 했지만, 바로 그 현실이 다시 그들의 목소리를 누르고 말았다. 특히 미국 대학들은 이미 연구자금에서 국방성과 대기업의 포로가 되었으며, 대학의 모든 문제가 '머니 게임'의 문제가 되는 상황에 처해 있었다. 1968년 2200개에 이르는 미국 대학들의 연구자금 3분의 2가 국방성을 비롯한 관련 부처에서 나왔다. 이를 가리켜 위기라고 주장하는 목소리도 있었지만 그건 위기라기보다는 미국대학의 본질이자 경쟁력의 원천이었다. 풍성한 돈으로 교수건 학생이건 고급 인력을 끌어들일 수 있었기 때문이다.(Ridgeway 1968)

1965년 봄 보스턴공원에서 열린 초기의 반전 항의집회에서 캘리포니아대학의 철학과 교수 헤르베르트 마르쿠제(Herbert Marcuse, 1898~1979) 등과 함께 연설했던 하워드 진(Zinn 2001)에 따르면 "미국에서 얼마나 많은 대학교수들이 전쟁반대의 목소리를 높였다는 이유로 종신재직권이 취소되고 임명이 거부되거나 다른 형태로 처벌당했는지 이루 다 말할 수가 없다. 또한 얼마나 많은 교수들이 자신들의 자리를 보존하기 위해 침묵하고 있었던가."

베를린에서 태어나 1934년 미국에 망명한 마르쿠제(Marcuse 1964)는 『일차원적 인간(One-Dimensional Man)』에서 혁명적인 변화의 가장 큰 희망은 "버림받은 사람과 외국인, 다른 인종과 피부색으로 인해 착취당하고 박해받는 사람들, 실업자와 (나이와 장애 등으로) 고용될 수 없는 사람이 속한 하층(substratum)"에 있다고 썼다. 그는 만약 이런 집단들이 급진적인 지식인들과 동맹을 맺는다면 "인류애라는 가장 발전된 의식을 가진 사람들과 가장 착취 받아온 세력들"의 봉기가 일어날 수 있다고 주장했다.(Avrich 2004)

마르쿠제(Marcuse 1965)는 반전집회에 나선 해에 '억압적 관용 (repressive tolerance)'이라는 개념을 제시했다. 지배세력이 반대세력에 대한 제한된 관용을 보이는 건 반대세력의 날카로움을 뭉툭하게 하고 기존 헤게모니를 정당화하는 효과를 냄으로써 사실상 억압적인 성격을 갖는 관용이 된다는 뜻으로, 쉽게 말하자면 사상의 자유로운 유통이 혁명적 접근을 오히려 질식시킨다는 주장이었다.

신좌파는 이 메시지를 어떻게 받아들였을까? 보수파인 대니얼 플린(Daniel J. Flynn 2003)의 개탄에 따르면 "한 사람이 동시에 '언론자유운동'의 일원을 자처하면서 반대 의견을 검열하는 일이 가능할까? 1965년 마르쿠제는 히피족 세대들에게 이에 대한 답을 내놓았다. …… 마르쿠제는 '해방하는 관용은 우파적 운동에 대한 불관용이며, 좌파적 운동에 대한 관용이다'는 유명한 말을 했다. 그의 말은 좌파에게 큰 영향을 미쳤다."

마르쿠제는 독일 프랑크푸르트학파(Frankfurter Schule)의 일원이었다가 미국으로 망명해 자리 잡았는데, 이런 배경과 관련해 헤이르트 홉스테드(Hofstede 1995)는 이 용어는 "억압과 관용은 서로 배타적인 의미를 지니기 때문에 앞뒤가 맞지 않는다"며, 마르쿠제가 독일식의 억압을 예상했다가 미국식의 지적 관용에 접하면서 겪은 당혹감을 반영할 뿐이라고 주장한다. 레슬리 피들러(Leslie Fiedler)는 마르쿠제를 비롯한 프랑크푸르트학파의 이론을 '편집증적인 공모 이론(paranoid conspiracy theory)'이라고 비판한다.(송무 1997)

이런 이론 등으로 마르쿠제는 미국 68혁명의 사상적 대부 역할을 했는데, 1968년 7월 10일 KKK(Ku Klux Klan)단은 마르쿠제를 죽이겠다고 협박하기도 했다. 당시 미국 신좌파운동의 '7인의 영웅'은 마르쿠제 이외에 알베르 까뮈(Albert Camus, 1913~1960), 노엄 촘스키, 폴 굿맨

오른쪽 위부터 시계 방향으로) 철학자 헤르베르트 마르쿠제, 언어학자 노엄 촘스키, 혁명가 체 게바라, 철학자 레지스 드브레이. ⓒ Duncan Rawlinson

(Paul Goodman, 1911~1972), 체 게바라(Ernesto Guevara de la Serna, 1928~1967), 레지스 드브레이(Régis Debray), 프란츠 파농(Frantz O. Fanon, 1925~1961)이었다. 이런 신좌파 붐을 타고 1920년 미국에서 소련으로 추방된 아나키스트 엠마 골드만(Emma Goldman, 1869~1940)까

지 부활했다. 골드만 티셔츠와 골드만 엽서가 팔려나가고, 골드만 전기가 출간되는 등 골드만 붐이 일어났다. "금지를 금지하라"는 이유 외에는 달리 설명할 길이 없는 현상이었다.

비록 명성을 떨치진 못했지만, MIT의 문학 교수이자 현대언어학회 회장이었던 루이스 캄프(Louis Kampf)도 그 어떤 '영웅' 못지않게 창의적인 아이디어를 내놓은 인물이었다. 그는 1969년 운동권 학생들에게 단지 대학만이 아니라 기성의 모든 문화적 제도를 혁파하라고 설파했다. 그는 뉴욕 시에 새로 건립된 링컨센터에 대해 "빈곤층 거주 지역의 폐허 위에 지어졌다"며 이런 제안을 했다. "어떠한 공연이든 소란을 피워야 한다. 분수는 염화칼슘으로 말려야 하며 조각상 위에는 오줌을 갈겨야 하고 벽에는 똥칠을 해야 한다."(Lipset 2004)

프란츠 파농의 '문화적 폭력론'

'7인의 영웅' 중 가장 이색적인 인물은 정신과 의사로 아프리카 혁명 투사인 프란츠 파농이다. 파농은 1960년대 말 '과격한' 흑인 운동단체로 유명했던 블랙팬서당(Black Panther)의 이데올로기 공급원이기도 했다.(O' Neill 1971) 흑인은 그렇다 치더라도 왜 백인 젊은이들까지 백인에 대한 증오를 노골적으로 드러낸 흑인인 파농을 영웅으로 모신 걸까? 그건 파농이 미국 체제를 부정했기 때문이다.

파농은 아프리카의 미래가 유럽을 따라잡거나 흉내 내는 방식은 아니라고 말했다. 200년 전 한 유럽 식민지가 유럽을 따라잡기로 결심한 이후 큰 성공을 거두었는데, 그게 바로 미국이었다. 파농이 보기에 미국은 유럽이 안고 있던 모든 죄악의 거대한 확대판 괴물이었다. "미국을 뛰어넘자." 이건 바로 뉴 레프트 운동의 정신과도 일치하는 것이었다. 그와 더불어 파농이 집요하게 물고 늘어진 '정체성'의 문제도 미국 운동권 학생들을 매료했을 것이다. 당시에는 흑인들뿐만 아니라 백인 학생들까지도 정체성 문제로 고민을 했는데, 작가 노먼 메일러는 그런 운동권 백인 학생들을 가리켜 "하얀 니그로"라고 부르기도 했다.(Abel 1968)

파농은 미국에서 죽었는데, 그 사연은 이렇다. 파농은 1960년 12월 자신이 백혈병에 걸렸으며 잘해야 몇 년, 그렇지 않으면 몇 달밖에 살지 못하리라는 사실을 알고 있었다. 그의 대표작인 『대지의 저주받은 자들(The Wretched of the Earth)』(1963)이라는 책은 그렇게 자신의 죽음을 예감하고 있던 상황에서 12주(1961년 4월~7월) 만에 쓰인 것이다.

레나테 자하르(R. Zahar 1981)에 따르면 "그해 가을 파농의 건강 상태는 급격하게 악화되어 갔다. 그는 워싱턴으로 떠났으나, 그곳에서는 그에게 아무런 치료도 해주지 않은 채 일주일 동안 그대로 방치해 두었다. 실상 행정기관에서는 온갖 방법을 동원해서 그를 어려움에 처하게 했다. 병원에 입원했을 때는 이미 병세가 절망적이었다. …… 1961년 12월 6일, 그는 숨을 거두었다. 미국으로 떠나기 전 파농은 자신의 유해가 아프리카로 보내져서 알제리 땅에 묻히고 싶다는 소망을 이야기했다. 그의 유해는 특별 비행기편으로 튀니스로 옮겨졌고 임시 정부의 소재지에 안치되었다." (Zahar & 김종철 1981)

파농의 책들은 그의 본업이라 할 정신과 의사의 관점에서 쓰인 것이다. 그는 개인 대신 집단의 문제를 다루는 정신과 의사 노릇을 스스로 택했던 셈이다. 그는 혁명에의 참여가 사람과 사회에 미치는 치료적 효과에 주목했다. 그의 주장은 인종을 구하기 위한 일종의 집단치료 요법인 것이다. 파농의 폭력론도 그런 관점에서 살펴볼 필요가 있겠다. 파농은 "폭력은 인간의 존엄성을 지키기 위한 유일한 희망"이라고 역설했는데, 어떤 이들은 파농의 폭력론을 일종의 시(詩)로 보아야 한다는 주장을 하기도 한다. 분석은 의미가 없다는 것이다. 분석해봐야 이론적으로, 정치적으로, 도덕적으로 문제가 아주 많기 때문이다. 파농의 폭력론은 그의 머리에서 나온 게 아니라 그의 가슴에서 나온 것으로서, 미국 게토에서 '백인 소녀들을 강간하자'고 선동하는 흑인들의 랩송과 비슷하다는 논리다.(Freiberg 1974)

그렇게 볼 수도 있겠지만, 파농의 폭력론은 '문화적 폭력론'이라 이름 붙일 만한 것이었다. 사실 파농에게 있어서 중요한 건 '저항적 폭력' 그 자체 못지않게 '저항적 폭력'을 매개로 해 얻을 수 있는 정신 혁명이었다. 김종철의 해설에서 "파농에 의하면 해방투쟁은 식민지 민중 사이에 민주적 훈련의 더할 수 없이 훌륭한 기회를 제공한다. 식민주의의 극복과 민중 해방이라는 과제가 투쟁이 진행됨에 따라 모든 민중의 가장 절실한 기본과제임이 발견되고, 이에 따라 특정한 지도자가 해방자라는 이름으로 우상화되기 어렵게 된다. 어제까지 민중들은 책임 있는 일을 결정한 경험이 없었으나 실제로 무기를 들고 싸우는 동안에 자기 민족의 운명이 각자 자신에게 달려 있음을 실감하고 모든 일에 대한 최종적인 결정자가 결국 자기 자신임을 확인하는 것이다. 이유는 간단하다. 그들은 누가 시켜서 혁명에 뛰어든 것이 아니라 생존의 필요상 자발적으로 뛰어들었기 때문이다."(Zahar & 김종철 1981)

파농이 말하는 폭력의 매개(또는 각성) 효과는 노동조합을 비롯한 모든 조직의 투쟁에서도 나타난다.(Edelman 1971) 이것이 바로 미국의 신좌파가 파농에 주목했던 가장 큰 이유였다. 미국 체제를 부정하고 넘어서기 위해서는 투쟁이 필요한데, 그 투쟁의 방법론 중 하나를 파농에게서 얻고자 한 것이다. 물론 오늘날 파농과 신좌파의 꿈은 모두 배반당하고 말았지만 말이다.

"이제껏 세계혁명은 단 둘뿐이었다"

68혁명 당시 파리대학의 교수로, 보수 자유주의 석학으로 평가받은 레이몽 아롱(Raymond Aron)은 후일 이 사건을 '일부 장난꾸러기들의 바보 같은 소동' 으로 규정하면서 "장난꾸러기들이 정부와 프랑스의 정치체제를 뒤엎으려는 것에 나는 화가 났다. 그 친구들은 파괴만 알 뿐, 새로운 것을 건설하려 하지 않았다"고 비판했다.(요미우리 1996)

반면 이매뉴얼 월러스틴(Immanuel M. Wallerstein)은 "이제껏 세계혁명은 단 둘뿐이었다. 하나는 1848년에 그리고 또 하나는 1968년에 일어났다"고까지 말한다. '공산당 선언' 이나 1968년의 투쟁 모두 다 역사적인 실패로 돌아갔지만 "두 경우 모두 혁명의 결과로 세계체제의 정치적 기본원칙은 심각하게 그리고 돌이킬 수 없을 만큼 바뀌었다"는 것이다.(Wallerstein 외 1994) 월러스틴의 '68혁명 옹호론' 을 더 들어보자.

"1968년은 1945년 이후 성장해온 자유주의 및 사회주의 이데올로기가 처음으로 정면 도전을 받은 해이기 때문이다. 당시 주요 국가에서 벌어진 반전 · 반핵 · 인권운동이 그것을 대변해주고 있다. 자본주의든 사회주의든 기존체제를 반대하는 첫 대규모 운동으로 나는 이것을 '반체제운동'으로 명명했다. 당시 나는 이 운동의 핵심지역이었던 미국의 컬럼비아대학 교수로 재직하며 그 격렬한 운동을 목도했고 또 동참했다. 이 운동은 일견 실패한 듯 보이지만 세계사의 흐름을 바꿔 놓은 것으로 파악하고 있다. 이후의 정치·경제·사회과학 모두가 변했다고 보는 것이다."(이재광 1997)

그러나 68혁명은 전통적 좌파로부터는 환영을 받지 못했다. 아니, 오히려 격렬한 반발을 샀다. 당시 전통적 좌파 정당들은 신좌파를 자본을 돕는 무정부주의자들 혹은 심지어 파시스트들이라고 비난했다. 이러한 비난은 이후로도 오랫동안 지속되었다.

조정환(2002)은 구좌파에 대해 비판적 거리를 유지하고자 하는 새로운 좌파들 중에서도 "68혁명을 '실패'한 혁명으로 역사 속에 묻어버리거나 자본주의를 강화시킨 '역설'적 혁명으로 비웃는 관점들이 계속 재생산되고 있으며 심지어는 그것을 체제를 다소 불편하게 했으나 무리 없이 소화되어버린 '딸꾹질' 정도로 혹은 낭만주의에 미혹된 '정신분열증'으로 격하하는 평가까지 나타나고 있다"고 말한다.

오늘날에도 트로츠키주의자들의 대부분이 68혁명의 최대의 약점은 중앙집권적 혁명당의 부재였다고 평가하는 것에 대해 조정환은 "68혁명의 정신이 중앙집권을 거부하는 것이었다"며 '68혁명의 패배'의 원인은 중앙집중기구의 부재가 아니라 오히려 그것의 과잉이었다고 하는 것이 더 타당할 것이라고 주장한다.

조정환은 "혁명의 시대라고 불리는 한국의 1980년대에 68혁명은 혁명으로 간주되지 못했다. 한국의 좌파운동은 1917년 혁명모델에 사로잡혀 있었고 소련(혹은 북한)과 공산당(혹은 노동당)에 대한 짝사랑

속에서 아픈 시절을 보냈다. 이러한 분위기 속에서, 공산당에서 독립적이었고 때로는 그것과 대립했던 68혁명은 수정주의, 쁘띠부르주아적 일탈로 간주되고 간단히 무시되었다. 역설적이게도 68혁명에 대한 관심은 1990년대 이후의 신자유주의적 반혁명의 시대에 포스트모더니즘에 의해 환기되었다"며 다음과 같이 주장한다.

"한국에서 68혁명의 이 불운한 매장에도 불구하고 1995년의 프랑스 총파업, 1998년 프랑스 실업자들의 광범한 투쟁, 멕시코 치아빠스에서의 봉기, 1996년 한국에서의 총파업, 인도네시아에서의 대중반란을 비롯하여 생태운동, 반핵평화운동, 인종차별반대운동, 여성운동, 정보운동 등 각종 사회운동에서 68혁명의 유령은 끊임없이 어른거리며 재평가를 요구하고 있다."

조정환의 항변이 말해주듯이, 68혁명은 우파 진영보다는 오히려 좌파 진영에서 더 뜨거운 논란의 대상이 되고 있다. 68혁명의 전통을 그대로 계승한 최근의 사상 조류는 이른바 '자율주의'다. 자율(autonomia, autonomy)을 핵심개념으로 삼는 자율주의는 자본주의 체제를 뒷받침하는 국가권력의 '탈취'를 목표로 하는 사회주의와는 달리 그 '해체'를 지향하며 자치와 자주관리를 추구하는 운동으로 1970년대 이탈리아에서 시작되었으며, 68혁명운동의 계승을 주장한다.

스톤월 사건

동성애자들도 68혁명으로 인해 자기 권리를 주장하게 된 걸까? 1969년 6월 28일 뉴욕에서 일어난 사건은 동성애자들의 역사에서 하나의 '혁명'이 되었다. 이른바 '스톤월 항쟁(Stonewall riots)'이다.

뉴욕의 대표적인 동성애자 밀집지역 그리니치빌리지에 자리한 스톤월 인. 당시 게이바 운영은 불법이어서 경찰을 매수한 마피아가 운영을 맡았다. ⓒ New York Public Library

6월 28일 토요일 새벽 1시 20분 즈음, 뉴욕 맨해튼 남쪽 14가의 브로드웨이 서쪽 일대를 일컫는 그리니치빌리지 한편에 자리한 '스톤월 인(Stonewall Inn)'이란 게이바 주변에 긴장이 감돌기 시작했다. 경찰 순찰차 2대에 나눠 탄 정장 차림의 사내 4명이 정복 경관 2명과 스톤월로 들이닥친 것이다. 이미 술집 안에는 사복 경관 2명이 잠복근무 중인 터였다. 그 시절 뉴욕에서 툭하면 벌어지던 '게이 바' 불시 단속이 시작된 것이다.

당시에는 동성 간에 춤추는 행동은 불법이었다. 미국정신의학협회(APA; American Psychiatric Association)도 "동성연애는 정신질환의 일종"으로 규정하고 있었다. 2차 세계대전 직후인 1947년부터 1950년까지 "동성애자로 의심된다"는 이유로 줄잡아 4300여 명의 현역 군인이 강제 전역을 당했고, 420여 명의 연방정부 공무원이 파면당했다. 탄압은

1960년대에도 지속되었다. 1964년 뉴욕 만국박람회를 앞두고 뉴욕시장 로버트 와그너는 "도시의 이미지를 해친다"는 이유로 '머리 짧은 여성과 머리 긴 남성'에 대한 일제 단속에 열을 올리기도 했다.

스톤월 안은 주말을 맞아 몰려나온 200여 명의 젊은이로 발 디딜 틈조차 없었다. 그곳을 장악한 경관들은 이들을 줄 세우고, 신원 확인에 들어갔다. 신분증이 없으면 연행을 피할 수 없었으며, 남성이 여성 옷을 입는 것도 '불법'이었다. 여성 차림을 한 이들은 따로 여경에게 이끌려 화장실로 가서 '성별 확인'을 받아야 했다.

게이들은 늘 동네북처럼 심심하면 이런 습격을 받곤 했으며, 그들은 그때마다 저항 없이 당하기만 했다. 그런데 이 날은 달랐다. 술렁이던 장내 분위기가 이날따라 심상치 않게 돌아가고 있었다. 신분증 제시를 거부하는 이들도 여기저기서 눈에 띄었다. 어느 때라면 순순히 신분증을 보여준 뒤 한순간이라도 빨리 현장을 뜨는 게 상례였건만, 신분증을 제시하고 '훈방'된 이들은 평소와 달리 스톤월 주변을 떠나지 않았다. 단속당한 이들을 경찰서로 실어갈 차량을 기다리는 사이 술집 주변으로 사람들이 몰려들기 시작했다. 순식간에 100~150명으로 불어난 '구경꾼'들은 스톤월 주변을 에워싸고 줄줄이 끌려나오는 이들을 지켜봤다. 거칠게 끌려나오던 이들이 하나둘 항의하기 시작했고, 군중 속에서 자연스럽게 야유가 터져나왔다. 갑자기 누군가 외치기 시작했다. "우리 승리하리라." "게이에게 권력을!"

스톤월 주변 인파 사이에서 "술집 안에 있는 이들이 경찰에게 뭇매를 맞고 있다"는 귀엣말이 빠르게 퍼졌다. "오늘 스톤월이 단속을 당한 건 뇌물을 제때 주지 않았기 때문이다." 누군가 그렇게 외치자 다른 목소리가 말을 받았다. "그럼 지금이라도 뇌물을 주자!" 문득 수많은 동전이 단속 경관을 향해 날아들기 시작했다. 맥주캔과 술병이 뒤를 이었다. 인파도 500~600명으로 불었고, 구경꾼은 이미 시위대로 변해 있었다. 경찰의 해산작전은 상황을 더욱 걷잡을 수 없게 몰아갔다. 경찰특공대가 현장에 도착할 때까지 격한 몸싸움이 이어졌다. 이날 새벽 4시께 '상황'이 종료됐을 때, 스톤월은 폐허로 변해 있었다. 현장에서 시위대 13명이 연행됐고, 경찰 4명을 포함해 시위대 여럿이 다쳐 병원으로 옮겨졌다.

이 날은 게이 역사상 경찰에 저항한 최초의 날이었다. 이날 이후 닷새 동안 비슷한 상황이 되풀이 연출됐다. 이 사건을 계기로 계속된 항의시위를 통해 음지에 있던 게이들이 미국인들의 관심을 받기 시작했다. 이후 '게이 해방전선(Gay Liberation Front)'이 결성되었으며, 레즈비언 단체들도 활동에 들어갔다. 동성애운동이 민권운동이 된 것이다. 스톤월 사건이 일어난 지 6개월도 안돼 뉴욕의 게이 인구를 대상으로 한 신문 『게이(Gay)』가 창간됐고, 『컴 아웃(Come Out)』, 『게이 파워(Gay Power)』 등의 잡지도 속속 창간호를 냈다.

사건 1주년을 맞은 1970년 6월 28일에는 맨해튼 중심가에서 '크리스토퍼가 해방 기념일'을 기리는 사상 첫 게이 퍼레이드가 열렸다. 해마다 세계 곳곳에서 열리는 '게이 퍼레이드(Gay Pride marches)'의 서막이었다. 4년 후인 1973년 미국 정신의학협회는 "동성애는 정신질환의 일종"이라는 주장을 철회한다.(박영배 · 신난향 2000)

당시 사건을 촘촘히 기록한 『스톤월: 게이 혁명을 촉발시킨 사건(Stonewall: The Riots that Sparked the Gay Revolution)』(2004)이란 책을 펴

스톤월 항쟁을 기념하는 첫 집회가 1969년에 열렸다. 사진은 집회 참가자들이 구호피켓을 들고 행진하는 장면(Kay Lahusen 촬영).

낸 작가 데이비드 카터(David Carter)는 "1950년대부터 미국에서는 조직된 동성애자들의 정치운동이 지속되고 있었다. 하지만 그다지 큰 성과를 거두지 못했다. 대중적 참여를 이끌어내지 못했기 때문이다. 스톤월 사건은 극소수의 운동에 머물던 게이 인권운동을 광범위한 대중운동으로 바꿔놓은 기폭제였다"고 말한다.(정인환 2009)

마빈 해리스(Marvin Harris 1996)는 "오로지 동성애에 치중하는 생활 방식을 채택하기에 좋은 여러 조건이 집중되면서 1969년 스톤월 폭동이 일어나게 된 것이다"며 다음과 같이 말한다. "기혼 여성들이 취업 전선으로 뛰어들면서 출산억제를 지향하는 일체의 감정이 자유롭게 노출된 시기였으며, 높은 실업률에 시달리는 동시에 비능률과 인플레가 심화되는 경제 속에서 남성 혼자 밥벌이를 하는 가부장제 가정에 대해 온갖 불이익이 가해지는 상황이었다. 또한 밀실에 갇힌 게이들이 결혼과 금욕, 단독으로 하는 자위, 독신남 생활, 노처녀 생활 등의 대안을 모색하는 과정에서 서서히 동성애자 집단 거주 지역의 기초를 다져가던 때였다. 여타 해방주의 운동이 게이 운동에 불을 댕겼을 가능성이 없지 않지만, 출산 억제주의라는 구조적 기반이 없었더라면 과거에 늘 그래왔듯이 불꽃은 사그라들고 말았을 것이다. 말을 바꾸어 게이해방 운동과 여성해방 운동이 동시에 일어났던 것은 각 운동이 나름대로 결혼과 출산의 의무와 남성 혼자 생계비를 버는 가부장제 가정이 붕괴된 상황을 반영했기 때문이었다."

개인적인 것은 늘 정치적인 것인가? 문제는 정치적이냐 정치적이지 않느냐 하는 데에 있는 게 아니라, '68혁명'이 진작시킨 개인주의와 그에 따른 '정체성 정치(identity politics)'의 가능성과 한계이리라. 하버드대학 학생으로 1962년에서 1964년까지 '민주사회를 위한 학생' 회장을 지내며 신좌파운동에서 리더십을 행사한 토드 기틀린(Todd Gitlin 1995)은 『공동 꿈의 황혼: 왜 미국은 문화 전쟁으로 파멸되고 있는가(The Twilight of Common Dreams: Why America Is Wracked by Culture Wars)』(1995)에서 미국 전역에 인종·성·종교·계급 등 여러

기준으로 분화돼 각 집단의 권리를 주장하는 '정체성 정치'가 판을 치고 있음을 개탄한다.

기틀린은 '정체성 정치'가 도시의 황폐화, 자원 낭비, 극심한 빈부격차 등 진정한 사회 문제에는 침묵하는 결과를 낳고 있다며 "민주주의는 차이를 축하하기 위한 면허 이상의 것이다"라고 주장한다. 그간 미국인들은 너무 오랫동안 문화적 경계에 따라 자신의 '참호'를 파왔는데 그런 '문화 전쟁'으로 인해 상호 격리돼 있고 고립돼 있음을 인식하고 이제는 '참호' 대신 '다리'를 건설하자는 것이다. 아름다운 말이지만, 반론도 있을 법하다. 기틀린은 '신좌파'로 출발했지만, 이제 나이가 들어 다시 '구좌파'가 되었다고 볼 수도 있지 않을까. 자신의 정체성 문제 때문에 고통받는 소수파 입장에서 보자면 말이다.

참고문헌 Abel 1968, Ali & Watkins 2001, Avrich 2004, Burnham & Louie 1989, Chomsky & Barsamian 2004, Edelman 1971, Eley 2008, Fanon 1968 · 1979 · 1998, Ferry & Renaut 1995, Firestone 1983, Flynn 2003, Fraser 2002, Freiberg 1974, Gitlin 1980 · 1995, Goldman 2001, Harris 1996, Hartmann 1989, Hofstede 1995, Johnson 2009, Katsiaficas 1999, Lipset 2004, Lischke & Tramitz 2000, Marcuse 1964 · 1965 · 1986, McLaren 2003, Merquior 1998, O'Neill 1971, Rand 1964, Ridgeway 1968, Wallerstein 외 1994, Zahar & 김종철 1981, Zinn 2001, 강정석 2000, 강준만 외 1999-2000, 고종석 2000, 곽병찬 2009, 노서경 2000, 박영배 · 신난향 2000, 송무 1997, 요미우리 1996, 이재광 1997, 이주영 1998, 이창신 2001, 정인환 2009, 조영미 1996, 조정환 2002, 한홍구 2003 · 2003a

"한 사람에겐 작은 걸음, 인류에겐 큰 도약"
아폴로 11호의 달 착륙

보잉사 B747 첫 비행 성공

주인이 따로 없는 공동 방목장에서는 농부들이 경쟁적으로 더 많은 소를 끌고 나오는 것이 이득이므로 그 결과 방목장은 곧 황폐화되고 만다. 이른바 '공유지의 비극(The Tragedy of the Commons)'이다. 이런 '비극'은 영국에서 산업혁명이 시작된 시점에 실제로 일어났던 일이다. 이 문제를 해결하기 위한 대안으로 나타난 것이 초지를 분할 소유하고 각자의 초지에 울타리를 치는 이른바 '인클로저 운동(enclosure movement)'이다.

　그로부터 수백여 년이 지난 1968년 12월 13일, 이 날짜 『사이언스 (Science)』에는 캘리포니아대학의 생물학자 가렛 하딘(Garrett J. Hardin, 1915~2003)이 쓴 「공유지의 비극」이라는 논문이 실렸다. 하딘은 신(新) 맬서스주의자로, 일정한 마리의 소를 수용할 수 있는 규모의 목장에 더 많은 이익을 위해 한 마리의 소를 더 집어넣었을 때 목장 자체의 생태계가 파괴된다는 사실을 경고하고자 했다. 박준건(1999)에 따르면, 이 우화는 생물학적 법칙에 의거한 냉혹한 현실을 그리고는 있지만 서구의 물질적 풍요를 제3세계에 식량을 원조함으로써 상실해서는 안 된다는 서구 중심주의적 논리가 관통하고 있다.

실제로 그와 비슷한 일이 일어났다. 인구 통제와 자원 관리를 강화하자는 하딘의 원래 의도와는 달리, 자본가들은 이 개념을 개별 기업의 권리와 사유재산권의 철저한 보장을 역설하는 데에 이용했다. 하딘은 인구 과잉에 따른 생태계 파괴를 막기 위해 스스로 죽는 날을 정해야 한다며 결혼 62주년 직후인 2003년 9월 14일 89세에 아내와 동반 자살을 했다지만, 기업들은 전혀 다른 논리로 이 개념을 받아들였다.(권홍우 2010)

기업 권리와 사유재산권 보장을 위해 기업 대형화와 집중은 불가피하거니와 바람직한 일인가? 대기업에 의한 소유 집중은 인수·합병 붐과 함께 1960년대 후반 가속화되었다. 한 해에만도 4000여 개의 기업이 인수·합병으로 사라진 1968년, 200대 대기업은 미국 전 제조업 부(富)의 60퍼센트를 차지했다. 유머 저널리스트인 아트 버치월드(Art Buchwald, 1925~2007)는 "이제 곧 미국의 모든 기업들은 GNAZC(General National A to Z Corporation)라는 단일 거대기업에 흡수될 것이다"라고 꼬집을 정도였다.(Eversole 1971)

미국인들이 선호하는 이런 '규모의 경제' 원리는 교통기술에서도 나타났다. 1969년 2월 9일 보잉(Boeing)사의 초대형 여객기 B747이 미국 시애틀 북부의 보잉 비행장에서 첫 시험 비행에 성공한 것이다. 인류 역사상 가장 큰 여객기의 등장이었다. B747은 종전의 대형 여객기

종으로 1958년에 등장한 B707보다 2.5배 컸다. 한 번에 승객 400명 이상을 태울 수 있었고 객실에는 사상 최초로 2층을 도입했다.

여객과 화물 수송 등 다용도 활용이 가능했던 B747은 등장과 함께 세계의 하늘을 장악했다. 승객 수요가 많은 장거리 노선은 모두 B747 몫이었다. 1970년 1월 B747을 띄운 팬암(Pan Am)을 비롯해 대한항공·영국항공·일본항공·캐세이패시픽(Cathay Pacific) 등 주요 항공사들이 앞다퉈 이 여객기를 도입했다. B747은 2009년 12월 기준으로 모두 1418대가 생산됐다.

여객기의 대형화는 축복이자 저주이기도 했다. 수많은 인명을 앗아간 사고기종의 상당수가 B747이었기 때문이다. 1977년 카나리아제도 테너리프공항 활주로에 충돌해 사망자 582명을 낸 KLM네덜란드항공과 팬암기, 1985년 일본 중부에 추락해 520명이 사망한 일본항공기, 1997년 괌에 추락해 사망자 229명을 기록한 대한항공기 모두 B747이었다. 세계 10대 항공사고 중 6건의 기종이 B747인 것으로 집계되었다.(최희진 2010)

미국에 질세라 B747이 시험비행에 성공한 1969년 프랑스와 영국이 합작 투자한 콩코드(Concorde) 비행기가 탄생했지만, 생산비가 많이 들고 마케팅이 시원치 않았다. 가망이 없는데도 계속 투자하다가 총 190억 달러를 쏟아부은 끝에 2003년 4월에서야 운행을 중지했다. 남은 건 '콩코드 효과(Concorde Effect)'라는 말이었다. '매몰비용 효과(sunk cost effect)'라고도 한다. 돈이나 노력, 시간 등이 일단 투입되면 그것을 지속하려는 강한 성향이 있다는 것이다. 이는 낭비를 싫어하고 또 낭비하는 것으로 보이지 않으려는 동시에 자신의 과오를 인정하기 싫어하는 자기 합리화 욕구 때문에 발생한다. 미국이 베트남전쟁에 깊숙이 빨려 들어간 이유이기도 하다.(남윤호 2004, 홍은주 2004, 황순영 2003)

인간의 달 착륙

보잉사 B747의 첫 비행이 성공한 지 약 5개월 후인 1969년 7월 20일 그것과는 차원을 전혀 달리하는 놀라운 비행이 이루어졌다. 우주 비행이다. 그날 오후 8시 17분 43초(국제표준시간) 미국 우주선 아폴로(Apollo) 11호의 달 착륙선 이글(Eagle)호가 달 표면에 착륙한 것이다. 1961년 5월 25일 존 F. 케네디 대통령이 상하원 특별연설을 통해 "10년 이내에 달에 미국인을 보내 안전하게 귀환시키겠다"는 야심 찬 계획을 발표한 지 약 8년 만이었다.

인간의 달 착륙까지는 3개의 중요한 성과가 있었다. 1962년 프렌드쉽(Frienship) 7호는 존 글렌(John Herschel Glenn Jr.) 중령을 태우고 지구 일주에 성공했으며 1965년 제미니(Gemini) 4호가 지구를 62바퀴 돌고 승무원이 처음으로 우주 유영에 성공했으며 1966년 무인탐사기 서베이어(Surveyor) 1호가 달 표면에 연착륙하는 데에 성공했던 것이다.

이런 우주 프로젝트에 모든 이들이 환호를 보낸 건 아니다. 예컨대, 아폴로 11호 발사 직전 『뉴욕타임스』의 기자 한 명이 플로리다(Florida) 케이프커내버럴(Cape Canaveral)의 케네디 우주센터에서 쓴 기사에 따르면 "케네디 우주센터가 드리운 그림자 아래, 굶주린 사람들이 앉아 지켜보고 있다. …… 수요일 아침에 있을 우주선 발사를 앞두고 연일 계속되는 축제분위기 속에 이른 아침부터 쇄도하는 차량들의 행렬,

차량을 가득 메운 채 18마일 북쪽 발사장으로 향해 가는 엔지니어와 기술진의 행렬을. '이렇게 역설적인 건 없을 것입니다.' 군내(郡內) 유일한 의사인 헨리 지킨스 씨가 말했다. '이 많은 돈을 전부 달에 가는 데 써버리는 동안, 이곳에서 저는 영양실조에 걸린 아이들을 치료하고 있습니다. 갈비뼈가 다 드러나고 배가 불룩해진 아이들을요.'"

(Zinn 2001a)

그러나 축제 분위기를 선도하는 텔레비전에 그런 모습은 잡히지 않았다. 세계 6억 인구가 텔레비전 중계방송을 지켜보는 가운데 우주비행사 닐 암스트롱(Neil A. Armstrong)은 최초로 달을 밟은 인간이 되었다. 달 착륙선 조종사인 에드윈 올드린(Edwin E. Aldrin Jr.)이 암스트롱에 이어 두 번째로 달을 밟았지만, 함께 간 마이클 콜린스(Michael Collins)는 우주선을 조종하느라 달에 내리지 못했다. 암스트롱과 올드린은 2시간 30여 분 동안 달 표면에서 암석, 흙 등의 물질을 채취하는 작업을 벌인 뒤 7월 24일 무사히 지구로 귀환했다. 1957년 세계 최초의 인공위성 '스푸트니크 1호', 1961년 우주비행사 유리 가가린(Yurii Alekseevich Gagarin, 1934~1968)을 태운 '보스토크(Lake Vostok) 1호' 유인 우주비행 등 우주 경쟁에서 번번이 소련에 밀리던 미국은 달 착륙 성공으로 단번에 전세를 뒤집었다.

인류의 오랜 꿈이 현실로 바뀌는 역사적 순간을 흑백텔레비전 화면을 통해 숨죽이며 지켜보던 세계 6억 인류를 향해 암스트롱은 "한 사람에게는 작은 걸음이지만 인류에게는 큰 도약(one small step for (a) man, one giant leap for mankind)"이라는 명언을 남겼다. 암스트롱과 올드린은 달 표면에 미국 국기를 꽂고 이런 글이 적힌 명판을 남겨 놓았

(위 왼쪽)달 착륙선 옆에서 작업 중인 닐 암스트롱. 87페이지 참조.
(위 오른쪽)지진 실험자료를 수집 중인 에드윈 올드린.
(아래 왼쪽)「이글호 착륙」-두 사람이 달을 걷다」라는 제목의 『워싱턴포스트』 기사.
(아래 오른쪽)달 위에 남긴 에드윈 올드린의 발자국.

다. "여기, 지구라는 별에서 온 인간들이 서기 1969년 7월에 첫 발을 내딛다. 우리는 모든 인류를 대신해 무사히 이곳에 왔다."(Davis 2004, 성동기 2009)

월터 크롱카이트는 아폴로 11호가 달 표면에 닿는 순간 감격과 놀라움으로 "오, 맙소사(Oh, boy)!"만 외쳤다. 후일 크롱카이트는 한 인터뷰에서 "달 착륙 순간이 앵커로서 유일하게 말문이 막혔던 때"라고 술회했다. 우주선 아폴로 11호의 달 착륙 중계방송으로 그 최고점에 달한 텔레비전의 막강한 위력은 '미국의 새로운 종교'로까지 비유되었다.(Kuhns 1969) 시대상황이 그런 '종교'를 찾게 했는지도 모른다. 어디 베트남전쟁뿐인가. 중국의 문화혁명(文化革命) '학살', 1968년 8월 '프라하의 봄(The Prague Spring)'을 억누르기 위한 소련의 체코슬로바키아 침공, 1969년 3월 소련과 중국의 동북아시아 국경이 접하는 우수리 강(the Ussuri River)을 따라 일어난 두 나라의 군사충돌 등, 전 세계가 인간이라는 동물의 한계를 여실히 드러내고 있었으니 달에서 위안을 찾고 싶은 마음이 왜 없었겠는가.

어찌 미국뿐이었겠는가. 한국에서도 난리가 벌어졌다. 1969년 한국의 텔레비전 보급대수는 22만 3000여 대에 불과했기 때문에 미 공보원(USIA; United States Information Agency)은 남산 야외음악당에 대형 텔레비전 스크린을 설치해 생중계와 녹화중계로 두 번에 걸쳐 보여주었다. 가랑비 내리는 남산에는 각각 5만, 10만의 인파가 몰려들었는데, 이 중계방송 구경을 위해 관광객을 싣고 가던 버스가 전복되는 사고가 벌어지기도 했다.(임종수 2004, 정순일 1991)

당시 중계 경로는 매우 복잡했다. 화면은 미국의 케이프케네디 발사 현장에서 미국 ABC-TV가 인공위성 인털새트(Intersate) 2호에 쏘아 올렸고, 이것을 일본의 NHK가 지구국에서 받아 전국에 중계하는 한편 한국을 위해 대마도에서 마이크로웨이브로 보내주었다. 이를 부산 금련산에서 받아 서울에 보내 다시 전국 텔레비전 망을 통해 방송하는 방식이었다. 금산 지구국이 준공된 시점은 1970년 6월 2일이었다.(노정팔 1995)

'달 착륙 음모론'

1974년 미국의 작가 빌 케이싱(Bill Kaysing)은 『우리는 결코 달에 간 적이 없다(We Never Went to the Moon: America's Thirty Billion Dollar Swindle)』라는 책에서 처음으로 달 착륙에 대한 음모론을 제기했다. 이후, 미국항공우주국(NASA)의 거듭된 해명에도 이런 의심은 계속 확산되었다. 달 착륙 사진이 음모론의 주요 근거가 되었는데, 가장 대표적인 의혹은 "공기가 없는 달에서 어떻게 성조기가 바람에 세차게 휘날릴 수 있는가" 하는 것이었다. NASA 측은 이에 대해 성조기가 휘날리는 극적 효과를 연출하기 위해 일부러 깃대를 'ㄱ' 자 모양으로 만들고 천을 누벼 물결치는 효과를 냈다고 설명했다.

첫발을 달에 디딘 닐 암스트롱의 발자국은 마치 젖은 모래에 찍은 것처럼 선명한 반면 "17톤이나 되는 아폴로 11호 달 착륙선이 내려앉은 바닥이 로켓의 분사(噴射) 충격으로 움푹 팼을 텐데 그런 자국이 없다"는 의혹도 제기되었다. 과학자들은 착륙선은 수직 하강이 아니라 나선형으로 달 주위를 돌면서 암반 위에 착륙했기 때문에, 우주선 바로 밑에 움푹 팬 자국이 생기지 않을 수 있다고 설명했다. 암스트롱의 발자국의 경우에는 달의 먼지가 규산염 성분으로 진공상태에서 서로 끌어당겨 뭉치는 성질이 있기 때문이라는 것이다.

이런 설명들은 의혹을 잠재우기에는 역부족이었다. 그밖에도 공기가 없는 달에서 별이 더 밝아야 하는데 사진에 별이 찍히지 않았다는 이유 등을 들어 오늘날까지도 달 표면 사진이 실제 달이 아니라 애리조나 사막에서 찍은 것이라는 진위 공방이 계속되고 있다.(김민구 2009, 성동기 2009)

세상은 오직 1등만 기억하는 법인가? 아폴로 11호의 닐 암스트롱을 기억하는 사람은 많지만, 이후 1972년 아폴로 17호의 달 착륙까지 달을 방문한 나머지 우주인 11명의 이름을 기억하는 사람은 거의 없다. 아폴로 14호의 우주인 앨런 셰퍼드(Alan B. Shepard, Jr., 1923~1998)가 달에서 골프를 쳤다는 일화도, 소련이 아폴로 11호가 달에 착륙한 이듬해 탐사 로봇을 달에 착륙시켜 11일간 원격 탐사를 했다는 사실도 다수의 기억에서 사라진 지 오래다.(김민구 2009)

2009년 7월 16일 NASA는 40년 전 아폴로 우주선의 달 착륙 장면을 촬영한 원본 비디오테이프가 존재하지 않는 것으로 보인다며, 당시 달에 착륙하는 장면을 디지털 기술로 복원한 동영상 일부를 공개했다. 화면 속에는 암스트롱이 사다리를 내려오는 장면, 올드린이 뒤따르는 모습, 두 우주인이 달에 남긴 명판을 읽는 모습, 달 표면에 깃발을 꽂는 장면 등이 담겨 있다. 특히 우주인 헬멧에 반사된 그림자까지 식별이 가능할 정도로 40년 전 텔레비전로 방영된 화면보다 화질이 훨씬 선명하다.

주성하(2009a)에 따르면 "하지만 이 동영상은 어처구니없게도

NASA가 40년 전 촬영한 원본 비디오테이프를 3년 동안이나 찾다가 발견하지 못해 복원한 것이다. NASA에 따르면 원본 동영상은 커다란 릴 테이프 2개에 감겨 보관돼 있었다. 하지만 1970~1980년대 재정난으로 테이프가 모자라자 약 20만 개의 사용된 테이프를 지우고 재사용했는데, 이 과정에서 달 착륙 비디오 역시 일반자료 테이프로 취급돼 지워진 것으로 보인다고 NASA는 설명했다. 다행히 NASA는 전 세계를 뒤져 음성은 없고 영상만 담긴 4개의 복사본을 찾아냈고 이를 옛 필름 복원 전문회사인 할리우드의 '라워리 디지털'에 맡겨 원본 영상보다 더 선명하게 복원하고 있다. 현재 40퍼센트 정도가 복원됐다. 하지만 이번 원본 테이프 분실을 계기로 달 착륙 조작설을 제기하는 사람들의 목소리가 더욱 커질 가능성도 있다."

2009년 7월 20일 달 착륙 40주년을 맞아 버락 오바마(Barack H. Obama) 대통령은 "케네디의 프런티어 정신이 인간을 달에 보냈듯이 우리도 먼 미래를 내다본 투자를 해야 한다"고 말했다. 오바마는 케네디의 프런티어 정신을 되살리려는 시도로 그날 아폴로 11호에 탑승했던 우주인 3명을 백악관으로 초청했다. 이 밖에도 달 착륙 40주년 축하 행사는 플로리다의 케이프커내버럴의 케네디 우주센터에서 텍사스 휴스턴의 존슨 우주센터 그리고 워싱턴의 우주 박물관까지 이어졌다.(도재기 2009, 이기홍 2009)

"한 사람에게는 작은 걸음이지만 인류에게는 큰 도약"이라는 암스트롱의 말은 백번 옳지만, 인간이 우주적 시간 개념으로 세상을 사는 건 아니다. 훗날을 기약하는 원대한 비전보다는 지금 당장의 갈등이나 불만이나 고통을 호소하는 사람들이 많다. 아폴로 11호가 달에 착류한 지 채 한 달도 안돼 등장한 '우드스탁 페스티벌'은 그런 갈증과 불만의 발산 무대가 된다.

참고문헌 Brzezinski 1989, Davis 2004, Eversole 1971, Kuhns 1969, MacDonald 외 1980, O' Neill 1971, Schroeder 2000, Zinn 2001a, 권홍우 2010, 김민구 2009, 김민아 2009a, 남윤호 2004, 노정팔 1995, 도재기 2009, 민용기 1999, 박준건 1999, 사루야 가나메 2007, 성동기 2009, 이기택 2000, 이기홍 2009, 임종수 2004, 정순일 1991, 주성하 2009a, 최희진 2010, 홍은 주 2004, 황순영 2003

제2장

무엇을 위한 전쟁인가?

'공동체와 연대를 향한 열망'
우드스탁 페스티벌

'테크노크라시'의 지배

경제학자 존 케네스 갤브레이스(John Kenneth Galbraith, 1908~2006)는 1967년에 출간한 『새로운 산업국가(The New Industrial State)』에서 거대 기업의 지배는 더 이상 자본가에 의해 이루어지는 것이 아니며, 기업 내부의 전문가집단 즉 '테크노 스트럭처'(techno-structure)에 의해 지배된다고 주장했다. 대기업의 지배권을 장악한 테크노 스트럭처는 자신들의 지배권을 유지하기 위해 기업 성장률의 극대화를 꾀하며, 이러한 의도를 달성하기 위해 국가가 자신들에게 유리한 정책을 채택하도록 국가와 일종의 모종의 관계를 맺는다는 것이다. 결국 국가와 대기업이 일체가 되는 일종의 관리회사가 나타나며 이를 갤브레이스는 '새로운 산업국가'라고 명명했다.(Stabile 1984, 네이 마사히로 1998a)

2년 후인 1969년 시어도어 로작(Theodore Roszak)은 『대항문화의 형성(The Making of Counter Culture)』에서 13년 전 윌리엄 화이트(William

H. Whyte, 1917~1999)가 쓴 『조직인간(The Organization Man)』의 논지를 발전시켰다. 로작은 사람들에게 심리적 고통을 안겨주는 관료주의를 '테크노크라시(technocracy)'라고 부르면서 다음과 같이 주장했다.

"우리가 테크노크라시에 대해 그것이 우리에게 행사하는 특별한 힘을 찾아보면 결국에는 객관적 의식(objective consciousness)이라는 신화에 도달한다. 현실에 접근할 수 있는 길은 하나밖에 없으며—그래서 신화가 힘을 발휘한다—이것은 모든 주관적 왜곡, 다시 말해 모든 개인적 참여가 배제된 의식 상태를 개발하는 것이다."

각기 다른 관점에서 접근했지만, 갤브레이스와 로작의 주장은 서로 만나는 지점이 있다. 그건 바로 인간이 그 어떤 구조와 체제를 위해 점점 졸(卒)이 되는 현상이다. 로작의 주장은 5년 전 "지배는 행정으로 전환되었다"고 선언한 마르쿠제(Herbert Marcuse 1964)의 주장과도 일 맥상통한다. 마르쿠제의 『일차원적 인간(One-Dimensional Man)』(1964)에 따르면 "개인적 영역을 넘어 과학실험실, 조사연구소, 정부 그리고 국가적 목적에까지 침투해 들어간 집행 및 관리위원회의 광대한 위계질서 안에서 착취의 가시적 증거는 객관적 합리성이라는 표면의 뒤로 숨어버렸다. 증오와 좌절은 그들의 특정한 목표를 박탈당했으며 테크놀로지의 베일이 불평등과 노예화의 재생산을 감추고 있다."

로작은 조직 속의 사람들이 기계 부속품처럼 되는 현상을 극명하게 보여주기 위해 프랑스 철학자 자크 앨뤼(Jacques Ellul, 1912~1994)의 글을 인용했다. "기술은 예측 가능성 그리고 그에 못지않게 예측의 정확성을 요구한다. 그래서 기술은 인간을 지배할 수밖에 없다. 기술의 입장에서는 이것이 죽고 사는 문제인 것이다. 기술은 인간을 기술적 동물, 기술 만능주의자로 전락시킨다. 인간의 변덕은 이와 같은 필연성 앞에서 박살난다. 기술적인 자율성에 앞서서 인간의 자율성이 존재할 수는 없다. 각 개인은 기술에 의해서 규정되어야 한다. …… 그렇게 해서 조직이라는 완벽한 설계 속에 각 개인의 개성과 특성을 묻어야 한다."(Brooks 2001)

물론 미국에는 이들의 주장에 동의하지 않는 사람들이 훨씬 더 많다. 예컨대, 마르쿠제가 『일차원적 인간』에서 "사람들은 상품 속에서 자신을 확인한다. 그들은 자동차에서, 하이파이 전축에서, 주택에서, 주방용품에서 자신의 영혼을 발견한다"고 주장한 것에 대해 알라스데어 매킨타이어(Alasdair C. MacIntyre)는 "어째서 마르쿠제에게는 타인들의 참된 욕구가 무엇인지를 가르칠 권리가 있는 것일까?"라고 반박한다.(Tomlinson 1994)

갤브레이스, 로작, 마르쿠제, 엘륄 모두 과장된 주장을 한다고 볼 수 있다. 그럼에도 여기서 중요한 건 1960년대 말 '개인'과 '자율'이 '조직'과 '기술'에 종속되는 현상이 광범위하게 나타나고 있었다는 사실이다. 그러니 개인이 자율성을 잃지 않은 채 각자 독립된 주체로서 연대하는 공동체에 대한 갈증이라고나 할까, 그것이 반전운동과 맞물려 발산의 기회를 기다리고 있었다고 해도 무방하리라. 이제 곧 이야기할 '우드스탁 페스티벌'은 그런 맥락에서 이해하면 좋을 것이다.

"일생에서 최고의 체험이었다"

1969년 8월 15일부터 3일간 뉴욕(New York) 주 설리번 카운티 베텔의 대평야에서 '음악과 사랑'이라는 주제로 '우드스탁 페스티벌

우드스탁 페스티벌 참가자들. 자연으로 돌아가자며 옷을 죄다 벗어버린 남녀에, 텐트를 치고
야영하며 릴레이 공연을 즐기는 관중의 동거동락은 이색적인 풍경이었다 ⓒ Mark Goff

(Woodstock Festival)'이 열렸다. 홍보 문구는 '3일 동안의 평화와 음악
(Three Days of Peace & Music)'이었다. 운집한 50만 명은 인종적으로는
백인이 주체였으며 비교적 혜택 받은 가정 출신자들이 주류였다. 주
변 교통마비로 현장에 오지 못한 사람들을 합하면 100만 명 이상이라
는 설도 있다. 교통이 막힌 뮤지션들은 헬리콥터로 이동했으며, 도중

에 차를 팽개친 채 50, 100킬로미터를 걸어서 참가한 사람들도 많았다. 노상에서 출산을 한 임산부도 4명이나 있었다.

참가자들은 대부분 10대 후반에서 20대의 젊은이들로, 이 페스티벌은 '청춘의, 청춘에 의한, 청춘을 위한 축제'라고 해도 과언이 아니었다. 1964년 캘리포니아대학 시위에서 처음 등장한 이후 당시 젊은이들 사이에서는 "서른이 넘은 사람을 믿지 말라(Don't Trust over Thirty)"라는 슬로건이 유행이었고, '더 후(The Who)'라는 그룹은 〈나의 세대(My Generation)〉에서 '나이를 더 먹기 전에 죽어버리고 싶다"고 노래할 정도였다.(서동진 1993)

이 행사는 원래 포크가수 밥 딜런(Bob Dylan)의 고향인 우드스탁에서 열릴 예정이었다. 우드스탁은 뉴욕 시 북쪽으로 약 400킬로미터 떨어진 캬츠킬 산맥 기슭에 있는 인구 1만 명의 한적한 도시였다. 이미 사전에 배포된 팸플릿, 포스터, 입장권에도 '우드스탁'이란 지명이 들어가 있었는데, 막판에 우드스탁 지방의회가 "더러운 히피족들에게 마을을 점령당할 순 없다"며 반대결의를 하고 나섰다. 개최일이 일주일도 채 남지 않은 시점이라 우드스탁이란 이름은 그대로 쓴 채 우드스탁에서 서쪽으로 100킬로미터 이상 떨어진, 설리번 카운티 베텔(Sullivan County Bethel)이란 마을의 한 옥수수 농장주가 소유하고 있던 목초지대로 장소를 변경해야만 했다. 맥스 야스거(Max B. Yasgur, 1919~1973)라는 지지자가 자신의 농장을 제공한 덕분이었다. 이 변경 사실도 모른 채 우드스탁으로 몰려든 젊은이만도 5만 명에 이르렀다.

우드스탁 페스티벌에는 조앤 바에즈, 재니스 조플린(Janis L. Joplin 1943~1970), 지미 헨드릭스(James M. Hendrix, 1942~1970), 제퍼슨 에어

반전 평화운동가이자 가수인 조앤 바에즈(왼쪽)와 밥 딜런. 두 사람 모두 포크를 기반으로 한 저항적 노랫말로 많은 사랑을 받았다.

플레인(Jefferson Airplane), 그레이트풀 데드(Grateful Dead), 더 후, 텐 이어즈 애프터(Ten Years After) 등 당대 최고의 록·포크 가수들이 총출동했으며, 참가자는 주최 측이 당초 예상한 인원보다 10배 정도 많았다. 갑작스러운 장소 변경으로 인해 이 축제는 허가를 받지 못한 채 불법으로 진행됐다. 그러나 불법 집회라는 성격이 오히려 젊은이들을 환호하게 했다. 농장 주변 도로가 모두 차단되고 식수 공급도 끊겼지만 50만 젊은이는 사흘 밤낮 동안 평화를 노래하고 반전을 외치며 열광했다. 마리화나도 거리낌 없이 피워댔다. 3일 동안 억수같은 비가 쏟아져 '진흙에서 뒹굴기'가 우드스탁의 한 상징이 됐다. 축제가 아니라 고행이었지만, 참가자들은 아무 불평 없이 자신들의 공화국에서 해방을 만끽하며 모두가 평등하고 자유롭기를 소망했다.(유신모 2009,

이태호 1999)

아무런 통제도 받지 않는 50만 군중이 모여 사흘간 미친 듯 젊음을 발산했지만 흥분으로 인한 심장마비사 몇 건을 제외하고는 사고도 없었고 시비도 일어나지 않았다. 참가자들은 한결같이 '가족적 일체감'을 느꼈다며 "일생에서 최고의 체험이었다"고 감동했다.

이렇게 기록된 문헌들이 많지만, 밖의 시각에서는 다를 수 있다. 축제 기간 중 3명이 사망했는데 2명이 약물과다로 죽었고 100명 이상이 마약과 관련해 체포됐다. 그렇지만 이 콘서트 실황은 담은 기록영화는 아카데미상(다큐멘터리 부문)을 수상했고, 출시 후 10년 동안 5000만 달러의 수익을 남겼다. 이 비디오가 지금까지도 날개 돋친 듯 팔려 나가고 있는 걸로 보더라도, 몇몇 사고 정도는 비교적 사소한 문제일 것이다.

이 감동은 전 세계로 퍼져나가 1개월 뒤에는 영국 와이트 섬에서 똑같은 형태의 야외 콘서트가 열렸는데, 여기에 60만 명이 참가했다. 이것을 시작으로 세계 각국에는 '참가하는 야외 콘서트'가 확산되었으며 '우드스탁 세대'라는 말도 생겨났다. 이 세대는 1960년대의 체제와 권위에 반발을 느끼며, 부모 몰래 마리화나에도 손대보고, 베트남 반전에 공감을 표시하며, 조앤 바에즈와 밥 딜런의 레코드를 구하려는 사람들이었다. 우드스탁 페스티벌에서 '커밍 인투 로스앤젤레스(Coming into Los Angeles)'를 부른 알로 거슬리(Arlo D. Guthrie)는 훗날 이렇게 말했다.

"우드스탁이 세계에 전한 메시지는 분명하다. 다른 인종, 언어, 종교에 대한 편견을 증오하며 누구나 표현의 자유와 기본적 인권을 인

록 역사상 최대의 페스티벌로 기억되는 우드스탁 페스티벌. © Derek Redmond and Paul Campbell

정반도록 연대하지 않으면 안 된다는 자각과 동료에 대한 호소였다. 이 동료의식은 우드스탁 세대의 동료들 속에서 지금도 강하게 살아 있다고 확신한다.”

'앨터몬트의 비극'

역사학자 마이클 케이진(Michael Kazin)은 '반체제에 대한 공감' 만으로는 우드스탁 현상을 설명할 수 없다며 다른 이유들을 찾았다. 그는 ① 입장은 유료였지만 혼란을 피하기 위해 무료로 바뀐 점 ②여름방학으로 학생들이 찾아올 수 있었다는 점 ③콘서트 장소가 뉴욕이라는 대도시에서 비교적 가까웠다는 점 ④주최 측의 홍보가 철저했다는 점을 대관중을 모은 이유로 꼽았다. '카운터 컬처(counter-culture; 지배 문화에 대항하는 하위 문화)'라든지 베트남 반전에 찬동한 참가자도 적지 않았지만, 그 외에 마약과 프리섹스만을 목적으로 찾아오는 경우도 많았으며 또한 단순히 "다들 가니까 나도 가보자"는 식의 부화뇌동 타입도 상당히 많았다는 것이다.(요미우리 1996)

마약·프리섹스파와 부화뇌동파가 많았던 걸까? 4개월 전 개최된 우드스탁의 열기를 이어가고자 1969년 12월 6일 캘리포니아 주 샌프란시스코 교외의 앨터몬트 스피드웨이(Altamont Speedway)에서 열린 '앨터몬트 페스티벌(Altamont Speedway Free Festival)'은 '최악의 페스티벌'이 되고 말았다. 1967년 11월 9일 샌프란시스코에서 창간호를 낸 격주간 음악전문지 『롤링스톤(Rolling Stone)』 51호(1970년 2월 7일 발간)에 따르면 "(1969년) 12월 6일은 로큰롤 역사상 최악의 날이었다. 모든 것이 완벽하게 엉망이었다. …… 로큰롤 밴드 공연 무대로 쏟아지는 함성 속에 칼부림과 살인이 벌어지는 건 흔한 일이 아니다."

이 페스티벌은 당대 최고 인기그룹 롤링스톤스(Rolling Stones)가 평소 공연 입장료가 비싸다는 팬들의 불만을 의식해 주최한 무료 록 콘서트였다. 산타나(Santana), 제퍼슨 에어플레인, 크로스비 스틸스 내시 앤드 영(Crosby Stills Nash & Young) 등도 초청됐다.

공연은 시작부터 삐걱거렸다. 장소와 날짜가 오락가락하다 공연이 임박해 결정됐다. 그 바람에 전반적인 시스템이 부실할 수밖에 없었다. 무대 높이도 고작 120cm 정도였고, 편의시설도 형편없었다. 게다가 롤링스톤스는 경찰 보호를 거절하고 모터사이클 갱 '헬스 에인절스(Hell's Angels)'에 공연 질서 유지를 의뢰했다. 500달러어치 맥주가 그 보수였다.

조이영(2008-2009)은 "막이 오르자 공연장은 30만 명이 넘는 관객들이 뿜어내는 열기로 가득 찼다. LSD(Lysergic Acid Diethylamide; 환각제) 같은 마약에 취한 일부 관객이 서로 엉켜 아수라장이 되자 헬스 에인절스는 닥치는 대로 곤봉을 휘둘렀다. 관중석은 점점 광란에 빠져들면서 통제 불능 상황으로 치달았다"며 다음과 같이 말한다.

"롤링스톤스가 '언더 마이 썸(Under my thumb)' 노래를 막 끝마칠 때였다. (당시 18세) 흑인 청년 메레디스 헌터가 연발권총을 들고 무대에 접근하는 순간, 헬스 에인절스 단원들이 저지하려다 칼을 휘둘러 그를 살해하고 말았다. 또 관객 2명이 뺑소니 사고로 숨졌고 1명은 수로에 빠져 익사했다. 4명의 사망자를 낸 '앨터몬트의 비극'으로 인해 1960년대의 상징인 록은 '악마의 노래'로 추락했다. 그 후 앨터몬트 스피드웨이에서 록 콘서트 개최가 전면 금지됐다. 언론은 '앨터몬트 페스티벌에서 젊은이들의 무질서와 폭력, 혼란을 봤다'고 비판공세에 나섰다. 이즈음 비틀스 등 많은 밴드가 해산했고 기존 밴드의 멤버들은 각기 솔로 활동을 시작했다. 록 전성시대가 막을 내린 것이다. 공동체의 시대가 저물고 개인의 시대가 열리기 시작한 때라고 전문가들은 평가한다. 앨터몬트 콘서트를 히피 시대와 1960년대 미국 문화의 마침표로 보는 시각도 있다."

그래도 히피 공동체 운동은 한동안 지속되었다. 1970년 『뉴욕타임스』는 34개 주에서 2000개가 넘는 '엄청난 규모'의 히피 공동체가 생겨났다고 보도했다. 히피들이 공동체 생활에 끌리게 된 이유는 탐욕, 폭력, 전쟁으로 얼룩진 사회에 대한 절대적 소외감과 강렬한 분노와 절망감 등이었다.(McLaughlin & Davidson 2005)

엘비스 프레슬리와 비틀스

당시 로큰롤의 황제 엘비스 프레슬리(Elvis Preseley, 1935~1977)는 뭘 하고 있었을까? 1970년 12월 엘비스가 백악관에 친필 메모를 보내 닉슨 대통령을 만났다는 점은 흥미롭다. 만나서 무슨 이야기를 나눴을까? 그 전에 엘비스와 비틀스의 관계에 대해 미리 이야기해두는 게 좋겠다.

비틀스(The Beatles)의 미국 첫 무대였던 1964년 〈에드 설리번 쇼(Ed Sullivan Show)〉에서 설리번은 엘비스가 비틀스를 찬양한 내용의 전보문을 읽어주었다. 이에 용기를 얻어 비틀스는 엘비스를 만나보려고 했지만, 엘비스의 매니저는 엘비스의 기념품 몇 점을 형식적으로 챙겨 보내는 것으로 끝냈다. 비틀스와 엘비스의 만남은 다음 해인 1965년 비틀스의 미국 순회공연 때 이루어졌다. 비틀스가 엘비스의 집을 방문했다. 엘비스의 부인이었던 프리실라 프레슬리(Priscilla Presley)의 증언에 따르면, 엘비스는 황제처럼 거만하게 행동했고 비틀스는 황제를 알현하는 신하처럼 공손했다고 한다.

에드윈 무어(Edwin Moore 2009)에 따르면 "엘비스는 레코드를 하나 걸었다. 가수 찰리 리치의 레코드였을 것이다. 그리고 엘비스는 베이스 기타를 집어들고 그 음을 따라서 연주하기 시작했다. 비틀스는 당장 근처에 있는 악기를 하나씩 집어들고 즉흥적으로 엘비스의 음에 맞추어 주거니 받거니 하면서 연주하기 시작했다. 프리실라의 말에 따르면 이 사람들은 이야기하기보다는 음악을 더 많이 연주했다. 비틀스는 원래 수줍은 편이었고 엘비스는 기질상 말이 별로 없었지만, 그 음악은 아주 '아름다웠다'는 게 프리실라의 이야기다. 애석하게도

〈에드 설리번 쇼〉에 출연한 비틀스. 비틀스가 영국 리버풀의 밴드에서 미국의 사랑을 받는 보이밴드로 성장
할 수 있었던 데는 당시 인기 프로그램이었던 〈에드 설리번 쇼〉의 덕이 컸다.

아무도 녹음하지 않은 것은 물론, 사진조차 찍어두지 않았다. 끝에 가
서 비틀스는 엘비스에게 자기들이 머물고 있는 집에 와달라고 초청했
다. 엘비스는 웃으면서 '두고 봅시다'라고만 했다. 하지만 프리실라
의 말에 따르면 그건 실현성 없는 얘기였다."

그런 만남이 이루어진 지 5년이 지난 시점에서 엘비스는 많이 달라
졌다. 그는 닉슨에게 비틀스가 얼마나 반미적인 인간들이며 마약 문

화를 퍼뜨리는 존재인지에 대해 장광설을 펼쳤다고 한다. 그러고 나서 닉슨에게 마약단속반 배지를 얻게 해달라고 부탁했다니, 다소 어이가 없는 대목이다.

다시 에드윈 무어에 따르면 "당시 닉슨의 보좌관이었던 버드 크로그는 엘비스의 방문 자체가 비밀이었기 때문에 백악관에서 그를 본 사람들은 깜짝 놀랐으며, 배지를 달라는 요청에 닉슨 대통령이 자신을 향해 '배지를 줄 수 있느냐' 고 물었다고 회고한다. 크로그는 '대통령께서 원하신다면 드릴 수 있습니다' 라고 대답했는데, 그때 예상치 못한 광경이 벌어졌다. 엘비스가 성큼성큼 다가가서 대통령의 어깨를 안고 감사의 포옹을 한 것이다. 당시 백악관에서 대통령을 안는다는 건 경호상 있을 수도 없는 일이었다. 백악관은 나중에 엘비스에게 명예단속반 배지를 한 개 보내주었는데, 엘비스는 자기에게 마약 단속의 법적 권한이 생겼다고 여겼다 한다. 그 배지는 지금 그레이스랜드의 엘비스 저택에 전시되어 있다. 엘비스는 잘못된 식생활과 술, 약물 남용으로 건강을 망쳐 1977년에 사망했다."

비틀스가 마약 문화를 퍼뜨렸다는 엘비스의 주장은 근거가 없지 않았다. 비틀스의 히트곡 '루시 인 더 스카이 위드 다이아몬즈(Lucy in the Sky with Diamonds)' 만 해도 마약인 LSD를 상징하는 것이었다. 엘비스가 닉슨에게 어떤 영향을 미쳤는지는 알 수 없지만, 닉슨은 1971년 '마약과의 전쟁(War on Drugs)' 을 선포한다. 린든 존슨의 '가난과의 전쟁(War on Poverty)' 을 흉내 낸 듯한 '마약과의 전쟁' 은 국민적 지지를 받아 1972년 대선에 유리하게 작용한다. 1963년 이후 범죄율이 급속도로 증가했기 때문에 이미 1968년 대선에서도 '법과 질서' 를 외

1970년 12월 닉슨 대통령과 만난 엘비스 프레슬리.

친 공화당이 상대적으로 강경 대응을 하지 않은 민주당에 비해 유리
했다는 주장도 있다.(Fukuyama 2001)

"40년은 그렇게 긴 시간이 아니었다"

지미 헨드릭스, 짐 모리슨(James D. Morrison, 1943~1971), 재니스 조플
린 등 1960년대 청년문화의 아이콘이었던 '3J'는 1970~1971년 사이
약속이나 한 듯 요절했다. 거장들은 가고 일탈도 많았지만 이후 '우드
스탁 페스티벌'은 저항성을 가진 대중음악 행사를 가리키는 보통명
사가 되었다. 다만 세월이 흐르면서 저항성의 의미는 점점 희석돼 단
지 기성세대의 가치관에 반대하는 것만으로도 족했다. 아니 우드스탁
은 록 시장의 규모가 엄청나다는 것을 보여준 증거였기에 상업주의적

계산이 공격적으로 침투하기 시작했다. 우드스탁 측은 1994년과 1999년 두 차례에 걸쳐 기념공연(25주년, 30주년)을 열었지만, 1969년의 감격을 되살릴 수 없었던 건 바로 그런 이유 때문이었다.

특히 1999년의 30주년 행사는 공연 뒤 불을 지르고 싸움이 벌어지는 등 폭력으로 얼룩졌다. 상업주의도 기승을 부렸다. 한 참가자는 "더러운 놈들, 우리를 한곳에 가둬 놓고 돈을 쥐어짜고 있어, 카드 현금인출기(ATM)까지 설치했잖아. 이것은 우드스탁이 아니라 장사스톡(Commercialstock)이야!"라고 불평했다. 이 행사에 참가한 이태호(1999)는 다음과 같이 말한다.

"그러고 보니 정말 그랬다. ATM기 앞에는 언제나 현금을 빼기 위해 기다리는 사람으로 장사진이었다. 도대체 ATM이 설치돼 있다는 것 자체가 이번 우드스탁의 장사성을 얘기하는 것 같았다. …… (폭력사태 후) 천막은 찢어지고 테이블 등과 함께 불에 탄 채 바닥에 흩어져 있었다. 또 그 옆에 세워져 있던 트레일러도 시커멓게 불에 타 넘어져 있었다. 거기에 있던 한 병에 4달러씩 하던 콜라, 텐트, 기구들, 티셔츠 등이 모두 약탈당했다는 설명이었다. 수십 명의 젊은이들이 저지른 일이며, 7명이 연행됐다고 한다. 무엇보다 고약한 것은 ATM 머신이 부서진 것이었다. 몇몇 젊은이가 그것을 부수고 돈을 꺼내 하늘에 뿌리려 했다는 것이었다. …… 라디오에서 뉴스가 흘러나오고 있었다. '3일간의 평화와 음악이 방화와 약탈과 함께 막을 내렸다.' 그토록 착하고 양보심 많던, 그야말로 평화를 사랑하는 젊은이들이었다. 그들이 왜 그런 일을 저질렀을까. 나중에 텔레비전와 신문을 보니 바가지 요금이 가장 주된 이유라고 분석하고 있었다."

2006년 7월 28일에서 30일까지 3일 동안 한국의 인천 송도 대우자동차판매 부지의 야외무대에서는 '펜타포트 록 페스티벌'이 열렸다. 미국의 '우드스탁 페스티벌'을 표방한 이 페스티벌에는 미국, 영국, 일본, 한국 등의 72개 팀이 참여해 수만 한국 젊은이들을 열광시켰다. 백승찬·김유진(2006)은 이 페스티벌은 "입시와 취업의 불안, 기성세대의 편견을 날려버리려는 '그들만의 축제'였다"며 "한국의 젊은이들은 폭우와 폭염에도 아랑곳하지 않고 힘차게 소리 지르고 격렬하게 몸을 흔들었다"고 했다.

그러나 청년문화 특유의 '이념적 가치'를 설정하기에는 미흡했다는 평가도 나왔다. 혹 이젠 저항적인 '이념적 가치'가 아예 소멸된 건 아닐까? '이념적 가치'와는 결별한 '자유와 해방감'이 열광의 정체는 아닐까? 3일 내내 현장에서 야영하며 록을 즐긴 텐트족 200여 명 중 남자 대학생은 "새벽까지 록을 즐기다 잠들고, 록 음악을 들으며 눈을 뜨는 체험을 하기 위해 야영을 선택했다"며 "강력한 비트와 록 사운드를 들으며 자유와 해방감을 느낀다"고 말했다. 한 여성은 "예매 관객의 64퍼센트가 여성"이라며 "록 음악은 이제 남자들의 전유물이 아니다"라고 말했다.(정미경 2006, 조성진 2006)

2009년 8월 15일 밤 우드스탁 페스티벌이 열렸던 바로 그 자리에서 40주년을 기념하는 페스티벌이 열렸다. 1만 5000여 명이 모인 가운데 15세의 기타리스트 콘래드 오베르그(Conrad Oberg)가 40년 전 지미 헨드릭스의 절규를 흉내 내며 오프닝을 열었다. 그의 두 번째 노래는 40년 전 그 무대에서 불렸던 시시아르(C.C.R.)의 '수지 큐수지 큐(Suzie Q)'였다. 40년 전에도 자리를 지킨 컨츄리 조 맥도날드(Country Joe

지미 헨드릭스는 우드스탁 페스티벌에서 기타 하나로 'The Star Spangled Banner'를 연주했다. 이는 일렉트릭 기타의 와와 페달과 피드백 등의 장치를 동원해 미국의 호전성을 폭로한 곡으로, 관중들을 충격에 빠트렸다.

McDonald)는 월남전 반대 노래를 부르며 베트남 · 이라크 · 아프가니스탄에서 숨진 병사들의 이름을 불러 '반전 분위기'를 이끌었다.

40주년을 맞은 2009년 여름 베델 농장에는 각종 전시행사가 이어졌고 7만여 명이 다녀갔다. 뉴욕에서 100마일 떨어진 이 마을에는 60세가 넘은 왕년의 히피들이 성성한 백발을 이고 귀환하는 장면이 줄을 이었다. 『뉴욕타임스』는 "40년은 그렇게 긴 시간이 아니었다"고 보도했다. 10대 때 우드스탁 행사에 참석했던 듀크 데블린은 3일간 비가 내려 진흙탕이 됐고, 불법집회라며 당국의 단수 조처로 마실 것마저 제대로 없었던 당시 상황에 대해 "서로가 서로를 배려했다"며 "공동체라는 느낌이 우리를 압도했다"고 회상했다.

40주년 행사는 이전의 25주년, 30주년 행사 때와는 달리 전반적으로 소풍 분위기였다. 『워싱턴포스트』는 "참석 군중 대부분은 정치적 이유가 아니라 음악을 즐기고 그때를 기억하기 위해 왔다"고 보도했다. 자신의 농장에서 콘서트 개최를 허락한, 고(故) 맥스 야스거의 아들인 샘 야스거(Samuel S. Yasgur)는 "우드스탁은 우리가 때로 당연하다고 여기는 가장 기본적인 권리에 대한 표현이었다. 모일 권리, 비판할 권리, 재미있게 옷 입을 권리, 또 자기 자신의 음악을 들을 권리 등이다. 그런 것을 잃을 때, 우리는 모든 걸 잃는다"고 말했다.(권태호 2009)

'우드스탁 페스티벌'을 둘러싼 모든 논란의 핵심은 이른바 '저항의 상품화'에 관한 것이다. 이건 영원히 풀리지 않을 숙제다. 보다 많은 사람을 끌어 들이기 위한 대중화를 위해서는 상품화가 불가피하지만, 상품화는 본말전도를 초래하는 위험을 수반한다. 그러면 어떡하면 좋을까? 답이 없다. 사안별 질적 분석이 유일한 대안이다.

참고문헌 Berman 1981, Brooks 2001, Frith 1995, Fukuyama 2001, Marcuse 1964, McLaughlin & Davidson 2005, Moore 2009, Stabile 1984, Tomlinson 1994, 권태호 2009, 김일균 2001, 김종철 2009, 네이 마사히로 1998a, 백승찬 2009, 서동진 1993, 요미우리 1996, 원용진 1996, 유신모 2009, 이주영 1995, 이태호 1999, 정미경 2006, 조성진 2006, 조이영 2008-2009

<h1 style="text-align:center">"무엇을 위한 전쟁인가?"
미라이 양민학살 사건</h1>

민간인 560명 학살

닉슨 행정부는 베트남전쟁에서 그간 미군이 맡던 역할을 남베트남군이 맡도록 하는 이른바 '베트남화(Vietnamization)' 정책을 내세웠지만 뜻대로 되진 않았다. 1969년 9월 3일 베트남 미라이(Mỹ Lai)촌에서 일어난 양민학살 사건이 세상에 알려지면서 반전운동은 더욱 거세졌다. 1968년 3월 16일에 일어난 이 사건의 전모는 "무엇을 위한 전쟁인가?"라는 의문을 갖게 하기에 족했다.

그날 윌리엄 캘리(William L. Calley) 중위 지휘하에 있던 미 육군 11보병부대인 찰리부대는 대대장 어니스트 메디나(Ernest L. Medina) 대령으로부터 "그 부락을 일소하라"는 애매한 명령을 받았다. 그 이전 찰리부대는 3개월간 전투 구경도 못한 상태에서 저격병에 의한 공격과 부비트랩으로 100여 명의 사상자를 냈었다.

이들이 헬리콥터로 미라이촌에 당도해보니 눈에 띄는 것은 노인과

미라이 학살로 희생된 마을 주민들.

부녀자뿐이었다. 미라이촌이 게릴라 공격기지임을 말해주는 증거도 없었다. 그럼에도 미군은 병사들을 촌락 한 가운데에 집합시킨 뒤 발포했고, 다음에는 움막들을 수류탄으로 파괴했다. 마지막으로 생존자인 여자와 소녀들 몇 명이 미군에게 강간당한 뒤 사살당했다. 이렇게 해서 학살당한 사람은 모두 560명 이상이었다. 캘리 중위는 혼자서 109명의 베트남 민간인을 사살했다. 어떻게 이런 일이 가능했단 말인가? 찰리부대 병사였던 바나도 심슨(Varnado Simpson, Jr.)은 훗날 이렇게 말했다.

"그날 미라이에서 나 혼자 죽인 사람은 스물다섯 명 정도였다. 나 혼자. 여자건 남자건 가릴 것 없이 총으로도 죽였고, 목도 잘랐고, 머리가죽도 벗겼고, 손도 잘랐고, 혀도 잘랐다. 나는 그 일을 했다. 그저 갔을 뿐이다. 내 마음도 그저 갔을 뿐이다. 나만 그 일을 한 것은 아니다. 다른 많은 사람들도 그 일을 했다. 나는 그냥 죽였을 뿐이다. ……내 안에 그런 면이 있다는 것을 알지 못했다."

미군 전속 사진사는 공식 카메라를 빼앗겼지만 비밀 카메라를 하나 숨긴 채 학살 현장을 촬영하는 데에 성공했다. 임무는 성공리에 수행된 것으로 사령부에 보고되었지만, 학살 소문은 널리 퍼져나갔다. 미라이에는 한 번도 가본 적 없는 찰리부대의 퇴역병 로널드 리데나워(Ronald L. Ridenour)는 소문을 듣고 취합한 결과를 상세히 정리해 대통령, 의회, 관리들 앞으로 서신을 띄웠다. 통신사인 DNS(Dispatch News Service)의 프리랜서 기자 시모어 허시(Seymour M. Hersh) 기자도 이를 눈치 채고 1968년 11월 반신반의하는 미 국민에게 진상을 폭로하고 나섰다. 육군은 진상조사에 들어갔지만 여전히 모든 사안을 비밀에 붙였다.(Davis 2004)

왜 이런 일이 일어났을까? 물론 미국의 잘못된 전쟁 때문이었지만, 캘리 중위의 행위는 이런 근거만으로는 설명하기 부족하다는 주장도

한 미군이 미라이 민가에 불을 놓고 있다.

있다. 캘리는 미군 평균 이하의 지능을 가지고 있었으며 우둔했고 황당한 인물이었다는 주장이 쏟아져 나왔다.(Maclear 2002) 당시 육군 소령이었던 콜린 파월(Collin L. Powell 1997)의 분석에 따르면 "전쟁이 너무나 오래 질질 끌려가던 터라 장교로 임명된 이들 모두가 정말 장교감이었던 것은 아니었다. …… 준비되지 않은 장교와 하사관이 넘쳐남으로써 병사들이 끝도 없고 분별도 없는 학살 등에 무감각해짐에 따라 단결심과 군율과 직업적 판단이 무너지게 되었다." 미라이에서도 강간이 일어났지만, 조너선 닐(Jonathan Neale 2004)은 베트남에서 미군에 의해 자행된 강간은 수십 만 건에 이른다고 추정한다. 이것이 과연 군인들의 자질 문제인지는 의문이다.

호찌민의 사망

미라이 사건이 미국에 알려진 1969년 9월 3일 호찌민이 79세의 나이로 사망했다는 소식이 전해졌다. 북베트남은 호찌민이 독립선언문을 낭독한 날인 1945년 9월 2일을 기념하는 분위기를 유지하기 위해 실제보다 하루 늦은 9월 3일에 그가 서거했다고 발표했다.

북베트남에서는 조문 도중 수백 명이 졸도하는 사태가 벌어졌으며, 세계 각국에서 그에 대한 찬사가 쏟아졌다. 『뉴욕타임스』는 전 세계의 찬사를 전하면서 "그와 가장 심하게 적대적인 관계에 있던 사람들조차 체구가 작고 허약한 호 아저씨에 대해 숭배와 존경의 감정을 가지 않을 수 없었다"고 썼다. 호찌민의 얼굴을 표지에 실은 『타임(Time)』은 다음과 같은 고별사를 바쳤다.

"호치민은 외세에서 해방된 통일 베트남의 건설에 일생을 바쳤다.

호찌민은 1945년 베트남민주공화국의 독립을 선언한 이래 정부주석으로서 베트남을 이끌었다. 베트남전쟁은 그의 사망 후에도 6년간 지속되었다.

그리고 고통받는 그의 조국 1900만 인민은 이런 미래상을 이루기 위해 전력을 다한 그의 헌신 때문에 심한 고통을 겪기도 했다. 그러나 그들은 애정 어린 마음으로 '박 호(호 아저씨)'인 그를 이해했다. 남베트남인도 같은 감정을 품고 있다. 현재 살아 있는 민족 지도자 가운데 그만큼 꿋꿋하게 오랫동안 적의 총구 앞에서 버텼던 사람은 아무도 없

다."(Fenn 2001)

　그러나 베트남전쟁에 반대하는 사람이라고 해서 호찌민을 긍정적으로 평가하는 것만은 아니다. 그토록 오랜 세월, 그 많은 베트남인들에게 극심한 고통을 안겨준 책임은 오직 미국이 져야 하는가, 자신이 어려울 때 소련이 도와줬다는 이유만으로 공산주의 노선을 택함으로써 미국과 정면 대결할 필요가 있었던가, 베트남의 지도자로서 좀 더 슬기롭게 재앙을 피할 길은 없었는가 등의 의문은 오늘날까지도 제기되고 있다. 심지어 자신의 명예를 위해 성실하고 청렴하고 소박하다는 평판을 이용한, 비전 없는 기회주의자였다는 비난까지 나오고 있다.

　1990년 유네스코가 하노이(Hà Nội)에서 호찌민의 탄생 100주년을 기념하는 회의를 후원했을 때, 회의장에는 호찌민을 찬양하는 목소리만 나오진 않았다. 찬양의 목소리는 호찌민이 수많은 동포의 죽음에 궁극적인 책임을 져야 하는 사람으로서 신격화는 결코 용납할 수 없다고 비판하는 여러 나라 사람들의 목소리와 충돌했다.(Duiker 2003)

'40년 만의 속죄'

미라이 사건이 일어난 지 2년이 더 지나서야 사건 연루자들이 재판정에 섰다. 군사재판을 받은 장교는 캘리, 메디나, 유진 코툭 대령, 토머스 윌링험 중위 등 4명이었다. 셋은 무죄 방면되고 캘리만이 종신형을 선고받았다. 캘리는 『타임』 1969년 12월 5일자 『뉴스위크(Newsweek)』 1971년 4월 12일자 표지 인물로 등장할 정도로 화제의 초점이 되었다. 진상 폭로 이후 한동안 미국인들의 반응은 언론에 대해 적대적이었다. 보도를 한 기자들은 욕설 세례에 시달렸다. 자신들의 치부라고 생각했기 때문일까? 믿을 수 없다는 사람들이 많았고, 사실이라 하더라도 그렇게 까발리면 안 된다는 사람들도 많았다. 보수단체들은 켈리를 지지하는 광고를 내기까지 했다.

그렇게까지 한 심리는 무엇이었을까? 미라이 학살 은폐 혐의로 기소된 한 육군 대령은 기자들에게 이렇게 설명했다. "여단 규모의 모든 부대는 어딘가에서 자신들이 저지른 미라이 사건을 숨기고 있다." (Zinn 2003a) 그런 이유 때문이었는지 캘리는 3년도 채 못되는 수감생활을 하고 보석으로 출감했다. 1989년에 방영된 미라이 관련 다큐멘터리에서 캘리는 비싼 외제차를 타고 사라지는 성공한 비즈니스맨의 모습으로 등장했다. 그는 실제로 조지아 주에서 보석상을 하면서 메르세데스 벤츠 고급 승용차를 굴리는 등 인생을 즐기고 있었다.(Davis 2004, Hersh 2009)

미라이 학살이 일어난 지 정확히 30년 만인 1998년 3월 16일, 무차별 총격에서 살아남은 학살 생존자들과 총부리를 겨눈 옛 미군이 이젠 어린 아이들이 한가롭게 노니는 미라이의 '평화공원'에서 한 많은 재회를 했다. 월남전 당시 헬리콥터 조종사였던 휴 톰슨(Hugh C. Thompson, Jr., 1943~2006)과 그의 동료 로런스 콜번(Lawrence Colburn)은 베트남에 도착하기 열흘 전 미국 정부가 수여하는 최고명예인 군인장(soldier's medal)을 받고 미국 CBS-TV의 주선으로 30년 만에 이곳을 찾았다. 톰슨과 콜번은 당시 학살 현장에서 어린아이를 비롯해 10여 명의 베트남 주민들을 구출한 공으로 뒤늦게 훈장을 받았다.

학살 생존자인 웬 티 눙 할머니는 "내가 이렇게 살아 있으니 이들에게 감사한다"며 톰슨과 콜번을 반갑게 맞으면서도 "그날 남편을 죽인

미국의 역사학자이자 사회운동가인 하워드 진은 1964년부터 보스턴대학 교수를 지내며 베트남 반전운동의 선두에 섰다. ⓒJared and Corin

그들에 대한 증오는 영원히 지워지지 않을 것"이라며 그날의 악몽을 되뇌었다. 톰슨은 이날 기념식에서 받은 훈장을 학살 희생자에게 바쳤다. 미라이는 매년 400여 명의 외국인과 2만 8000여 명의 내국인이 찾는 '관광명소'가 되었다고 외신은 전했다.(유병선 1998, 이현상 1998)

　그런데 미국인들은 오늘날 이 사건을 알고 있을까? 대부분 모른다. 하워드 진(Howard Zinn, 1922~2010)이 2001년에 출간한 『전쟁에 반대한다(On War)』에 따르면 "지난 가을, 나는 역사 성적이 우수한 100명의 고등학생들을 대상으로 강연을 하면서 미라이 대학살을 아는 학생이 있느냐고 질문했다. 그러나 어느 누구 하나 손을 들지 않았다."(Zinn

2003a)

2009년 8월 19일 미라이 학살의 주범인 캘리는 국제봉사단체 '키와
니스 클럽'의 회원들을 만난 자리에서 "미라이에서 벌어졌던 일에 대
해 양심의 가책을 느끼지 않은 날은 단 하루도 없다"고 고백했다. 그
는 당시 학살된 베트남인들과 그 유가족들 그리고 학살에 관여한 미
군 병사들과 그 가족들에 대해 죄책감을 느낀다며 "(그들에게) 매우 미
안하다"고 말했다.(한겨레 2009)

애그뉴의 텔레비전 공격

미라이 양민학살 사건을 포함하여 언론, 특히 텔레비전의 베트남전쟁
보도에 대해 닉슨 행정부는 강한 불만을 갖고 있었다. 나중에 그 전모
가 드러나지만, 닉슨은 언론을 늘 자신의 '적'으로 간주했으며 그의
부하들은 기자들의 전화를 도청하거나 기자들의 재정 상태를 뒷조사
하는 일도 서슴지 않았다.

닉슨 행정부는 결국 텔레비전에 대해 '선전포고' 하기에 이르렀으
며, 이는 주로 부통령 스피로 애그뉴가 1969년부터 행한 일련의 공격
적인 연설로 나타났다. 1969년 11월 13일 애그뉴는 아이오와(Iowa) 주
데모인(Des Moines)에서 행한 연설에서 "그레샴의 법칙이 네트워크 뉴
스에 작용하고 있는 것 같다. 나쁜 뉴스가 좋은 뉴스를 몰아내고 있
다"고 주장했다. 텔레비전 뉴스는 "비합리적인 것, 반대, 대결, 과격분
자, 폭력, 논쟁, 액션, 흥분, 드라마틱한 것, 농성, 위법 상태"들만 강조
하고 있다는 것이다.

애그뉴는 또 텔레비전 방송사들의 앵커맨들을 겨냥하여 "국민에

의해 선출되지도 않은 소수의 사람들이 국가의 중대사를 선별하고 제시하고 해석하는 데에 있어서 막강한 영향력을 행사하고 있다"고 비난했다. 당시 미국 국민은 닉슨 행정부의 언론에 대한 불만에 일리가 있음을 인정했다. 갤럽 여론조사에 따르면 애그뉴의 연설을 들은 사람은 5명 중 4명이었는데 그중 42퍼센트가 공감을 표시한 반면 반대의 생각을 나타낸 사람은 26퍼센트였다.

편견에 가득 찬, 불과 수십 명의 네트워크 뉴스 간부들이 미국의 여론을 좌지우지하고 있다는 애그뉴의 비난은 닉슨 행정부와 네트워크들 사이에 날카로운 긴장상태를 야기했다.(Brown 1971) 실제로 1969년에서 1971년 사이에 3개 네트워크들이 방송보도와 관련하여 미 방송자료 제출 소환장을 받은 건 모두 170건에 이르렀다.(Merrill & Barney 1975)

그러한 갈등은 네트워크 텔레비전 뉴스가 보도매체로서 그만큼 성장했음을 의미하는 것이기도 했다. 1970년대 들어 텔레비전 뉴스는 상업적으로도 최전성기를 맞이했다. 1970년 NBC 저녁뉴스는 720만 달러 예산(비용)에 3400만 달러를 벌어들였다. 비용의 5배를 얻은 셈이었다. 네트워크들이 뉴스에서 돈을 많이 벌면 벌수록 텔레비전 뉴스의 신뢰도가 그만큼 올라갔다는 것은 아이러니한 일이 아닐 수 없다. 1971년의 로퍼 조사에 따르면 "텔레비전, 라디오, 신문, 잡지의 4개 매체가 어떤 사건에 대해 서로 달리 보고할 때에 어떠한 것을 믿겠느냐?'는 질문에 응답자 중 텔레비전를 믿겠다는 사람은 32퍼센트였으며 신문을 믿겠다는 사람은 20퍼센트에 지나지 않았다. "어떤 것을 가장 안 믿겠느냐'고 반대로 물어도 결과는 마찬가지였다. 텔레비전를 가장 안 믿겠다는 사람은 5~9퍼센트였으나, 신문을 가장 안 믿겠다는 사람은 24~30퍼센트였다.(Michaels 1980, Tuchman 1973)

공화당은 닉슨 집권기부터 사회적 포퓰리즘을 활용해 경제적 포퓰리즘에 대적하는 방법을 터득했는데, 그 대표적인 방법이 닉슨의 '침묵하는 다수(silent majority)'라는 개념이었다. 다수는 침묵하고 있을 뿐, 언론의 요란한 보도가 진정한 민심은 아니라는 주장이었다. 사실상 1967년부터 이 표현을 써온 닉슨은 1969년 11월 3일 연설을 비롯한 일련의 연설을 통해 언론이 '침묵하는 다수'의 의견을 무시한 채 멋대로 정부를 비판하고 있다는 불만을 토로했다. 이 개념은 나중에 제리 폴웰(Jerry L. Falwell, Sr., 1933~2007) 목사의 '도덕적 다수(Moral Majority)'라는 개념으로 발전해 공화당에게 승리를 안겨주는 데에 기여한다.(King & Anderson 1971, Morris 2003)

애그뉴의 언론 공격은 꽤 효과적이었던 모양이다. 『워싱턴포스트』의 기자 칼 번스타인(Carl Bernstein)은 1973년 『타임』과의 인터뷰에서 "우리의 기사 보도에 대해서는 오랫동안 불신이 있었습니다. 스피로 애그뉴가 워낙 자기 일을 잘했기 때문이지요. 애그뉴는 수많은 사람들의 마음에 불신의 싹을 심어 놓았고, 그 때문에 동부 지역의 저명한 신문들에 대한 불신이 높아졌어요"라고 말했다.(Shepard 2009)

닉슨(Nixon 1981)은 미라이 사건이 일어난 지 10여 년 후에도 이 사건에 대한 언론 보도에 여전히 강한 불만을 표했다. 그의 불만의 요점은 적군에 의해 훨씬 더 많은 민간인 살해가 일어난 사실에는 침묵하면서 왜 아군의 문제만 집중적으로 지적하느냐는 것이었다.

'침묵하는 다수'라는 개념을 무조건 비판하긴 쉽지 않다. 시대적 상황에 따라 진보파가 그 말을 쓸 수도 있는 게 아닌가. 보수, 진보의 이분법으로 나눠 생각할 문제는 아니다. 다수의 침묵 상태가 그 어떤 뚜렷한 실체를 갖고 있는 것도 아니다. 그것은 늘 유동적인 것이다. 따라서 가급적 많은 사람들의 주목을 쟁취해 여론에 영향을 미치려는 이른바 '주목 투쟁'이 일어날 수밖에 없다. 그간 침묵해온 아메리카 인디언들도 그런 생각을 했던 것 같다. 1969년 11월에 일어난 인디언들의 앨커트래즈 점령사건이 이를 잘 반영한다.

참고문헌 Agnew 1972, Brown 1971, Davis 2004, Duiker 2003, Efron 1971, Fenn 2001, Gans 1979, Halberstam 1979, Hersh 2009, King & Anderson 1971, Kranz 1975, Maclear 2002, Merrill & Barney 1975, Michaels 1980, Morris 2003, Neale 2004, Nixon 1981 · 2007, Powell 1997, Shepard 2009, Tuchman 1973, Ungar 1972, Wills 1969, Zinn 2003a, 손세호 2007, 유병선 1998, 이보형 2005, 이삼성 1998, 이현상 1998, 한겨레 2009, 홍윤서 2003

'아메리카 인디언 운동'
인디언들의 앨커트래즈 점령 사건

인디언들의 권리 쟁취 운동

반전운동은 인종 통합적이었던가? 큰 흐름은 그랬을망정 각론에서는 그렇지만도 않았다. 아시아계 미국인들은 백인들과는 달리 베트남전쟁의 인종적 성격을 강조했다. 그래서 반전 구호도 백인들과는 달랐다. 이들은 "평화를 되찾을 기회를 달라(Give Peace a Chance)"와 "미군을 귀국시켜라(Bring the G.I.s Home)"와 같은 구호 대신 이렇게 외쳤다. "우리의 아시아 형제, 자매의 살육을 멈춰라(Stop Killing Our Asian Brothers and Sisters)", "아시아인의 생명은 고귀하며 아시아인들은 지금 그렇게 외쳐야 한다(Asian Lives Are Not Cheap and Asians Must Say So Now)".

백인 중심의 반전운동가들은 아시아적 반전운동을 비난했고, 아시아계 반전운동가들은 그 비난에 다시 반발했다. 그래서 1969년 샌프란시스코의 반전시위에서는 수백 명의 아시아계 미국인들이 별도의

앨커트래즈 섬은 1933~1963년까지 연방법을 위반한 중죄수를 수용하던 감옥으로, 이후에는 무인도로 바뀌어 관광명소가 되었다.

분리된 집단으로 행동했다. 1971년 워싱턴에서 열린 반전시위조정위원회가 인종차별주의에 반대하는 선언을 채택하기를 거부하자, 아시아계는 별도의 시위를 결정하기도 했다.(김연진 2001)

1969년 11월 29일 인디언들의 앨커트래즈(Alcatraz) 점령사건이 일어난 것도 이런 맥락에서 이해할 수 있겠다. 앨커트래즈는 샌프란시스코에 있는 섬에 위치한 옛 연방교도소다. 그곳은 혐오스러운 장소로 '암초(The Rock)'라는 별칭을 갖고 있었다. 왜 인디언들은 이곳을 점령했을까? 1924년에서야 겨우 미국시민권을 획득한 인디언들은 한때 30만 명으로 몰락했다가 1960년 무렵 80만 명으로 늘었다. 이 중 절반은 보호구역에 거주하고 있었는데, 1960년대 반전 민권운동의 영향으로 인디언들도 목소리를 내기 시작했다. 1968년 미네아폴리스(Minneapolis)에서 아메리카 인디언 운동(AIM; American Indian Movement)이 조직되었고, 이 운동의 일환으로 어느 날 밤 78명의 인디언이 앨커트래즈를 점령한 것이다. 흑인들의 '블랙 파워'에 빗대 '레드 파워(Red Power)' 운동이라고도 하는데, 점거자들은 반공주의 슬로

건 "공산주의를 하느니 죽음을(Better Dead Than Red)"을 풍자해 "죽느니 레드 파워를(Better Red Than Dead)"이라는 슬로건을 내걸었다.(오치미치오 외 1993)

78명의 인디언 대부분은 대학생이었다. 리더인 리처드 오크스(Richard Oakes, 1942~1972)는 샌프란시스코주립대학에서 인디언 연구를 지도하는 모호크족(Mohawks) 사람이었고, 또 한 명의 리더인 그레이스 소프(Grace Thorpe)는 소크족(Sauk)이자 폭스족(Foxs) 사람으로, 유명한 미식축구선수이자 올림픽 육상선수였던 짐 소프(Jim Thorpe, 1888~1953)의 딸이었다. 이들의 계획은 섬을 아메리카 원주민 생태연구의 본부로 삼는 것이었다.

그해 11월말 그 섬에는 50개 부족 출신의 600명 이상의 사람이 모여들었다. 앨커트래즈는 한동안 인디언들의 자랑거리가 되었다. 그러나 시간이 흐르면서 앨커트래즈 점령의 의미가 퇴색되기 시작했다. 섬을 점거했던 학생들이 대부분 빠져나가면서 흥미 삼아 온 사람들이 그 자리를 메운 탓이기도 했다.

1971년 1월 3일 12살 난 어린이가 교도소의 낡은 계단에서 떨어져 죽는 사고가 발생했다. 『샌프란시스코 크로니클(San Francisco Chronicle)』은 술을 마시고 기강이 해이해지면서 애초에 섬을 점거했던 사람들의 고결한 이상이 훼손되고 있다고 논평했다. 점령 19개월 후, 연방군이 섬에 침투해 인디언들을 강제로 내쫓음으로써 이 사건은 종결되었다.

좋지 못한 결말로 인해 앨커트래즈는 "곤혹스럽고 빛바랜 장소, 심지어는 초기의 고상한 꿈에 대한 뼈아픈 조롱과 모욕의 상징으로 전락하고 말았다"는 말도 나왔지만, 인디언들이 이제 권리를 위해 싸울 것임을 전 세계에 선포한 사건임에는 틀림없었다.(Trahant 2000)

1972년 AIM은 시애틀, 샌프란시스코, 로스앤젤레스 세 곳에서 장거리 시위 행진을 조직했다. 시위 대열이 워싱턴에 도착했을 때 폭력 사태가 발생했다. 이 해에 영화 〈대부(The Godfather)〉로 아카데미 남우주연상을 받은 말런 브랜도(Marlon Brando, 1924~2004)는 인디언운동에 공감하여 "영화계에서 인디언에 대한 처우가 부당하다"고 주장하며 수상을 거부했다.(오치 미치오 외 1993)

1973년 2월 27일에는 AIM 소속의 200여 회원이 1890년의 학살이 일어났던 운디드니(Wounded Knee) 마을을 점령했다. 이는 인디언들의 권리와 땅에 대한 요구를 상징하는 사건이었다. 몇 시간이 채 지나지 않아 경찰이 마을을 포위하고 자동화기를 난사함으로써 여러 명의 사상자가 발생한 가운데 120명의 인디언이 체포되었다. 그러나 그들은 운디드니에 공동체를 만들고 세계 곳곳에서 오는 지지의 메시지들을 받으면서 71일 동안 강경하게 버텼다. 이는 전 세계의 이목을 집중시켰지만, 이런 급진주의는 조직 내부의 갈등과 분열을 감당하지 못한 채 곧 쇠퇴하고 말았다.(Trahant 2000, Zinn & Stefoff 2008)

'백인 이주민은 테러리스트'

여기서 인디언 이야기를 더 해보자. 인디언들의 입장에서는 더 나빠질 것도 없었지만, 1980년대의 보수화 물결은 인디언들에겐 더욱 달갑지 않은 것이었다. 인디언을 위한 예산이 삭감되었을 뿐만 아니라 '막말'이 난무했기 때문이다. 1983년 레이건 행정부의 첫 번째 국토 관리부 장관이자 인디언 사무국의 총감독인 제임스 와트(James G. Watt)는 "만약 사회주의의 실패 사례를 보고 싶다면 굳이 러시아로 가지 말라. 미국에 와서 인디언 보호구역으로 가 보라"고 말했다.(Limerick 1998) 전형적인 '피해자 탓하기'라고 할 수 있겠다.

1988년 5월 31일, 소련의 미하일 고르바초프(Mikhail Sergeevich Gorbachev)의 미국 방문에 이어 소련을 방문한 미국 대통령 로널드 레이건은 모스크바대학에서 행한 연설에서, 미국 언론의 자유를 예찬하고 커뮤니케이션 기술혁명을 역설하면서 만약 소련이 정보의 자유를 보다 폭넓게 허용치 않으면 그 커뮤니케이션 혁명의 이득을 향유할 수 없을 것이라고 주장했다.(Roberts 1988b)

모스크바대학에서 연설이 끝난 후 학생들의 질문에 응답하던 레이건은 인디언보호구역을 설정한 것은 미국의 실수였음을 인정했다. 그러나 그는 그 이유가 인디언에 대한 백인들의 야만적 억압정책 때문이 아니라 그들의 문화를 보호해주기 위해서였다는 궤변을 늘어놓고, 인디언들이 아직도 문명사회가 아닌 별개의 '원시적' 생활을 하고 있

다는 데 대해 유감의 뜻을 간접적으로 표함으로써 인디언들의 분노를 샀다.(Venables 1988)

당시 인디언 인구는 140만 명으로, 260개 인디언보호구역에 거주하는 수는 33만 2000명에 이르고 있었다. 레이건의 소련 방문 시 여러 명의 인디언이 소련을 독자적으로 방문해 레이건의 인권탄압 정책을 규탄하는 시위를 벌였는데, 이는 소련의 인권탄압을 비난하던 레이건을 무색케 했다.(New York Times 1988)

2005년 11월 24일 미국 전역이 추수감사절을 축하하는 가운데 북아메리카 원주민 3000명이 인디언 권리운동의 성지(聖地)인 샌프란시스코의 앨커트래즈 섬을 찾았다. 추수감사절을 축하하기 위한 것이 아니라 애도하기 위해서였다. 학부모 에린 알렉산더는 "해마다 이맘때에 미국 역사에 또 다른 측면이 있다는 점을 알려주고 싶어서 아이들을 이곳에 데려온다"고 말했다. 링컨이란 이름의 인디언은 "백인 이주민들은 1492년 크리스토퍼 콜럼버스가 동부 해안에 처음 도착했을 때부터 테러리스트였다. 이제 그들은 이라크 및 다른 나라에서 똑같은 짓을 저지르고 있다"고 주장했다.(최민영 2005)

2007년 국제사면위원회(Amnesty International)는 보호구역에 거주하는 인디언 여성들이 3명에 1명꼴로 성폭행을 당한다고 밝혔다. 인디언 보호구역에서의 삶이 험난함을 알 수 있겠다.

세사르 차베스의 농업노동운동

인디언들의 앨커트래즈 점령사건이 일어나던 때에 중남미계, 특히 멕시코계 미국인들의 농업노동운동도 정점을 치닫고 있었다. 흑인 민권

당시 노동관계법은 노동자의 단체협상권을 인정했으나, 이는 농민에게 적용되지 않았다. 이러한 배경에서 세사르 차베스는 농업노동운동을 전개했다.

운동에 영향을 받은 멕시코계는 자신들을 폄하한 명칭인 '치카노(chicano)'를 민족적 정체성으로 선택해 이른바 '치카노 운동'을 전개했다. 순식간에 남서부 각지에 퍼져나간 치카노 운동은 텍사스의 호세 앤젤 구티에레스(Jose Angel Gutierrez)가 치카노 해방을 위한 정당을 목표로 한 '라 라자 우니다 파티(La Raza Unida Party; 인민 통일 회의)' 결성으로까지 이어졌다. 가장 널리 알려진 치카노 운동은 멕시코계 노동운동가 세사르 차베스(César Chavéz, 1927~1993)가 주도한 농업노동운동이었다.

농장에서 일하는 노동자들이 전혀 조직돼 있지 않은 현실에 문제의식을 품은 차베스는 미국농장노동자노조연합(United Farm Workers of America)을 창설해 1965년 캘리포니아에서 포도 재배 농장들을 상대로 임금 인상과 노동조건 개선을 위한 쟁의를 시작하면서 '가난한 사람들의 행진'이라는 비폭력 평화행진과 포도 불매운동을 벌여 나갔다. 그는 1968년 25일간 단식 투쟁을 하기도 했다. 1년 뒤 미국인들 중 12퍼센트가 이 불매운동에 동참함으로써, 다음 해인 1970년 노조는 농장주들과 합의를 보는 승리를 거두었다.

1994년 로스앤젤레스 동부에 있는 도시 샌퍼낸도(San Fernando)는 차베스의 업적을 기리기 위해 그의 생일인 3월 31일을 공휴일로 지정했다. 이어 6년 후인 2000년 8월 캘리포니아 주 의회와 주지사 그레이 데이비스는 차베스의 업적을 기리기 위해 그의 생일인 3월 31일을 주 공휴일로 지정하고 매년 기념식과 지역사회사업을 위해 500만 달러를 지원하기로 결정했다.(노동일보 2001)

이는 캘리포니아 주에 많이 거주하고 있는 중남미계 미국인들의 '머릿수' 힘이라 할 수 있겠다. 출산과 다산(多産)을 장려하는 중남미 가톨릭 문화의 힘일 수도 있다. 이 힘은 점점 미국 사회의 지평을 바꾸는 힘으로 작용한다. 한국에서는 "억울하면 출세하라"고 하지만, 개인 못지않게 피부색과 출신성분이 중요한 미국에서는 "억울하면 많이 낳아라"가 정답이다. 미국사회를 지배하는 와스프(WASP; White, Anglo-Saxon, Protestant)의 힘이란 것도 따지고 보면 기득권과 더불어 집단의 머리수에서 나오는 게 아닌가. 역설 같지만 그런 점에서 미국사 회는 '개인주의 사회'가 아니라 '집단주의 사회'라고도 볼 수 있다.

참고문헌 Limerick 1998, Morris & Wander 1990, New York Times 1988, Roberts 1988b, Trahant 2000, Venables 1988, Zinn 1986, Zinn & Stefoff 2008, 김연진 2001, 노동일보 2001, 아루가 나츠키 · 유이 다이자부로 2008, 오치 미치오 외 1993, 최민영 2005

"총을 들어야 할 시간이다"
경찰의 블랙팬서당 습격

"혁명이 다가왔다"

1969년 12월 4일, 14명의 경찰관이 시카고의 한 아파트에 침투해 잠들어 있던 블랙팬서당(Black Panther Party)의 당원들을 공격했다. 경찰은 수백 발의 총을 난사했고, 당시 21세의 프레드 햄턴(Fred Hampton, 1948~1969)과 22세의 마크 클라크(Mark Clark, 1947~1969)가 사망했다. 경찰은 치열한 교전이 벌어졌다고 주장했지만, 훗날 밝혀진 바에 따르면 총알 대부분은 경찰이 발사한 것이었다. 경찰의 강경 진압 뒤에는 민권 운동을 분쇄하는 데 앞장선 연방수사국(FBI) 국장 존 에드거 후버(J. Edgar Hoover, 1895~1972)가 있었다. 특히 이날 사망한 햄턴은 블랙팬서당의 공동 창립자로 미래의 흑인 민권 운동을 이끌 지도자로 떠오르던 카리스마 강한 인물이었다. 그는 "혁명가는 죽일 수 있지만, 혁명을 죽일 순 없다"는 말을 남겼다.(Katsiaficas 1999, 백승찬 2009)

이 사건을 보도하면서 『뉴욕타임스』는 지난 2년간 경찰에 의해 살해된 블랙팬서 당원은 28명이라고 보도했다. 이 보도는 오랫동안 다른 신문들에 의해 인용되면서 기정사실로 굳어져버렸는데, 지금까지도 미국에 비판적인 책들은 어김없이 이 '사실'을 기록하고 있다. 이는 저널리즘의 좋은 사례연구 대상이 되었다. 즉, 일단 보도가 나가면 그것이 오보일지라도 다른 매체들이 베껴 쓰는 바람에 진실인 것처럼 널리 알려지는 문제에 관한 사례 연구다.

'자본주의 더하기 마약은 학살이다' 라는 제목의 블랙팬서당의 팸플릿. 블랙팬서는 마약과 알코올 중독에 대한 재활 프로그램도 운영했다.

일부 학자들이 그런 문제의식을 갖고 탐구한 결과, 『뉴욕타임스』의 보도는 블랙팬서당의 대변인 노릇을 하는 변호사의 주장에 따른 것으로 아무런 실체적 근거가 없는 오보임이 드러났다. (Altschull 1973, Epstein 1975)

캘리포니아 오클랜드(Oakland)에 기반을 둔 블랙팬서는 1965년 웨스트 오클랜드의 흑인 게토에 살던 두 청년 휴이 뉴튼(Huey P. Newton, 1942~1989)과 바비 실(Bobby Seale)이 만든 조직으로 마틴 루서 킹의 비폭력·온건 노선에서 벗어난 맬컴 엑스의 강경 투쟁 노선을 더욱 밀고 나갔다. 표범 가죽 점퍼를 입고 무장을 한 이들은 마르크스주의와 마오주의에 영향을 받았으며, 프란츠 파농의 반식민주의 투쟁에도 감화됐다. 이들은 미국에 거주하는 흑인을 위한 10대 강령을 내걸었다.

완전고용, 주거·교육·의료 보장 등과 함께, 미국이 벌이고 있는 모든 전쟁의 종식도 요구했다.

블랙팬서는 더 나아가 흑인 사회를 미국 내의 '식민지'로 묘사하면서 '유엔 감시하의 국민투표'를 실시해 흑인들의 민족 해방을 이뤄내야 한다고 주장했지만, 명확한 혁명 이론을 갖고 있진 않았다. 오히려 그들은 공산당과 기존 혁명 조직들을 '사소한 이데올로기 문제'에 매달리는 '적', '무임승차꾼', '쓸모없는 기생충'이라 부르며 똑같이 경멸했다. 다만 강간 혐의로 징역 9년을 선고받고 복역 중 가석방으로 풀려나와 1967년 4월 블랙팬서당에 합류한 엘드리지 클리버(Eldridge Cleave, 1935~1998)는 "나는 개인적으로 스탈린에게 매력을 느끼고 있다"고 말했으며 자신의 사무실 벽에 스탈린의 사진을 내걸었다. 클리버는 미하일 바쿠닌(Mikhael Bakunin, 1814~1876)과 세르게이 네차예프(Sergei Nechaev, 1847~1882)의 『혁명가의 교리문답(Catechism of Revolutionary)』에도 매료되었다.(Avrich 2004, Harman 2004a)

블랙팬서는 '경찰에 대한 경찰'을 자임하고 나섰다. 당원들은 게토 지역을 순찰하는 경찰차 뒤를 쫓아다녔다. 경찰이 거리에서 흑인들을 검문하기 위해 붙잡고 있으면 당원들은 경찰들 뒤에서 무슨 일이 일어나는지 확인하고 혐의를 받고 있는 사람에게 그들의 법적 권리를 알려주었으며 보석을 신청하거나 법률자문을 구할 때에는 도움을 주었다. 뉴튼은 1년간 법대를 다닌 경험을 바탕으로 법을 최대한 활용하려고 노력했다. 당원들은 법규 내에서 신중하게 행동했으며, 총을 휴대할 때에도 법규를 준수했다. 그들의 순찰 이후 경찰의 괴롭힘이 현저히 줄어들었다.(Ali & Watkins 2001)

블랙팬서의 폭력적 이미지

그러나 블랙팬서의 투쟁 방향에는 지나친 폭력성이 개입됐다는 비판이 나왔다. 흑인에 대한 경찰의 부당한 체포와 구금, 폭력에 맞선다는 명분이 있었지만 거리에서 총을 들고 "혁명이 다가왔다. 총을 들어야할 시간이다"라고 외치는 블랙팬서 당원들은 대중의 우려를 사기에 충분했다. 지도부는 이후 당원들의 총기 휴대를 금지하고 구성원을 '거리의 흑인 형제'에서 진보적 대학생으로까지 넓혔지만, 한번 굳어진 대중의 이미지를 바꾸기는 쉽지 않았다.(백승찬 2009)

블랙팬서는 1968년 4월 마틴 루서 킹의 암살이 일어난 뒤 몰려든 청년들을 집으로 돌려보냈지만, 다음과 같은 호전적인 성명을 발표하기도 했다. "지난 몇 달 동안 킹 목사는 그가 추진하고 있던 '빈민들의 워싱턴 행진'에 대한 지지를 얻기 위해 노력해왔지만, 그는 이미 죽은 사람이나 마찬가지였다. 좀 더 정확히 말한다면 한물 간 사람의 상징이었다. 그는 양쪽에서 미움을 샀고 양쪽에서 비난을 받았다. 그러나 그는 계속 굽히지 않았다. 이제 그는 피를 흘리며 쓰러지고 말았다. 킹 목사의 죽음은 한 시대가 끝나고 이제 피 튀기는 투쟁의 막이 올랐다는 신호다."(Harman 2004a)

그래서 블랙팬서는 늘 탄압에 시달려야 했다. 1968년 10월 22일 블랙팬서당의 지도자 중의 한 사람인 클리버가 버클리대학에서 첫 번째 강연을 했을 때에 대학당국은 그 강연에 참석하는 학생들에게 학점을 주지 않았다. 경찰은 대학당국의 결정에 반대하여 인종차별 철폐 시위를 벌이는 학생 121명을 체포해서 끌고 나간 적도 있었다.(Ali & Watkins 2001)

1970년 비틀즈가 해체된 후, 존 레넌은 오노 요코와 함께 반전 운동을 비롯한 사회활동에 활발히 참여했다.

당시 미국정부의 블랙팬서 탄압은 일종의 경각 효과를 주기 위한 것이었다. 1969년과 1970년 초 미국 전역에서 폭탄사건 또는 폭탄 위협 사건이 하루 평균 8건씩 발생했다. 4만 건의 테러 사건이 발생해, 그 과정에서 43명이 사망했다. 미국정부는 이런 폭력에 대한 강력 대응 차원에서 블랙팬서당 분쇄 작전에 돌입한 것이다.

경찰의 블랙팬서당 습격이 일어난 지 2개월여 후인 1970년 2월 뜻밖의 블랙팬서 후원자가 나타났다. 비틀스의 존 레넌(John Lennon, 1940~1980)과 그의 일본인 아내 오노 요코(Ono Yoko)다. 이들은 블랙팬서를 돕기 위해 런던 북부에 있는 어느 저택의 지붕 위에서 자신들의 머리카락을 담은 봉지를 흑인 인권운동가 마이클 엑스(Michael X, 1933~1975)에게 넘겨주었다. 이 머리카락은 경매 처분되었고, 마이클 엑스는 감사의 뜻으로 존과 요코에게 피로 얼룩진 무하마드 알리

(Muhammad Ali)의 권투용 바지를 선물했다. 이후 어떤 일이 벌어졌는가?

제임스 우달(James Woodall 2001)에 따르면 "레논 부부는 이 바지를 다시 경매에 붙이려고 했지만 어느 누구도 이들의 행사에 관심을 보이지 않았다. 기자들은 오히려 의혹의 눈길을 보냈다. …… 다음 날 조간신문에도 이들의 해프닝에 관한 사진은 한 장도 실리지 않았다. 비틀스의 역사를 통틀어 전무후무한 일이었다."

블랙팬서의 몰락

미국에도 뜻밖의 블랙팬서 지지자가 나타났으니, 바로 예일대 총장 킹맨 브루스터(Kingman Brewster, Jr., 1919~1988)다. 경찰 정보원을 살해한 혐의로 바비 실 등 몇 명의 블랙팬서 당원들이 예일대가 있는 코네티컷(Connecticut) 주의 뉴헤이븐(New Haven)에서 재판을 받았다. 이곳에서는 당원들을 석방하라는 전국적인 궐기대회가 5월 1일부터 일주일간 열릴 예정이었다. 4월 22일 대다수의 예일대학생들이 당원들을 지지하는 시위를 벌인 다음 날인 4월 23일, 1000명 이상의 학생들이 브루스터 총장 집 앞의 잔디밭에 모여 당원들의 연설을 경청했다. 이틀 후 브루스터 총장은 대학 교무회의에서 '나는 흑인 혁명가들이 미국의 어느 곳에서도 공정한 재판을 받을 수 없다고 비관하게 됐다. 어쩌다 일이 이 지경에 빠졌는지 놀랍고 부끄러울 지경이다'라고 말해 참석자들을 깜짝 놀래주었다. 블랙팬서가 이 발언에 감동한 덕분에 뉴헤이븐에서는 전국에서 몰려든 시위대와 경찰의 정면충돌은 일어나지 않았다.(Katsiaficas 1999)

그런 일도 있었지만, FBI의 블랙팬서 탄압은 더욱 거세졌다. 교회,

FBI의 음해공작은 진 시버그(사진)의 배우로서의 이미지와 사생활에 큰 타격을 입혔다.

여성단체 등에서 일하면서 블랙팬서 당원들로부터 자금 지원을 호소 받던 인사들은 흑인 소년이 백인 경찰을 살해하는 끔찍한 내용의 『블랙팬서당원의 어린이용 색칠공책』을 받아보고는 경악했다. 후버가 이끄는 FBI의 공작이었다.

FBI는 1970년 영화 〈잔 다르크 (Saint Joan)〉(1957)의 주인공으로 유명한 여배우 진 시버그(Jean D. Seberg, 1938~1979)에게도 비열한 공작을 펼쳤다. 그녀는 블랙팬서당을 지지하는 몇 안 되는 백인 유명인사 중 한 명이었기 때문이다. FBI는 도청을 통해 그녀가 임신 중임을 알고, 그녀가 블랙팬서 당원인 레이먼드 헤위트(Raymond Hewitt)의 아이를 임신했다고 소문을 퍼뜨렸다. 언론은 처음에는 익명으로 보도하다가 『뉴스위크』가 이름을 거명하면서 실명으로 보도하기 시작했다. 『뉴스위크』 기사가 나간 후 충격을 받은 시버그는 조산을 했는데, 아이는 이틀 후 사망했다. 아이의 아버지는 영화촬영 중 만난 한 멕시코인인 것으로 밝혀졌다. 그녀는 1979년 9월 일곱 번에 걸친 자살 시도 끝에 파리에서 자살했는데, 그녀의 동료들은 FBI가 그녀를 죽였다고 비난했다.(Kahlweit 외 2001, Summers 1995)

1969년 한 해에만 300명 이상의 블랙팬서 당원들이 수감된 가운데 블랙팬서는 1970년 이후 분열의 수렁에 빠졌다. 클리버 일파는 폭동 전략을 주장했다. 그는 외국에서 그러한 행동을 조직하기 위해 알제리로 도망쳤다. 반면 뉴튼과 실이 이끄는 다른 일파는 시스템 내에서의 정치행동을 선택하고, 흑인 커뮤니티 내에서 조직을 확립하려고 했다. 이런 분열로 인해 블랙팬서의 영향력은 쇠퇴했다.(Bell 1990) 체제 전복을 꾀했던 '웨더맨(Weatherman)'과 함께 미 좌파 운동 사상 가장 급진적이었던 블랙팬서당은 경찰의 집중적인 탄압과 함께 몰락의 길을 걸었다.

웨더맨은 '민주사회를 위한 학생'의 한 분파로, 미국사회가 자유주의적인 개혁으로 치유하기에는 너무나 부패했으므로 단 하나의 남은 방법은 테러와 파괴뿐이라고 주장했다. 밥 딜런의 노래 가사에서 조직의 이름을 따온 이들은 1969년 10월 미식축구 헬멧을 쓰고 자전거 체인을 들고 시카고 거리를 누비며 경찰을 공격했으며, 이후 몇 달 동안 전국의 도시와 대학에서 폭탄이 폭발하는 사건이 잇따라 일어났다.(Weatherman 2007, 이주영 1995)

블랙팬서나 웨더맨 모두 총을 들 생각만 했지 "총 든다고 누가 겁먹나" 하는 생각은 하지 않았던 듯하다. 아니, 그랬을 가능성도 있지만 그렇다면 '자폭'도 대안이라고 생각했단 말인가. 감히 그들의 투쟁을 비아냥대는 게 아니다. 이후 역사가 말해주듯, 이들의 투쟁방식은 결코 지속될 수 없는 한순간의 바람으로 끝날 수밖에 없었기 때문이다. 그래도 1961년 8월 4일에 태어난 버락 오바마라는 까만 피부를 가진 어린아이가 1960년대에 무럭무럭 자라나고 있었으니, 흑인들이 마냥 좌절할 일만은 아니었다.

참고문헌 Ali & Watkins 2001, Altschull 1973, Avrich 2004, Bell 1990, Epstein 1975, Harman 2004a, Kahlweit 외 2001, Katsiaficas 1999, O'Neill 1971, Summers 1995, Weatherman 2007, Woodall 2001, 백승찬 2009, 이신행 2001, 이주영 1995

'문화적 프라이버시'는 가능한가?
'매스 커뮤니케이션과 미국제국'

미국과 유네스코의 관계 악화

1966년 11월 파리에서 열린 제4차 유네스코총회로 유네스코는 탄생 20주년을 맞았다. 프랑스 출신인 유네스코 사무총장 르네 마혜우 (René Maheu)는 이 시기를, 유네스코가 차후 눈에 잘 보이지 않되 항구적인 효과를 거둘 수 있는 종류의 사업에 전념할 계기로 삼고자 했다. 마혜우는 1962년과 1965년 사이에는 주로 유네스코가 직면한 현실에 적응하는 데 충실해왔으나, 이제 그의 생각과 열정은 유네스코의 기본 창설이념에 비추어 제기되는 보다 근본적인 문제를 다루는 데로 기울기 시작한 것이다. 그는 이미 1965년 캐나다의 유네스코위원회에서 행한 연설을 통해 "유네스코가 취하는 행동의 기술적 가치는 계속 향상되어야 할 것이나, 국제협력과 평화를 이룩할 수 있는 진수는 도덕적이고 지적인 영역의 사업에 있음"을 강조했다.

이러한 마혜우의 태도변화는 두 가지 면에서 중대한 의미를 지녔다. 첫째, 유네스코는 유엔 산하의 그 어떤 국제기구보다도 사무총장의 권한이 크다는 것이다. 둘째, 기술적인 문제보다 좀 더 근본적인 문제를 다루겠다는 것은 그간 미국의 주도하에 유네스코가 벌여왔던 정보의 자유유통 캠페인 뒤에 숨은 정치경제학적인 역학관계를 규명해낼 수 있는 전기를 마련했다는 것이다.

제14차 유네스코총회는 한국전쟁에 어어 베트남전쟁이 뜨거운 논란거리로 등장했다. 소련대표인 세르게이 로마노프스키(Sergei K. Romanovsky)는 미국이 베트남에서 벌이고 있는 '야만적인 전쟁'을 맹렬히 비난했다. 이에 대해 미국대표인 찰스 프란켈(Charles Frankel, 1917~1979)은 유네스코 업무에 해당되지 않는 정치적인 발언은 삼가할 것을 요청했다. 그러나 로마노프스키는 "미국이 베트남에서 학교를 파괴하고 있는 마당에 어떻게 문화교류니 교육개발이니 따위의 토론에만 매달리는 것이 가능하겠는가?"라고 반문했다.

1960년대 중반까지 유네스코는 "미국, 특히 미국 언론인과 지식인들 사이에서 엄청난 인기"를 누리고 있었다.(Mehan 1981) 1966년 11월, 뉴욕 시는 유네스코 창설 20주년을 기념하여 '유네스코 주간'을 선포하기까지 했다. 그러나 로마노프스키의 미국 비난이 시사하듯 유네스코가 '정치화'되고, 제3세계가 정보의 자유유통 원칙에 도전적인 자세를 취하면서부터 미국과 유네스코의 관계는 점차 악화되기 시작했다.

1967년에 IPS(Inter Press Service)라는 제3세계 전용의 통신사가 세워진 것도 정보의 자유유통 원칙이 심각한 도전을 받고 있다는 당시의 상황을 반영한 산물이었다. IPS는 원래 비정치적인 뉴스로 남미와 유럽을 연결하겠다는 목적으로 1964년에 설립되었는데, 1967년부터 세계 정보유통의 수직구조(제1세계에서 제3세계로의 일방적 유통구조)를 배격하고 수평구조(제1세계와 제3세계를 동등하게 취급하고 제3세계 내부의 정보유통도 진작시키는 다원적 쌍방 유통구조)를 중심으로 한 본격적인 제3세계권의 통신사로 변신하게 된 것이다.(McPhail 1987)

'문화적 프라이버시'는 가능한가?

유네스코에 대한 미국의 태도변화는 1968년 10월 파리에서 개최된 제15차 유네스코총회에서 나타났다. 이 총회는 1969년과 1970년의 2개년 사업예산으로 전기 대비 20퍼센트를 인상한 7740만 달러를 승인했다. 이 예산안에 유일한 반대표를 던진 나라는 미국이었다. 1966년에는 미국이 주도하여 유네스코 예산을 전기 대비 29.5퍼센트 인상했으며, 미국은 이러한 예산증가를 '역사적 전환'이라고 축하했다.

유네스코의 예산 증가에 늘 앞장서 오던 미국이 왜 갑자기 태도를 바꾼 것인가? 미국은 유네스코가 예전처럼 미국이 마음대로 주무르던 유네스코가 아니며, 이제는 미국의 이익에 반하는 행동도 할 수 있을 만큼 미국의 영향권을 벗어났다는 사실을 스스로 인정한 셈이었다. 제15차 총회는 유네스코 사무총장이 현대사회에서 매스 커뮤니케이션이 미치는 영향과 그 역할에 대한 연구를 활성화시킬 것 등을 결의하고 막을 내렸다.

매스 커뮤니케이션과 정보의 자유유통 원칙에 대한 유네스코의 연구성과는 1968년의 루블라나(유고슬라비아) 심포지엄과 1969년의 몬트리얼(캐나다) 심포지엄에서 잘 집약되었다. 루블라나 심포지엄은 유엔이 국가 간 프로파간다를 약화시키고, 사실적이고 객관적인 정보가 국가 간에 유통될 수 있도록 하는 일을 전담하는 특별위원회를 설치할 것을 요청했다. 또한 이 심포지엄은 개발도상국들이 개발된 국가들과 동등한 위치에서 그들의 정보를 세계에 전파시킬 수 있게 하는 다각적 원조가 필요하다고 결론 내렸다.(Cioffi-Revilla & Merritt 1981-1982)

몬트리얼 심포지엄은 '문화적 프라이버시(cultural privacy)' 라는 개념을 내세워 "한 나라는 외부로부터의 문화적 침식을 방지하기 위해 그 고유문화를 보호하는 것이 필요하다"고 주장했다. 무엇보다도 몬트리얼 심포지엄은 국제모임으로서는 최초로 '뉴스의 쌍방유통' 과 '뉴스의 균형된 유통' 이라는 개념을 제사하고 미국이 부르짖어 온 '정보의 자유유통' (free flow of information)은 실제로는 '일방유통' (one-way flow)에 지나지 않는다는 견해를 피력했다.(UNESCO 1970)

이처럼 유네스코에서는 본격적으로 정보의 자유유통에 대한 도전이 제기되고 있을 무렵, 유엔은 우주커뮤니케이션의 차원에서의 정보의 자유유통에 대한 문제에 전념하고 있었다. 특히 직접방송위성 (DBS; Direct Broadcast Satellites)에 대한 논의가 활발히 전개되고 있었다. 1959년에 유엔에 최초로 설치되었던 '외기권 우주의 평화적 이용에 관한 위원회(COPUOS; Committee on the Peaceful Uses of Outer Space)' 가 1969년에 소집되자 소련은 DBS를 사용하는 나라는 그 방송의 가청지역 내에 있는 나라들이 사전허락을 받아야 한다는 주장을 내세웠다. 미국은 소련의 이러한 주장이 세계인권선언 19조와 정보의 자유유통 원칙에 위배된다고 주장했다. 미·소 간의 견해차를 해소하기 위해

COPUOS는 자체 내에 DBS에 대한 연구그룹(Working Group on Direct Satellites)을 설치했다.

그러나 그러한 논란이 일던 해인 1969년에 프랑스의 학자 장 다르시(Jean d' Arcy 1969)는 『EBU Review』라는 유럽의 방송전문저널에 발표한 논문을 통해, 커뮤니케이션 기술의 눈부신 발달로 인해 세계인권선언 제19조는 국제커뮤니케이션의 문제해결을 위한 이론적 근거로 더 이상 사용될 수 없음을 지적했다. 그는 그 대신 '커뮤니케이션할 권리(right to communicate)' 라는 새로운 개념을 제시했다. 다르시는 이 권리에 대해 구체적인 것은 밝히지 않았으나, 이는 제3세계에게 매우 유리한 개념으로 정보의 자유유통 원칙을 배격하는 이론적 근거를 제공했다. 이 개념은 1974년 유네스코총회에서 스웨덴의 주도로 결의안에 채택되어 국제적 승인을 얻게 된다.(Babbili 1981)

『매스 커뮤니케이션과 미국제국』

1969년 정보의 자유유통 뒤에 숨은 미국의 음모를 적나라하게 파헤친 허버트 쉴러(Herbert I. Schiller, 1919~2000)의 『매스 커뮤니케이션과 미제국(Mass Communications and American Empire)』이라는 책이 출간되었다. 당시 일리노이대학 교수이던 쉴러는 미국의 상업방송 시스템의 태동과 군산복합체(military-industrial complex)로의 발전과정을 추적했으며, 그것이 어떻게 세계시장에 침투했고 그 영향은 무엇인가를 실증적으로 규명했다. 쉴러(Schiller 1969)는 이런 결론을 내렸다.

"매스 커뮤니케이션은 이제 새로운 형태로 탄생되는 제국주의 사회의 기둥이다. 미국에서 형성된 메시지는 전 세계로 전파되어 미국의 국력과 팽창주의의 신경절(神經節)의 역할을 수행하고 있다. 못사는 나라들의 이데올로기적 이미지는 점차 미국 정보미디어에 의해 형성되어 가고 있다. 개발도상국가에서의 의견형성과 태도결정에 대한 국가적 권한은 약해져 가고 있으며 강력한 외부세력에 의해 소멸되고 있다."

1970년부터 유네스코에서는 국제커뮤니케이션이라는 주제를 놓고 새로운 형태의 갈등이 야기된다. 아치볼드 매클리시(Archibald MacLeish 1946)는 유네스코가 탄생되던 1946년에 "유네스코에서 세계 모든 나라들의 공통분모가 발견되기"를 염원했지만, 그러한 이상은 1970년부터 더욱 성취하기 힘든 요원한 것이 되고 만다. 1946년에 세계를 구성하는 국가 수는 59개국에 불과했지만 1970년에는 그 수가 127개로 늘어나기 때문이다.

말레이시아의 수상 마하티르 모하마드(Mahathir bin Mohamad)가 후일 "유엔의 모든 원칙은 개발도상국들이 가입하기 이전에 개발된 국가들에 의해 쓰인 것이다. 이제 숨은 의미를 담고 있는 그러한 원칙들은 재점검 및 개정되어야 한다"고 주장했듯이 1970년대는 제3세계와 제1세계간의 이해관계 대립 속에서 '의미에 대한 투쟁(struggle over meaning)'이 치열하게 전개된다.(Luck & Fromuth 1985) 국가 간 '문화적 프라이버시'는 가능한가? 이 물음은 이제 곧 우문(愚問)이 되고 만다.

미국 내에서 프라이버시를 위협한 건 다름 아닌 풍요였다. 기업들은 풍요로 인해 소비자들의 취향을 좀 더 정확하게 파악해야 할 필요성 때문에 프라이버시 영역을 침범해 들어갔고, 풍요로 인해 발달한 금융산업은 고객관리를 위해 그들의 프라이버시 영역을 침범했다. 국

가 간 '문화적 프라이버시'도 비슷한 이유에서 점점 더 위협받는 상
황으로 내몰린다.

참고문헌 Babbili 1981, Cioffi-Revilla & Merritt 1981~1982, d' Arcy 1969, Doyle 1981, Gunter 1978, Hagelin 1981, Luck & Fromuth 1985, MacLeish 1946, Masmoudi 1981, McPhail 1987, Mehan 1981, Packard 1964, Powell 1985, Schiller 1969, UNESCO 1970, Williams 1985, 강준만 1989

제3장

'닉슨 독트린'과 '데탕트'

리처드 닉슨과 박정희
닉슨 독트린

박정희의 닉슨 푸대접

1969년 1월 20일 제37대 대통령으로 취임한 리처드 닉슨의 영웅은 프랑스의 대통령 샤를 드골(Charles de Gaulle, 1890~1970)이었다. 닉슨은 공석, 사석을 막론하고 레지스탕스 시절 드골의 명언을 즐겨 인용하곤 했다. "위대하지 않은 프랑스는 프랑스가 아니다."

국가적 차원에서 보자면 이해하기 어려운 일이었다. 1946년 1월 정계를 은퇴했다가 알제리 반란 사건 중, 12년 만인 1958년 6월 대통령에 취임한 드골은 '프랑스의 영광'을 부르짖으면서 프랑스를 '세계적인 절대 무오류의 횃불'이라고 찬양했으며, 바로 그런 이유로 사사건건 미국의 패권에 도전하거나 트집을 잡는 반미주의자였기 때문이다. 드골은 1960년 원자폭탄 실험을 강행했고 1964년 마오쩌둥(毛澤東, 1893~1976)이 통치하는 중국과 외교를 맺었으며 미국의 베트남전쟁을 비난했다.

드골은 1959년부터 대통령으로서 유럽 민족주의의 부흥을 꾀했
다. 그러나 68혁명이 도래해 체제기반이 흔들린 1969년, 국민투
표에서 패배하자 대통령직에서 물러났다. © Steiner, Egon

드골은 1966년에는 나토 (NATO) 동맹국과 맺은 군사적 협력관계를 깨고 탈퇴했다. 그래서 나토 본부는 프랑스 파리에서 벨기에의 브뤼셀로 이전해야 했으며, 2차 세계대전 시 프랑스 해방의 주역인 미군마저 프랑스에서 철군해야 했다. 화가 치민 린든 존슨 대통령이 국무장관 딘 러스크 (Dean Rusk, 1909~1994)를 통

해 드골에게 "미군 묘지까지 프랑스 영토 밖으로 이전하기를 원하십니까?"라고 물었지만 달라진 건 아무것도 없었다. 미국은 드골을 '과대망상 환자'로 치부하는 데서 위안을 찾을 수밖에 없었다.(Gaddis 2010)

미국 대통령이 그런 드골을 영웅으로 생각하다니, 이게 될 말인가. 그러나 닉슨에겐 그럴 만한 이유가 있었다. 강력한 리더십을 열망했던 닉슨으로서는 드골이 그 모범을 보여주고 있다고 생각했다. 닉슨 (Nixon 1998)은 1982년에 출간한 『지도자들(Leaders)』에서 "드골이 우리를 매료하는 것은 그가 역사적인 인물이라서가 아니라 지도자가 필요로 하는 자질과 용인술에 대해 뛰어난 해명을 해주었기 때문이다"라며 드골의 '강한 의지'를 격찬했다. 닉슨의 드골 격찬에는 개인적인

이유도 있었다. 데이비드 거겐(David Gergen 2002)은 그 이유에 대해 다음과 같이 말한다.

"1960년대에 두 번의 선거에서 패배한 닉슨은 고독하고 겉보기에 망가진 사람처럼 계속해서 세계 여러 나라의 수도를 전전했다. 각국의 각료들은 대부분 그와 만나기를 불편하게 생각했고, 그는 서열이 낮은 대표단이나 미국의 외무성 관리들의 접대를 받으며 식사를 하는 정도로 만족해야 했다. 그 당시 드골은 감각이 있는 사람이었다. 그 자신도 망각 속에 묻혔다가 부활한 터라, 닉슨이 언젠가 대통령이 될 수 있으리라는 계산을 하여 그를 맞아 정중히 붉은 융단을 펼쳤던 것이다. 아내와 함께 엘리제궁에 초대를 받은 닉슨은 들뜬 기분에 도취되었고, 드골은 그가 언젠가 미국에서 '최고의 자리'에 오를 것이라고 추켜세웠다. 그 같은 관대함은 우정 이상의 것을 주었다. 닉슨을 여생 동안 헌신적인 추종자로 만들었던 것이다."

당시 닉슨의 기분이 어떠했을지 짐작하기란 어렵지 않다. 앞서 보았듯이, 1960년 대선에서 패배한 뒤 자신의 고향인 캘리포니아 주지사 선거에서도 패배했으니, 누가 닉슨의 정치적 재기를 예상했겠는가? 모두 다 닉슨을 정치 퇴물로 여길 때에 드골이 그렇게 극진한 환대를 해주었으니 닉슨으로서는 드골을 좋아하지 않을 수 없었으리라.

세계 각국의 수도를 떠돌던 닉슨은 1966년 9월 서울에도 나타났다. 물론 개인 자격의 방문이었다. 닉슨은 서울에 오기 전 동경에서 비교적 환대를 받았기에 서울에서도 그와 같은 대접을 기대했던 건지도 모르겠다. 그러나 박정희의 생각은 달랐다. 닉슨을 만날 필요조차 없다고 생각했다.(정진석 1999) 주한 미국 대사 윈스럽 브라운(Winthrop

G. Brown, 1907~1987)이 직접 청와대를 접촉했지만 여의치 않자 외무장관을 지낸 이동원의 도움을 요청했다. 이동원(1992)은 다음과 같이 회고한다.

"브라운 대사에게 떠밀리다시피 청와대로 들어왔지만 사실 나도 속으로는 박 대통령이 닉슨을 꼭 만나주었으면 싶었기에 강력히 닉슨과의 만찬을 종용했다. 그러나 그는 달갑잖은 표정이었다. '그 사람 이미 끝난 사람인데 구태여……' '그래도 각하……' 속이 탄 내가 재차 건의했으나 여전히 박 대통령의 얼굴에는 찬 기운이 감돈다. 결국 닉슨은 박 대통령과 점심도 못하고 그저 커피 한 잔 마시는 걸로 끝낸 모양이었다. 그러나 안되려면 뒤로 자빠져도 코가 깨진다더니 예상외의 예우에 몸이 단 브라운이 그날 저녁 급히 장관들과 함께 하는 만찬을 추진했는데 공교롭게도 마침 같은 시간에 박 대통령이 장관들을 청와대로 불러 저녁을 하게 된 것이었다. '하느님 맙소사.' 내 입에서는 탄식이 새어 나왔다. 아니나 다를까 내가 미 대사관 만찬장에 들어서니 미군 장성들과 함께 앉아 있는 사람이라곤 불과 두서너 명에 불과하지 않은가. 내 느낌으로도 시종 식사 내내 닉슨의 표정은 텅 빈 좌석만큼이나 공허해 보였다."

박정희가 닉슨에게 당한 굴욕

아마도 닉슨은 당시 박정희에 대해 이를 갈았을지도 모르겠다. 2년여 후 닉슨이 대통령에 당선되었을 때 박정희가 받은 충격은 어떠했을까? 일국의 대외정책에 대통령의 개인감정이 작용하겠느냐고 생각할지 모르지만, 그렇지만도 않다. 닉슨의 드골 존경에 개인적인 이유가

아시아 국가들의 독자적인 안보를 제기한 '닉슨 독트린'에 놀란 박정희는 닉슨 대통령을 직접 방문해 주한미군의 계속 주둔을 요청했다.

다분히 작용하듯이, 박정희의 닉슨 박대가 이후 닉슨 행정부의 대(對) 한국 정책에 아무런 영향을 미치지 않았을 것이라고 보기는 어려운 일이다.

이동원(1992)은 "예상대로 닉슨은 취임식이 끝나기 무섭게 '닉슨 독트린'을 제창한다. 아울러 주한미군 철수까지 거론한다. '그까짓 한국 힘없으면 망하라고 해. 무슨 상관이야. 일본만 자유민주국가로 남아도 충분한데……' 갑자기 청와대에 비상벨이 울리는 건 당연한 일. ……'모든 루트를 다 동원해서 박 대통령과 닉슨의 면담을 주선하라.' 한국의 정계는 발칵 뒤집어졌고 워싱턴행 비행기에는 우리 쪽의

밀사가 줄을 이어, 당시 외무장관이던 최규하는 물론 나까지도 워싱턴 정가에 고개를 내밀었다"며 다음과 같이 말한다.

"그러나 닉슨의 정책성도 다소 가미된 보복은 이때부터였다. 백악관 빗장은커녕 근처에 접근하는 것조차도 허용치 않는 것이었다. 그렇게 끌기를 반년. 그 사이 박 대통령은 『워싱턴포스트』와의 회견에서 미국에 제주도를 군사기지로 내주겠다는 등 추파를 던졌고 끝내 닉슨은 못 이기는 척 입을 연다. '그럼 좋소. 그러나 워싱턴에서는 안 되고 8월, 여름휴가 때 내 고향 근처 샌프란시스코에서 만나도록 합시다.' 이 얼마나 수치스러운 일인가. 휴가 때 별장으로 놀러 가는데 그쪽으로 오라니. …… 그것도 그의 고향인 샌클레멘티 집에는 그나마 헬리콥터 이착륙장까지 갖춰져 있어 박 대통령의 체면을 살려줄 수 있는 최소한의 예우 시설이라도 있었으나 닉슨은 그것마저도 아깝게 여겨 샌프란시스코의 샌프란시스코 호텔에서 보자는 것이었다. 무릎 꿇고 눈물을 흘리며 머리를 조아리는 굴욕이 차라리 더 나을 듯싶었으나 이쪽이 잘못한 것도 있으니 어쩌랴. 박 대통령은 눈물을 머금고 1969년 8월 21일 미국 방문길에 올랐다."

이는 닉슨의 명백한 보복이었다. 모든 거물 정치인들이 그렇긴 하겠지만 닉슨의 강한 승부욕과 복수심은 유별난 점이 있었으니, 그가 박정희로부터 받았다고 생각하는 모욕을 어떻게 잊었겠는가? 박정희는 훗날 이동원에게 닉슨을 만나던 날의 비참한 심정을 다음과 같이 토로했다.

"난 그날 비통함의 연속이었소. 약속 시간에 맞춰 자동차로 호텔에 가면서도 난 최소한 호텔 로비에서는 닉슨이 맞아주리라 기대했었소.

그러나 호텔 로비에서도, 엘리베이터를 타고 올라가 내릴 때도, 방문을 열고 들어갈 때도 닉슨은 나타나지 않았소. 방에 들어선 후 왼쪽의 큰 문이 다시 열리기에 보니 그쪽 방 저 끝 구석에 닉슨이 선 채 날 맞이하는 게 아니겠소. 마치 속국(屬國)의 제왕을 맞이하듯 했단 말이오. 그뿐만이 아니오. 저녁 식사 땐 시시껄렁한 자기 고향 친구들을 불러다 앉혀 놓곤 같이 식사하라는 게 아니겠소. 내 아무리 1966년 닉슨이 방문했을 때 섭섭하게 대했기로서니 너무한 거 아니오."(이동원 1992)

그러나 얼마든지 그럴 수 있는 게 인간관계요 국제관계였다. 이동원의 말마따나, 박정희 정권의 "손님 대접은 어제와 내일이 없는 오늘뿐"이었다. 닉슨 독트린은 박정희와는 무관하게 등장한 닉슨의 세계 경영 구상이었지만, 그 독트린을 한국에 어떻게 적용할 것인가 하는 점에서는 박정희에 대한 악감정이 적잖은 영향을 미쳤다고 볼 수 있다. 이동원(1992)은 "닉슨의 보복은 집요하다 못해 고개를 흔들 정도였다"며 그 후에도 계속된 '보복'에 대해 다음과 같이 말한다.

"월남전을 끝내면서도 마찬가지였다. 본래 마닐라 정상회담에 의해 미국과 한국은 종전 시에도 함께 협의하게 돼 있었다. 하나 닉슨은 이 약속을 깡그리 무시해버리고 키신저를 시켜 월남전을 끝냈다. …… 또한 워낙 닉슨의 심기가 칼날 같았기에 우린 월남 종전(終戰)을 마음대로 처리하는 미국에 눈치조차 한 번 못 주고 그대로 당해야 했다. 키신저가 북경과 파리를 오가며 레둑토(Le Duc Tho) 월맹 대표와 노벨평화상 문안을 작성할 때도 우린 그저 쓴맛 다시며 멀뚱히 쳐다보고만 있었던 것이다."(키신저는 1973년 베트남 분쟁을 해결하고 평화 유지에 애쓴 공로를 인정받아 노벨평화상을 받았지만, 공동 수상자인 레둑토는 베트남에 아직 평화가 도래하지 않았다는 이유로 수상을 거절했다.)

1970년대의 한국을 지배한 주한미군 문제

닉슨이 이른바 '닉슨 독트린(Nixon Doctrine)' 을 발표한 것은 1969년 7월 25일이었다. 괌에서 발표했다 하여 '괌 독트린(Guam Doctrine)' 이라도 불렸다. 그 주요 내용은 자기 방어를 위해 미국의 원조가 필요한 국가에 무기와 경제원조는 제공할 수 있지만 군대는 보내줄 수 없다는 원칙이다. 아시아의 경우 "아시아 국가들은 미국 의존도를 줄이고 그들의 안보문제를 독자적으로 해결하기 바라며 미국이 또다시 월남전과 같은 사태에 말려들지 않도록 협조해야 한다" 는 것이었다. 이 독트린이 의회를 통해 공식화된 것은 1970년이었다.

1970년 1월 20일 닉슨은 미국 의회에 대한 일반교서에서 지금까지의 봉쇄 정책을 폐기하고, 중국과의 대화를 시작할 것임을 밝힌 데 이어 2월 18일에는 닉슨 독트린의 정책 백서라 할 「1970년대의 미국대외정책—평화를 위한 새 전략」 보고서를 제출함으로써, 이른바 미국의 해외 주둔 병력을 삭감하는 요지의 닉슨 독트린을 공식적으로 제시했던 것이다.

이후 주한미군 문제는 1970년대 내내 박정희 정권의 주요 현안이 되었고, 주한미군 문제와 밀접히 연계된 국가안보는 민주화 운동을 탄압하는 '전가의 보도' 로 활용되기도 했다. 1940년대 후반보다는 덜했을망정 1970년대는 대미(對美)관계가 한국의 운명을 결정짓는 중요한 변수로 작용했거나 간주되었던 것이다.

국가안보 문제를 떠나서도 대미관계와 대일(對日)관계는 1970년대 내내 박정희 정권을 옭아매는 족쇄로 작용했다. 무엇보다도 정권의 존망을 걸고 추진한 수출전략의 대미·대일 의존도가 지나치게 높았기 때문이다. 1971년의 경우 전체 수출량의 75퍼센트가 미국과 일본 시장에 의존했으며, 두 나라에 대한 수입 의존도는 68퍼센트에 이르렀다. 박정희 정권은 늘 수사적(修辭的) 차원에서는 두 나라에 대해 강경한 자세를 취하는 척했지만 구조적으로 두 나라의 영향력으로부터 자유로울 수 없었던 것이다. 그게 어찌 박정희만의 고민이고 아픔이었으랴.

참고문헌 Gaddis 2010, Gergen 2002, Nixon 1998, 강준만 2002-2006, 김성진 1999, 이기택 2000, 이동원 1992, 정진석 1999, 중앙일보 현대사연구소연구팀 1995, 한배호 1994, 홍윤서 2003

미국의 캄보디아 침공
켄트대학 사건

미국의 캄보디아 침공

"미국은 지금 무정부시대(age of anarchy)에 살고 있습니다."

1970년 4월 30일 리처드 닉슨 대통령이 전 국민을 대상으로 한 연설에서 내린 진단이다. "우리는 지난 500년 동안 자유 문명이 창건한 위대한 제도 전반이 비지성적으로 공격당하고 있는 모습을 목도하고 있습니다. 심지어 여기 미국에서도, 저명한 대학들이 체계적으로 파괴되어가고 있습니다. …… 만일 운명이 다하여 미국이 가련하고 무기력한 거인처럼 행동한다면, 전체주의와 무정부세력이 전 세계의 자유국가와 자유제도를 위협할 것입니다."

닉슨은 이 연설을 통해 미국과 남베트남 군대의 캄보디아 침공을 발표했다. 이미 그 전에 이루어진 캄보디아 폭격은 북베트남이 여러 해 동안 캄보디아와 라오스를 경유해 남베트남으로 군대와 보급품을 보내오던 통로를 막기 위한 것이었다. 베트남전쟁을 즉각 그만두면

모를까 전쟁을 하고 있는 이상 그 폭격 사실은 미 국민에게 밝혀도 될 일이었다. 그러나 닉슨은 이 폭격을 은폐하기 위해 공군 기록 날조를 승인하는 등 온갖 기만적 술수를 마다하지 않았다.(Gaddis 2010)

온 세상이 다 알고 있는데, 미 국민만 모른다? 캄보디아 침공과 닉슨의 폭격 은폐 시도는 미국 내 반전 분노를 폭발시켰다. 더 이상 전쟁을 확대하지 말고 축소하라는 여론이 지배적인 상황에서 도무지 닉슨 행정부를 믿을 수 없다는 반감이 솟구친 것이다. 『뉴욕타임스』는 닉슨의 캄보디아 침공을 '또 하나의 군사적 환상'이라며 "지루한 세월과 쓰라린 경험으로 미국 국민의 신뢰가 고갈되었다"고 단언했다.(Tuchman 1997)

미국 전역의 대학에서 수백 만 학생이 참여한 가운데 격렬한 반전 시위가 벌어졌다. 1969년 12월 갤럽 여론조사에서 3대 1의 비율로 대학생들은 반전을 지지했고, 『포춘(Fotune)』의 1970년 조사에서 대학생의 4분의 3이 자신을 '신좌파, 뉴 레프트'로 간주하고 있었으니 당연한 결과였다. 5월 말까지의 시위 규모는 어느 정도였던가?

조지 카치아피카스(George Katsiaficas 1999)에 따르면 "모든 종합대학과 단과대학의 80퍼센트 이상이 반정부 시위를 겪었으며, 전국에 있는 800만의 학생들 중 반수와 35만 명에 달하는 교수진이 파업에 적극적으로 참여했다. 5월 동안에 발생한 저항의 규모와 강렬함은 미국 학생운동의 새로운 광경이었다. 이 달의 처음 일주일 동안에는 30개에 달하는 학군단(ROTC; Reserve Officers Training Corps) 건물이 방화되거나 폭파되었다. 매디슨에 있는 위스콘신대학에서만 27회 이상의 소이탄 공격이 발생했으며, 정부의 공식 기록보다 훨씬 많은 방화와 폭탄투

척 사건(적어도 캠퍼스에서만 169회의 방화와 95회의 폭탄 투척사건이 있었다)이 이 달에 미국 전역에서 일어났다."

켄트대학 사건

특히 오하이오(Ohio) 주의 켄트 주립대학(Kent State University)에서는 '민주사회를 위한 학생'의 주도로 ROTC 건물이 불에 타는 등 반전시위가 사흘 동안 치열하게 진행되었다. 5월 4일 위험한 학원 폭력을 진압해달라는 주지사의 요청을 받은 주 방위군이 캠퍼스에 진입했다. 주 방위군은 시위 학생들을 향해 13초 동안 67발의 기총사격을 가했다. 4명의 대학생(남학생 2명, 여학생 2명)이 총에 맞아 숨졌고, 9명이 크게 다쳤다. 이 사건 5일 전 닉슨은 버클리 · 예일 · 스탠퍼드대학의 방화에 가담했던 학생들을 불량배들에 비유했는데, 총에 맞아 사망한 한 여학생의 아버지는 "내 딸은 불량배가 아니다!"라고 절규했다.(Maclear 2002)

한 여학생이 믿을 수 없는 한 맺힌 표정으로 죽은 동료 위에 엎드리듯이 무릎 꿇은 사진은 미국인들에게 큰 충격을 안겨주었다. 사진작가 존 필로(John P. Filo)는 이 사진으로 퓰리처상을 받았지만, 미국 대중매체들은 너무나 충격적이라는 이유로 이 사진을 게재하지 않았으며 『타임』과 『피플(People)』의 경우처럼 몇 년 후에 게재한 매체들도 있었다. 이 사진은 반전의 당위성을 상징하는 유명한 사진이 되었다. 미국 전역의 학생 시위자들은 이 사진을 앞세워 행진하거나, 각지의 대학 담벼락에 붙여 놓았다.(Katsiaficas 1999)

이후 항의시위 운동이 더욱 거세게 불을 뿜었다. '5월 혁명'이라고

제프리 밀러(Jeffrey G. Miller, 1950~1970)의 죽음에 매리 베치오(Mary A. Vecchio)
라는 여학생이 충격과 슬픔에 빠져 있다.

해도 좋을 정도였다. 10만 명에 가까운 군중이 백악관을 마주한 공원
에 운집했고, 샌디에고(San Diego)에 있는 캘리포니아대학의 학생인
조지 와인(George Winne, Jr., 1947~1970)은 분신자살을 했다. 학생들은
미국 전역에서 간선도로, 고속도로, 철도와 도시의 거리를 봉쇄했다.
국무부에서조차 250명의 직원이 전쟁확대에 반대하는 성명서에 서명
했다. ROTC 지원자도 급감했다. ROTC에 입단한 학생은 1966년 19만
여 명이었지만, 1973년에는 2만여 명으로 줄어든다. 켄트대학 사건은
베트남의 미군에게도 영향을 미쳤다. 이들은 캄보디아로 진격하기를
거부했다. 군인들은 시위 중인 학생들의 연대를 상징하는 검은 상장

(喪章)을 착용했다.

닉슨은 5월 8일 개인적으로 켄트대학에서 자신을 만나러 온 학생들을 초대해 한 시간 동안 그들의 말을 들어주었으며 살해된 학생의 부모에게 조문 편지를 보내고 캄보디아 침공의 당위성을 설명하기 위해 주지사 회의를 소집하는 등 발버둥에 가까운 시도를 했지만 상황은 전혀 나아지지 않았다.(Katsiaficas 1999)

워싱턴은 15만 명이 넘는 시위대로 들끓었다. 닉슨은 훗날 "켄트대학 사건 뒤 며칠 동안이 내 대통령 임기 중 최악의 나날이었다"고 썼다. 당시 사실상 대외정책을 담당하고 있던 헨리 키신저의 회고에 따르면 "엄청난 스트레스에 시달리던 해였다. 워싱턴은 포위당한 도시 같았다. …… 정부조직이 산산조각 나고 있었다, 집행부서는 마비돼버렸다. …… 우리는 모두 극도로 기진맥진 상태였다. 잠이라도 조금 자려면 시위대가 상주하며 소란을 피우던 내 아파트를 떠나 백악관의 지하실로 가야만 했다. …… 시위대의 분노에 깊이 상처받은 닉슨은 고문들이 걱정할 만큼 힘들어 했다. 신경쇠약 직전 단계에까지 이른 것 같았다."(Neale 2004)

닉슨이 1970년 10월 중간선거 유세 차 산호세(San Jose)에 갔을 때 항의 시위는 절정에 이르렀다. 닉슨을 맞은 것은 욕설과 야유를 퍼붓는 군중이었다. 군중은 닉슨에게 계란과 돌멩이를 던졌다. 닉슨은 나중에 그들을 '미국에서 가장 천박한 패거리'를 대표하는 '폭력적인 무리'라고 비난한 성명에서 "우리는 그들의 얼굴에서 증오를 보았고 그들의 목소리에서 증오를 들었다"고 말했다.(Tuchman 1997)

그러나 증오는 베트남의 미군에게 더 만연돼 있었다. 로버트 하이

늘(Robert Heinl Jr.) 대령의 1971년 보고서에 따르면 "군대가 곧 붕괴할 것 같았다. 병사들은 전투를 피하거나 거부했고, 자기들의 직속상관이 아닌 장교들까지 살해했다. 마약은 극성을 부렸고, 부대 내의 분위기는 살벌했으며, 병사들의 정신 상태 또한 극도로 풀어져 있었다." (Maclear 2002)

실제로 베트남의 미군은 마약, 전투 기피, 탈영, 상급자 살해 등으로 정부에 도전하고 있었다. 1970년 6월의 보고에 따르면, 미군의 10~20퍼센트가 마약 남용자였으며 1970년 탈영자 수는 6만 5643명이나 됐다. 1970년 한 해에만 수류탄(fragmentation bomb) 투척으로 상사를 살해하는 수법인 '프레깅(fragging)' 발생 건수가 209회에 이르렀다.(1969~1970년간 발생한 프레깅은 563회, 이로 인해 사망한 장교는 83명이었다.)(Katsiaficas 1999, Maclear 2002) 조너선 닐(Jonathan Neale 2004)은 수색정찰 중에 장교를 쏴버리는 사건까지 합하면 휘하 사병들에게 살해당한 장교의 수는 1000명 이상일 것으로 추정한다.

켄트대학 사건은 멀리 한국에까지 영향을 미쳤다. 주한미국대사관에서는 그 여파가 한국에까지 퍼질 것을 우려해 문화센터에 학생운동권들을 모아 그들을 위한 리더십 코스를 짰다. 그러나 이는 운동권의 결속력만 다지게 하는 역효과만 내고 말았다. 마치 한국 정부가 전국 대학의 학생회장 100여 명을 모아 월남을 방문시켜준 것과 같았다. 애국심 고취가 목적이었지만 운동권 결속력만 다져주는 결과를 부른 것이다.(문갑식 2009)

2000년 5월 4일 켄트대학 캠퍼스에서는 당시 부상자 9명을 비롯하여 수백 명이 참석한 가운데 40년 전의 비극을 기리는 기념식이 열렸다. 큰 부상을 입었던 이들 9명은 이날 30년 만에 처음으로 모두 한자리에 모이게 됐다. 주 방위군의 사격이 시작되었던 바로 그 시각, 종이 열다섯 번 울렸다. 켄트대학에서 숨진 네 명과 크게 다친 아홉 명 그리고 열흘 뒤 미시시피 주 잭슨 주립대학에서 숨진 2명 등 모두 15명의 넋을 기리는 종소리였다. 주 방위군의 총격으로 크게 다친 조셉 루이스는 "왜 이런 일이 일어났는지, 누가 발포명령을 내렸는지 우리는 아직 아무것도 모른다"고 말했다.(정연주 2000)

'사기 및 부패금지법' 제정

베트남전쟁과 켄트대학 사건을 비롯한 반전투쟁 때문에 가려지고 말았지만 닉슨 행정부는 1970년 후반, 과거 그 어떤 정권도 시도하지 못했던 강력한 반(反)부패법을 제정하는 데에 성공했다. 민주당이 장악한 의회와의 협조하에 제정한 '사기 및 부패금지법(RICO; Racketeering Influenced and Corrupt Organization Act)'이 바로 그것이다. 이 법은 매우 강력한 반부패법이어서 미국인권연합이 우려를 나타낼 정도였다. 물론 이 법에 대한 대중의 인기는 매우 높았다.

미리 말하자면, 이 법 덕분에 1970~1977년에 43명의 시장, 44명의 주 사법부 판사, 60명의 주의회 의원, 260명의 경관들이 연방정부에 의해 뇌물죄로 기소되었고 대부분 유죄판결을 받았다. 종합해서 369명의 주정부 공직자와 1290명의 카운티 관리들이 부패로 인해 유죄판결을 받았다.

이제 곧 부통령 스피로 애그뉴가 이 법의 희생자가 되지만, 궁금한 건 왜 하필 1970년, 그것도 온갖 스캔들로 얼룩진 닉슨 행정부에 의해 이런 강력한 법이 제정되었는가 하는 점이다. 존 누난(John T. Noonan 1996)은 "이는 어떤 특정 개인의 힘이 아니라, 사회 전반을 주도하는 도덕관과 가치관이 시킨 일이라 보아야 한다"며 다음과 같이 말한다.

"1960년대 학생운동의 주된 목표는 베트남 참전을 반대한 것이었으나, 이 운동을 계기로 해서 정당·정부 등 사회적 권위에 대한 회의감이 싹트기 시작했다. 그런 사회적 권위를 인정해준 기존의 법에 대한 회의가 생겨나, 보다 더 강력한 도덕적 법을 제정해야 한다는 욕구가 태동했다. 법관들도 법의 권위와 공정성을 보장하는 신법(新法) 제정에 찬성했다."

그게 전부일까? 좀 더 심층적인 이유는 없을까? 누난은 인류문화학자 매리 더글러스(Mary Douglas, 1921~2007)와 정치학자 아론 윌다브스키(Aaron Wildavsky, 1930~1993)가 제기한 '순결 이론'을 원용해, 미국의 성도덕 변화에 따라 '순결'이 사라진 세태의 정점이 1960년대 말이었다는 점에 주목하면서 다음과 같은 가설을 제시한다.

"과거에 성문제에 대한 순결규칙(혹은 사회적 오염을 예방하는 규칙)은 사회에 어떤 질서를 부여하는 기능을 했다. 그러나 그런 순결 규칙이 힘을 잃어버리자, 공직자에 대한 순결을 강조하는 대체적 규칙이 힘을 얻기 시작했다. 고대에는 성적 타락이 곧 인격의 타락을 의미했고, 그래서 뇌물을 묘사할 때 성적 비유가 많이 쓰였다. 이것은 반뇌물 윤리와 성윤리가 모두 사회의 오염을 막아주는 강력한 힘이었음을 반증한다. …… 유산·간통·피임·간음·동성연애 등을 금하고 결혼을 장려하고 이혼을 죄악시하던 성윤리가 서서히 퇴조하면서, 그 자리에 공직자들이 직무상의 결백을 지켜야 한다는 논리가 대두된 것이다. 이제 성윤리에 대한 책임에서 면제된 선거구민들은 멋대로 성에 탐닉할 수 있었다. 그러니 사회를 지탱하는 힘으로서의 공직자들이 대신 순결해져야 한다는 부담을 떠안은 것이다."

제1회 '지구의 날' 행사

인간이란 참 묘한 동물이다. 인간끼리 서로 죽이는 전쟁을 하면서도 부정부패는 물론 환경까지 염려하니 말이다. 1962년 레이철 카슨 (Rachel L. Carson, 1907~1964)의 『침묵의 봄(Silent Spring)』 발표 이후 부각된 생태 문제는 1970년대 들어 더 큰 관심의 대상이 되었다. 1969년 캘리포니아의 산타바바라(Santa Barbara) 앞바다에서 기름이 유출되어 해안을 오염시키고 생태계를 파괴시킨 사건도 자극이 되었다.

1970년 닉슨 대통령은 국정연설에서 "1970년대는 공기, 물, 우리가 살아가는 환경의 깨끗함을 반드시 되찾음으로써 미국인이 과거에 진 빚을 갚는 시대가 되어야 합니다. 말 그대로 지금이 아니면 기회가 없습니다"라고 말했다.

1970년 4월 22일 제1회 '지구의 날(Earth Day)' 행사가 열렸다. 상원의원 게이로드 넬슨(Gaylord A. Nelson, 1916~2005)과 환경운동 (Environmental Action) 같은 단체가 반전운동의 성공사례와 토론회를 이용해 조직한 행사였다. 내무장관 월터 히클(Walter J. Hickel, 1919~2010)의 추천으로 지구의 날 행사는 어린이, 어머니, 농부, 성직자, 역사학자, 교사, 정치가, 히피 들을 끌어들였다. 그간 환경운동과 거리를 유지하던 닉슨조차 행사를 지지한다고 말했다. 1970년 의회는 청정대기법과 자원재생법을 비롯한 환경보호법을 통과시켰다. 그 결과 환경보호청(EPA; Environmental Protection Agency)이 탄생했다.

'지구의 날' 행사 당시 2000만 명의 미국인이 전국의 거리로, 공원으로, 학교 운동장으로 쏟아져 나와 환경에 대한 관심을 표했다. 이 행사는 신좌파와 반전운동계가 사용했던 토론회(teach-in) 형식으로 치러졌으며 각종 기발한 이벤트들이 선보였다. 미주리(Missouri) 주 레이크 오자크(Lake Ozark)에서는 젊은

상원의원 에드먼드 머스키가 '지구의 날' 기조연설자로 나섰다. ⓒ Peter54321

이들이 일리노이 주에서 텍사스 주까지 동서로 이어진 고속도로인 US 루트 54를 따라가며 쓰레기를 주웠다. 길가에 쌓으니 높이 3미터가 넘는 쓰레기가 다섯 더미가 나왔다. 그날 군중은 "줄이고, 다시 쓰고, 재활용하자!"고 외쳤다. 캘리포니아 산호세주립대학 학생들은 소비주의에 저항하는 뜻으로 2500달러짜리 최신형 자동차를 구입해 땅에 묻기도 했다.(Rogers 2009, 유근배 1998)

1972년에는 레스터 브라운(Lester R. Brown)이 『경계 없는 세계(World Without Borders)』를 출간하고, 로마클럽(The Club of Rome)이라는 두뇌집단이 급증하는 세계인구와 한정된 자원의 공급 결과를 모형화한 『성장의 한계(Limits to Growth)』를 출간해 '지구의 날' 행사에 화답한다. 이른바 '인구 폭탄'의 위험을 경고한 『성장의 한계』는 3000만

부가 팔려나가면서, 170여 년 전 토머스 맬서스(Thomas Malthus, 1766~1834)가 『인구의 원리에 관한 에세이(Essay on the Principle of Population)』(1798)에서 불러일으킨 '공포'를 재현한다.(Anderson 2009)

『플레이보이』 600만 부 돌파

전쟁과 환경과 성(性). 별로 어울리지 않는 조합 같지만 1970년은 『플레이보이(Playboy)』가 600만 부를 돌파한 해였다는 것도 지적해 둘 필요가 있겠다. 1960년을 기점으로 100만 부의 판매고를 넘어선 『플레이보이』는 1960년대 내내 승승장구했지만 위기가 없었던 건 아니다.

FBI가 포르노물에 대해 공격적인 입장을 취하자 휴 헤프너(Hugh Hefner)는 『플레이보이』 1963년 2월호에 FBI를 비판하는 글을 게재했다가 외설물 관련법 위반혐의로 체포되었다. 『플레이보이』를 위기에서 구한 것은 지식인들을 활용한 고급화 전략이었다. 『플레이보이』는 누드 사진 사이에 시사 칼럼과 소설, 명사와의 인터뷰 기사를 싣는 등 시대적으로 첨예한 논쟁을 다루기 시작했다.(고재학 2009)

섹스도 고급스러울 수 있다는, 섹스의 포장술 전략이라고나 할까. 『플레이보이』의 주력상품은 섹스라는 건 두말할 나위가 없다. 대니얼 벨(Daniel Bell 1990)은 『플레이보이』가 성공할 수 있었던 시대적 배경에 대해 다음과 같이 말한다.

"프로테스탄티즘의 윤리에 관한 말이 계속 사용되고 있었지만, 1950년대까지는 미국 문화가 쾌락주의로 변하고 있었다. 사람들의 마음을 사로잡는 것은 놀이나 기쁨·외양·쾌락 등이었다. 이것들은 일종의 강박관념이 되고 있었다. 쾌락주의의 세계는 패션과 사진·광고·텔레비전 및 여행의 세계다. 그것은 외관(外觀) 중심의 세계다. 사람은 미래에의 기대감 속에서 살아간다. 현재 존재하는 것이 아니라, 앞으로 다가올 것에 의지해 살아간다. 더욱이 다가올 것은 노력하지 않고 얻어져야 한다. 그러므로 1960년대에 가장 성공한 잡지가 『플레이보이』였다는 것은 조금도 이상한 일이 아니다. 매상 부수 600만(1970년)이라는 성공을 거둔 이유는 남성의 판타지를 자극했기 때문이었다. 사회학자인 맥스 러너(Maxwell A. Lerner, 1902~1992)가 말한 것처럼, 섹스는 미국인에게 남겨진 최후의 프런티어였다."

사회학자 데이비드 리스먼(David Riesman, 1909~2002)도 섹스가 미국인에게 남겨진 최후의 프런티어라고 했다. 누가 먼저 한 말인지는 모르겠지만, 그 프런티어의 모습이 늘 한결같지는 않았다. 『플레이보이』는 716만 부를 기록한 1972년 11월호를 정점으로 쇠락의 길을 걷는다. 1969년부터 발간되기 시작한 보브 구치오네(Bob Guccione)의 『펜트하우스(Penthouse)』 미국판의 급성장, 1970년대 중반 이후 하드코어 포르노의 등장이 쇠락의 주요 이유였다. 1980년대 들어 경영난에 허덕이자 휴 헤프너는 1988년 딸인 크리스티 헤프너(Christie Hefner)에게 자리를 물려주고 경영일선에서 물러난다.

미국의 캄보디아 침공과 켄트대학 사건, '사기 및 부패금지법' 제정, 제1회 '지구의 날' 행사, 『플레이보이』 600만 부 돌파는 서로 어울리지 않는 '사건' 들 같지만, 모두 1970년에 일어난 일이다. 또한 모두가 행복을 추구하는 과정에서 일어난 일들이다. 1970년대는 그렇게 시작되었다.

1970년대는 1960년대와 다른가? 다르다면 어떻게 다른가? 그걸 말하고 싶어 못 견뎌 하는 사람도 있었으니, 이제 곧 살펴보게 될 앨빈 토플러가 바로 그런 사람이다.

참고문헌 Anderson 2009, Bell 1990, Chafe 1986, French 2001, Gaddis 2010, Katsiaficas 1999, Maclear 2002, Neale 2004, Noonan 1996, Rogers 2009, Tuchman 1997, Zinn 1986·2008, 강준만 외 1999-2003, 고재학 2009, 문갑식 2009, 손세호 2007, 유근배 1998, 이준구 2001, 정연주 2000

'미래의 충격'
앨빈 토플러의 미래학

토플러는 누구인가?

1970년, 자산이나 소유는 근본적으로 악(惡)이라고 주장한 아나키스트 애비 호프먼의 저서 『이 책을 훔쳐라(Steal This Book)』가 출간되었다. 일부 서점 주인들은 분개하며 이 책의 진열을 거부하기도 했다. 같은 해에 정반대의 메시지를 담았다고 볼 수 있는 미래학자 앨빈 토플러(Alvin Toffler)의 『미래의 충격(Future Shock)』이 출간되었다.

"『미래의 충격』이 그리니치빌리지에 있는 8번가 서점에 진열되었을 때, 한 젊은 고객이 진열대에서 이 책을 집어들며 계산대 위에 서 있던 같은 또래의 점원에게 가격을 물었다. 점원은 '8달러 95센트'라고 대답했다. 풀이 죽은 고객은 책을 다시 가져다두고 자기에게는 그만한 돈이 없다고 말했다. 이 말에 점원이 쾌활하게 '저 아래 블록에 가면 다른 서점이 있어요. 거기 가서 한 권 훔치시죠'라고 대답했다. 이 말을 호프먼이 들었다면 기뻐했을 것이다." (Toffler & Toffler 2006)

이 에피소드는 1970년대의 개막을 알리는, 1960년대와 1970년대가 교차하는 묘한 장면을 상징한다. 1960년대의 신좌파 운동은 1970년대 들어서도 한동안 지속되지만 그것은 점점 썰물처럼 빠져나가고, 토플러로 대변되는 자본주의 미래학이 밀물처럼 밀려든다. 토플러(Toffler 1970)의 『미래의 충격』은 세계 50개국에서 700만 부 이상 판매됨으로써 토플러를 하루아침에 세계적인 명사로 만들어주었을 뿐만 아니라 책 자체가 '충격' 현상이 되었다. 도대체 무슨 책이었기에 그랬을까?

토플러는 1928년 10월 4일생으로 미국 뉴욕에서 태어났다. 부모는 모두 폴란드계 유태인 이민자였다. 모피 가공업에 종사했던 아버지는 토플러가 대법관이 되기를 열망한 나머지, 매일 『뉴욕타임스』에 보도된 시사 사건들을 어린 토플러에게 설명하고 묻는 방식으로 교육을 했다.

그렇지만 토플러는 일곱 살 때부터 작가가 되겠다는 꿈을 키워 나갔다. 그는 고교 시절 학교 신문에서 일했으며, 졸업 후 뉴욕대학 영문학과에 진학했다. 대학 시절, 학내 문학잡지인 『컴퍼스(Compass)』를 창간해 운영했으며 전국학생연합의 뉴욕대학 대표로 활동하기도 했다. 그는 재학 중 같은 대학 내 미술학과 그리고 뉴욕의 여러 서점에서 아르바이트를 하면서 학비를 조달했다. 토플러는 대학을 졸업한 후 5년간 조립공, 용접공, 프레스공 등 기능공으로 일했다. 왜? 많은 사람들이 이 점에 대해 궁금해한다. 우리 식으로 말하면 운동권 학생의 '위장취업'과 비슷했을까? 토플러(Toffler 1989)의 말을 직접 들어보자.

"여러 가지 동기가 섞여 있었다. 그 당시 여자친구였던 하이디도 나와 함께 가서 경험을 나누었다. 내 동기의 일부는 심리적인 것이었다. 집을 떠나 다른 세상을 경험하고자 하는 젊은이의 정상적인 욕구였다고 할 수 있다. …… 나에게는 문학적인 동기도 있었다. 존 스타인벡은 포도를 땄고, 잭 런던(Jack London, 1876~1916)은 배를 타고 바다로 나갔다. …… 나는 이를 낭만적이라고 생각했고 또 노동계급의 생활에 관해 위대한 소설을 쓰기를 꿈꾸었다. 마지막으로 나는 정치운동가였다. 1940년대 말에 나는 남부지방을 돌아다니며 인권운동을 했다. 시위에 참가했으며 공장이야말로 우주의 중심부라고 보는 마르크스주의를 접했다. '산업계'로 뛰어든다는 것은 또한 노동자들을 조직하는 데 기여할 기회가 있음을 의미했다."

그러나 토플러는 "이 모두가 무모한 짓이었다"고 말한다. 그는 경영자들의 어리석음과 무정함, 육체노동자를 다루는 사무직원들의 사악함과 건방진 태도도 목격했지만, 다른 한편으로 미국 노동자들의 '계급의식 고양'을 표방하는 좌익 지식인들의 어리석음과 교만함을 깨달았다고 말한다.

사실 토플러의 노동 경험이 그에게 가져다준 최대의 선물은 '글쓰기'에 대한 철학의 정립이었다. 물론 그 철학은 오늘날 그가 이룩한 성공의 밑거름이 되었다. 토플러에 따르면 '나는 조립 라인이나 천공 프레스 앞에서 단 하루도 일해보지 않았으면서 유식한 글을 쓰고 노동자들은 결국 더 좋은 것을 알지 못하기 때문에 따분한 일도 '마다하지 않는다'라고 말하는 지식인들에 대한 증오심을 평생 키워왔다. …… 나는 또한 영어에 관하여 많은 것을 배웠다. 즉 박사학위를 받지 않은 사람들도 이해할 수 있도록 글을 쓰는 방법을 배웠다. 다른 학자들만 읽을 수 있도록 학술용어를 사용하여 글을 쓰는 것보다 평범한 문장으로 글을 쓰는 일이 훨씬 더 힘들다는 사실을 깨달았다."

'문화폭발'과 '미래의 충격'

토플러는 자신의 기능공 경력을 근거로 하여 용접산업 전문지 기자로 일하다가 1957년 한 작은 펜실베이니아 신문의 워싱턴 특파원으로 직장을 옮기면서 본격적인 자유기고 활동을 시작했다. 토플러는 자유기고 활동을 하다가 『포춘』에 들어가 노동 칼럼을 썼으며, 때로는 문화 관련 기사도 다루었다.

토플러가 『포춘』 1961년 11월호에 게재했던 한 문화관련 기사는 그가 1964년에 출간한 『문화소비자(The Culture Consumers)』의 근거가 되었다. 토플러(Toffler 1964)는 미국 예술의 경제 문제를 분석한 이 책에서 일반 공중의 고급 예술 접근을 중심으로 한 '문화폭발(culture explosion)'의 실상을 기록했는데, 그 과정에서 문화적 엘리트주의를 비판했다.

사실 젊은 토플러는 여러 면에서 진보주의자였다. 대부분의 미래학자들이 그러하듯 그도 20대에는 마르크스주의에 심취한 인물이었다. 그러나 상당수의 젊은 마르크스주의자들은 커뮤니케이션 테크놀로지를 한껏 이용해 남들보다 지식을 빨리 그리고 많이 섭취하면 할수록 마르크스주의를 부정하는 미래주의로 빠져 들었으며, 토플러도 예외는 아니었다.

1930년대 후반의 토플러는 이미 20대의 토플러가 아니었다. 그는 1965년 『허라이즌(Horizon)』 여름호에 기고한 "생활양식으로서의 미래(The Future as a Way of Life)"라는 글에서 '미래의 충격(future shock)'이라는 말을 최초로 사용했는데 사실 그건 '토플러의 충격'이기도 했다. 이 개념의 핵심은 한 개인이 아주 짧은 기간에 과도하게 많은 변화를 겪는다는 것이다. 사실 믿기지 않을 정도로 왕성한 토플러의 지적 탐구력은 독학으로 지식을 쌓은 그에게 엄청난 변화를 가져왔다. 토플러는 그 변화의 의미를 깨닫기 위해 5년간 '미래의 충격'이라는 개념에 매달렸다. 토플러는 그 기간 중 대학, 연구소, 실험실, 정부 기구 등을 방문하며 공부했다. 엄청난 양의 책도 읽었고 수백 명의 전문가와 인터뷰도 했다. 그 와중에 코넬대학 등의 객원교수로 일하면서 미래의 가치 시스템에 대한 연구에 집중했다.

그렇게 해서 나온 책이 바로 『미래의 충격』이다. 토플러는 이 책으로 인한 갑작스러운 성공에 큰 충격을 받았다고 당시를 회상하고 있다. 토플러(Toffler 1989)에 따르면, 그 책이 가져다준 가장 중요한 충격은 그가 처음으로 일반 독자와 서신을 주고받는 저술가가 되었다는 사실이었다.

"나는 그 전에도 미국에서 발행부수가 가장 많은 잡지들에 글을 실은 적이 있다. 그러나 잡지에 실린 글에 대한 독자의 반응은 대체로 하찮은 것이어서 운이 좋아야 편지 몇 통이 고작이었다. …… 그러나 『미래의 충격』의 경우에는 독자에게서 편지가 홍수처럼 쏟아져 들어왔다. 새벽 2시에 전화를 걸어와 방금 그 책을 다 읽었다면서 여러 가지 문제를 토론하고 싶다고 말하는 독자들도 있었다. …… 전국 각지의 사람들이 그리고 종국에는 세계 각지의 사람들이 예를 들어 『미래의 충격』을 읽다 보니 마치 당신이 최근 몇 년 동안 내 생활을 어깨

너머로 지켜보고 있었던 것처럼 느껴진다' 는 식의 논평을 해오곤 했다."

미래학의 종교적 성격

토플러가 말하는 『미래의 충격』에 대한 독자들의 열띤 반응은 그 책이 토플러의 의도와는 무관하게, 어떤 종교적인 성격을 갖고 있는 건 아닌가 하는 의구심을 갖게 하기에 충분하다. 자살을 결심한 사람이 그 책을 보고 생각을 바꾸었다든가 하는 사례는 물론 예외적인 것이겠지만, 그 책이 사람들을 흥분시킬 수 있는 선지자적 예언의 냄새를 물씬 풍긴다는 건 분명하다. 당연히 그의 강연에 대한 반응도 대단히 뜨거웠다.

"『미래의 충격』 이후에 일어난 사태는 내 강연회가—말하자면 정치 집회와 같은 성격을 띠게 되었다. 이제는 보통의 청중이 아니라 입추의 여지없이 들어선 군중들을 상대로 하게 되었으며— 뭐랄까, 일종의 유권자들을 상대로 한다는 느낌이 들 때가 많았다. 분위기는 감전된 것 같았다. …… 『미래의 충격』은 또한 프랑스 · 서독 · 일본 등 수십 개 국가에서도 공전의 히트를 쳐 베스트셀러에 올랐다. 그 후 이런 나라들에서 와달라는 초청장이 잇달았고 이렇게 해서 나의 국제화가 달성되었다."(Toffler 1989)

토플러는 해외에서도 이해하기 어려운 이상한 경험을 수없이 했다. 콜롬비아의 보고타(Bogotá)에 도착해보니 그곳 밀림에 있는 13개 라디오 방송국에서 농민들에게 『미래의 충격』의 내용을 방송하고 있었다든가, 일본의 삿포로에서 히피 차림의 서방 젊은이들이 거리에서 일

렬종대로 걸어오면서 『미래의 충격』을 들고 자신을 향해 손을 흔들고 있었다는 경험 등은 토플러에게 이만저만한 충격이 아니었다. 그는 그 충격에 대해 다음과 같이 말한다.

"이처럼 우리는 온갖 종류의 믿기 어려운 경험을 했는데 그것은 그 책이 매우 개인적이고도 정치적인 관심을 불러 일으켰기 때문이었다. 말할 필요도 없이 이 같은 모든 변화는 한 작가의 미래를 뒤바꿔 놓게 마련이다. 여러 사람 앞에 일종의 권위자로서 등장한다는 건 어딘지 쑥스럽고 불안한 노릇이다. 나는 그 같은 위치에 서기를 바라지 않는 다."(Toffler 1989)

그러나 토플러가 많은 사람들에게 '구세주' 처럼 보이는 건 이미 토플러 자신이 선택할 수 있는 문제가 아니었다. 그는 세계 각국을 다니면서 도저히 자신이 감당할 수 없는 질문들을 받고 그에 답해야만 하는 처지에 놓였다. 이제 곧 만개할 '하이테크 시대의 선지자' 가 된 셈이다.

토플러가 말하는 '미래의 충격' 은 테크놀로지 등의 발전으로 인한 급격한 변화에 따른 개인의 부적응 현상을 가리킨다. 이 책에서 '변화의 방향' 보다는 '변화의 속도' 를 강조하는 토플러는 미래의 딜레마가 '선택의 과잉(overchoice)' 이라고 말한다.

이는 매우 중요한 통찰이다. 설명은 때로 치료적 기능을 갖는다. 자신도 이해할 수 없는 상황에 빠져 고통받는 사람에게는 아무런 해결책을 제시해주지 않으면서도 단지 그 상황을 설명해주는 것만으로 큰 위안을 줄 수 있다. 토플러는 바로 그런 역할을 맡은 것이다.

그렇다고 토플러가 단지 해설자의 역할에만 머무른 건 아니다. 그

2008년 한국에서 열린 글로벌 포럼에서 기조강연 중인 앨빈 토플러. ⓒ 중앙일보

는 매우 중요하고도 실천적인 제안들을 많이 했다.

특히 미디어에 관한 제안이 돋보였다. 『미래의 충격』의 성공 이후, 순회 경연회를 다니던 토플러는 1973년 워싱턴에서 열린 교육행정가 총회 연설에서 "우리는 산업사회를 졸업했는데도 학교는 산업사회에 적합한 사람들을 양산해내고 있으며 이는 미래에 대한 위협이다"라고 단언했다. 그는 "학생들을 교실에 가둬 놓고 있다 보면 그들이 영리해질 것이라는 가설을 버리고 텔레비전도 훌륭한 교육 매체가 될 수 있다는 점을 인정하라"고 촉구했다.

미래학의 매력은 구체적인 대안을 제시하지 않은 채 단지 현재의 문제를 거시적으로 거론만 하여도 대안을 제시하는 듯한 효과를 내는 데에 있다. 물론 토플러는 오늘 당장 일어나고 있고, 일어나야 할 변화와 이행을 이야기하고 있으므로 그가 하고 있는 것은 미래학이 아니라 현재학이라는 주장에도 일리는 있다.(박성현 1994) 사실 토플러는 예언을 절제하면서 주로 현재를 이야기하는 '영리한 미래학자' 다. 『왜곡되는 미래(Futurehype: The Tyranny of Prophesy)』라는 책을 통해 미래학의 사기성을 폭로한 막스 더블린(Max Dublin 1993)이 토플러를 전혀 지목하지 않는 것도 우연이 아니다.

토플러는 "예언이란 우리의 용어 가운데서는 제외된 단어이다. 영리한 미래학자들은 어떤 예언도 하지 않는다. 예언은 돌팔이들이나 하는 짓이다"라고 말한다.(Deam 1990) 그렇다고 토플러가 예언을 전혀 하지 않는다고 생각하면 오해다. 토플러는 아마도 '예언'이라는 말 대신에 '전망'이라는 말을 원하는 건지도 모른다. 전망이란 무엇인가? 과학적 예언이거나 과학적 냄새가 풍기는 예언일 뿐이다.

세상은 참 재미있는 곳이다. 과거와 현재의 잘못된 부분을 바로잡자고 투쟁하는 사람들이 있는가 하면, 그런 투쟁을 하다가 환멸을 느껴 미래를 역설함으로써 지위와 명성을 얻는 사람도 있으니 말이다. 인간 세상에는 과거지향적인 사람도 필요하고 미래지향적인 사람도 필요한 법이다. 그런 사람들을 골고루 갖췄다는 게 미국의 저력은 아닐까?

참고문헌 Current Biography 1975, Deam 1990, Dublin 1993, Toffler 1964 · 1970 · 1989, Toffler & Toffler 2006, 강준만 1994, 박성현 1994

언론자유를 위한 투쟁
'펜타곤 기밀문서' 사건

사전억제 금지이론

1960년대 후반 민권·반전운동이 격화되면서 '지하 언론'이 급속히 팽창했다. 1966년 5만 명의 구독자를 확보한 5개의 신문들이 '지하언론 신디케이트(The Underground Press Syndicate)'를 결성했으며, 1970년 여름경에는 600만 명의 구독자를 확보하고 있던 200개의 신문이 이에 합류했으며, 고등학교에 있던 500개의 지하신문이 이에 더해졌다. 1967년에는 '해방뉴스 서비스(Liberation News Service)'가 활동을 시작했는데, 1970년경 이 단체는 전 세계 진보운동들에 관한 최신 정보를 일주일 간격으로 400개의 지방언론들에게 제공해주었다.(Katsiaficas 1999) 제도권 언론이 이런 움직임에 위협까지 느끼진 않았겠지만, 최소한의 체면은 유지해야 한다는 심리적 압박은 받았음 직하다.

1971년 6월 『뉴욕타임스』는 전 국방성 관리인 대니얼 엘즈버그(Daniel Ellsberg)로부터 1급 비밀문서로 분류된 「미국의 베트남정책 결정과정」,「통킹만 사건의 명령과 통제에 관한 연구」 등을 입수하여 13일부터 3일 동안 요약·연재했다. 미국 정부는 발행금지 가처분(假處分) 명령을 청구하는 소송을 냈으며 이 가운데 일부가 법원에 의해 받아들여지자『뉴욕타임스』는 항소를 제기했다.(‘가처분’은 권리자가 되돌릴 수 없는 피해를 입지 않도록 법원이 내리는 ‘임시 처분’을 말한다.)

이른바 ‘펜타곤 기밀문서’ 사건의 출발이다. 이 사건으로 ‘사전억제 금지이론’이 시험대 위에 올랐다. 표현의 자유를 보장한 수정헌법 제1조와 관련하여 사전억제(prior restraint)는 오랜 논란의 대상이 되어 왔다. 미국에서 사전억제 또는 사전제한을 금지하는 최초의 판결은 1931년 ‘니어 대 미네소타(Near v. Minnesota)’ 사건에서 나왔다. 이 사건은『새터데이 프레스(The Saturday Press)』라는 신문의 발행인인 제이 니어(Jay M. Near)가 미네아폴리스의 법률집행관들의 부패상을 비난하는 기사를 실은 것에 대해 검찰이 이 신문의 발행 금지를 청구하는 소송을 제기한 데에서 비롯되었다. 주 법원은 미네소타(Minnesota) 주의 공중도덕보호법에 근거하여 이 청구를 받아들였으나 연방 대법원은 5대 4로 원심을 파기하면서 공중도덕보호법을 위헌이라고 판결했다. 판결 요지는 다음과 같다.

“출판의 자유가 악랄한 스캔들 상인에 의해 남용될 수 있다는 사실은, 공무원의 비행을 다룸에 있어 출판이 사전 제한으로부터 면제받을 필요성을 결코 감소시키지 않는다. 그러한 남용에 대해서는 사후 처벌이 적절한 구제책이며 이것은 또한 헌법적 특권과도 일치하는 것이다.”(Nelson 1967, 양건 1993)

이 사건은 당시 미국에서 가장 많은 발행부수(83만 5000부)를 자랑하던 『시카고 트리뷴(Chicago Tribune)』의 발행인인 로버트 매코믹 (Robert R. McCormick, 1880~1955)의 자금 지원에 의해 연방대법원까지 가게 된 것이었다. 니어는 "언론의 자유를 지킨다는 고상한 명분보다는 자신의 신문을 하루빨리 발행하는 것이 최대 목표"였기 때문에 "매코믹이 언론의 자유에 초점을 맞추어 재판을 지루하게 끌고 가는 것에 큰 불만을 품고 있었다."(장호순 1998)

이 사건에서 주목할 것은 위 판결문에서도 시사되었듯 『새터데이 프레스』는 선정적 주간지였으며 니어 역시 질이 별로 좋지 않은 발행인이었다는 점이다. 그러나 중요한 것은 니어의 인간성이나 『새터데이 프레스』의 품질은 아니었다. 판결문의 내용을 더 살펴보자. 판결문은 수정헌법의 초안자인 제임스 매디슨(James Madison, 1751~1836)의 말을 소개했다.

"모든 일에 있어 어느 정도의 부작용은 불가피한 것이고 이것은 언론에 있어서도 마찬가지이다. 여러 주에서 경험을 통해 체득한 언론 자유의 이치는 일부 썩은 가지들을 마구 쳐 없애는 것보다는 나무 전체가 잘 자랄 수 있도록 보호하여 좋은 열매를 맺도록 하는 것이 현명하다는 것과 같다."

이어 판결문은 다음과 같이 말했다.

"최근 정부의 행정이 점점 더 복잡해지면서 부정과 부패의 가능성은 더 늘어났고 범죄도 크게 증가했다. 범죄집단과 부정을 일삼는 무책임한 관리는 국민의 생명과 재산의 안전을 위협하고 있다. 이로 인해 민주 사회의 첨병인 용감한 언론이 더욱 절실하게 필요해졌다. 일부 무책임하고 부도덕한 언론인들에 의해 언론의 자유가 남용된다고 해서 관료들의 부정부패를 감시하는 언론이 사전억제를 받아서는 안 된다는 원칙의 중요성이 감소되는 것은 아니다."(장호순 1998)

왜 표현의 자유가 필요한가?

마치 '펜타곤 기밀문서' 사건을 예견하기라도 한 것처럼, 예일대학 법대 교수 토머스 에머슨(Thomas I. Emerson 1970)은 이 사건이 일어나기 1년 전에 출간한 『표현의 자유의 구조(The System of Freedom of Expression)』에서 표현의 자유가 필요한 이유를 네 가지로 제시했다.

첫째, 개인의 자아실현 또는 자기완성을 보장하기 위한 수단이다. 인간이 자기 의사를 표현하고자 하는 것은 인간으로서 가장 자연스럽고 필수적인 욕구인바, 이 욕구를 억제하는 것은 "인간의 존엄성에 대한 모욕이고 인간본성을 부인하는 것"이다. 이런 자아실현 논리에 의하면 음란물도 헌법에 의해 보호될 수 있지 않느냐는 반론도 있다.

둘째, 지식을 발전시키고 진리를 발견하기 위한 필수적인 과정이다. 에머슨은 "지식과 진리를 추구하는 사람은 문제의 모든 면, 특히 반대의견을 강하게 느끼는 사람이 제시하는 주장들을 들어봐야 한다"며 다음과 같이 말한다. "그는 모든 대안을 고려하고 그의 판단을 반대의견과 비교함으로써 시험해보고 진실과 오류를 구별하기 위해서 다양한 사람의 정보를 최대한 이용해야 한다. 바꿔 말해서 정보를 억압하고 토론이나 의견의 충돌을 막으면 가장 합리적인 판단을 도출할 수 없으며 새로운 아이디어가 나올 수 없고 오류가 영원히 남는 결과를 낳게 된다."

셋째, 사회의 모든 구성원이 결정행위에 참여할 수 있게 하는 데에 필수적이다. 이것은 표현의 자유가 갖는 정치적인 기능에 착안한 것으로서, 에머슨은 이를 다음과 같이 설명하고 있다. "표현의 자유 이론이 특별한 의미를 갖는 곳이 있다면, 그것은 정치에 관한 것이다. 한 사회의 존재, 복지 그리고 발전에 대한 대부분의 결정이 이뤄지는 것은 정치적인 절차를 통해서이다. 바로 이것 때문에 정부는 반대하는 사람들을 탄압하고 싶은 강한 욕망을 느끼고, 흔히 보다 효과적인 탄압의 권력을 행사하곤 한다. 정치적인 영역에서 표현의 자유는 사회의 다른 분야에서 자유를 획득할 수 있는 필요조건이다. 따라서 표현의 자유에 대한 핵심적인 논란이 가장 빈번하게 벌어지는 곳이 바로 정치적인 문제와 관련되는 장소이다."

넷째, 안정과 변화의 균형(balance between stability and change)을 위해서다. 이는 표현의 자유가 보다 적합하고 안정된 사회를 성취하고 건전한 분열과 합의 사이의 균형을 유지하기 위한 수단임을 의미하는 것이다. 이에 대해 에머슨은 다음과 같이 말한다. "자유로운 토론을 억제하면 이성을 폭력이 억눌러 합리적인 판단을 불가능하게 하고 사회의 경직과 정체를 초래해서 변화하는 환경과 새로운 사상에의 적응을 어렵게 하고 사회가 직면하고 있는 문제들을 은폐함으로써 위급한 문제들로부터 공중의 관심을 돌리게 하여 그 결과, 사회를 불가피하게 분열과 대립 그리고 파괴의 방향으로 몰고 갈 것이다."

미국의 치부가 담긴 '펜타곤 기밀문서'

'펜타곤 기밀문서' 사건은 바로 그런 이론적 원리를 시험대 위에 올려놓은 사건이다. '펜타곤 기밀문서'는 로버트 맥나마라가 1968년 국방장관직을 사임하기 전에 지시를 내려 만든 보고서다. 이 보고서의 정보수집과 분석에 관여하고 있던 정부산하 랜드(RAND; Research And Development) 연구소의 연구원 대니얼 엘즈버그가 퇴직 후 MIT에 재직하고 있을 때 보고서 사본을 『뉴욕타임스』의 기자인 닐 시한에게 넘겨줌으로써 사건이 일어나게 된 것이다. 한때 해병대에 복무하면서 베트남전쟁을 지지했던 엘즈버그는 랜드 연구소 소속으로 베트남에서 연구활동을 벌이면서 전쟁에 대한 생각을 바꾸었다고 한다.

이 보고서에는 트루먼 행정부 시절부터 시작된 기만, 백악관 참모진들의 의견 차이, 노골적인 거짓말의 역사가 죄다 담겨 있었다. 그중에서 특히 미국 정부에 치명적이었던 내용은 CIA의 사주로 베트남의 고 딘 디엠(Jean Baptiste Ngô Đình Diệm, 1901~1963) 수상이 실각하고 처형되기 몇 주 전에 사이공의 미국 대사관에서 본국으로 보낸 전문이었다. 이 전문에 따르면 통킹만 의회 결의는 이 사건이 일어나기 몇 달 전에 이미 초안이 잡혀 있었다.

닉슨의 재임 시절은 이 보고서에 포함돼 있지 않았기 때문에 백악관은 처음에는 무대응으로 일관하면서 보고서 공개로 곤혹스러워 할 민주당을 상상하며 즐거워하기까지 했다. 그러나 곧 이 같은 극비문서가 새나갈 수 있다면 다른 비밀도 새나가지 못하리라는 법이 없다는 점을 깨닫고 강경 대응으로 돌아섰다.(Davis 2004)

이제 '펜타곤 기밀문서' 사건으로 사전억제 금지이론이 시험대 위에 올랐기 때문에 전 언론계의 관심이 이 사건에 집중되었다. 『워싱턴 포스트』가 6월 18일부터 연재하기 시작한 「베트남전쟁관련 비록」도 『뉴욕타임스』와 유사한 소송에 휘말려 정부와의 한판 싸움이 불가피해졌다.

『뉴욕타임스』도 그랬겠지만 『워싱턴포스트』에서는 이 기밀문서의 연재를 둘러싸고 뜨거운 내부 논란이 있었다. 이 신문의 편집국장을 지낸 벤저민 브래들리(Benjamin C. Bradlee 1997 · 1997a)는 회고록 『멋진 인생: 신문 만들기와 다른 모험들(A Good Life: Newspapering and Other Adventures)』(1995)에서 이렇게 회고한다.

"『뉴욕타임스』는 그 연구보고서 한 부를 입수해 10여 명의 민완기자와 에디터들을 석 달 동안 투입한 끝에 10여 개의 꼭지 기사를 만들어냈다. 『워싱턴포스트』는 그런 자료가 없었기 때문에 경쟁지 기사를 베껴 쓰는 창피스러운 입장이었다. 우리는 문단을 바꿀 때마다 '『뉴욕타임스』에 따르면'이라고 쓸 수밖에 없었는데 그때마다 우리 눈에만 보이는 피가 흘렀다."

『뉴욕타임스』는 당시 법무장관 존 미첼(John N. Mitchell, 1913~1988)이 "보도를 전면 중단하고 엘즈버그가 빼낸 7000쪽에 달하는 자료를 모두 국방부에 넘기라"는 명령을 내리면서 주춤했다. 『워싱턴포스트』는 그 틈에 같은 내용의 4000쪽짜리 보고서를 긴급 입수해 닷새 뒤 실었지만, 그 과정에서 정부 조처를 의식한 변호사 등 일부 간부들이 보도에 강력히 반대해 일대 공방전이 벌어졌다. 그때 도쿄 특파원을 지낸 돈 오버도퍼(Don Oberdorfer)와 함께 대표적 보도 강행론자였던 브래들리는 이렇게 말한다.

"고문 변호사들은 기사화에 강한 반발을 보이고 있었다. 나중에 『워싱턴포스트』의 이사장을 맡은 고문 변호사 프리츠 비비는 기사화가 3500만 달러에 달하는 『워싱턴포스트』의 증자계획에 영향을 주어서는 안 된다는 말을 해서 나의 가슴을 철렁하게 했다. 문제는 또 있다. 『뉴욕타임스』가 받은 법원의 강제 명령 등으로 사주가 파렴치범으로 기소될 경우 법에 따라 텔레비전 방송국을 소유할 수 없게 된다. 이는 『워싱턴포스트』가 소유하고 있는 3개 텔레비전 방송국의 허가권 취소를 의미하며 이로 인한 손실은 1억 달러에 이를 것으로 추산됐다. 최종 판단은 (사주인) 캐서린 그레이엄 여사가 내려야 한다. …… 나와 프리츠 등 4명은 그레이엄 여사와 전화 회의를 하기 위해 4대의 각기 다른 전화기 앞에 앉았다. 프리츠가 대체적인 상황을 설명했다. 나는 기사가 나가지 않을 경우 편집국은 일대 재앙에 휩싸일 것이라는 말도 했다. 그녀는 프리츠에게 자문을 구했다. 긴장되는 순간이었다. 한참 침묵하던 프리츠는 '나는 반대하지 않겠다'고 말했다. 하나님께 감사했다. 이어 그레이엄 여사의 침묵이 이어졌다. 그녀 뒤의 음악 소리가 전화기를 타고 들려왔다. 그러다가 갑자기 '좋다, 가자. 기사를 싣자'라고 외쳤다. 나는 이 말을 듣자마자 총알처럼 일어나면서 그 말을 되풀이했다. 온 방안은 환호로 뒤덮였다."

'기사 게재의 일시중지 명령은 무효'

우여곡절 끝에 이 두 사건을 병합 심리한 연방대법원은 1971년 6월 30일 6대 3의 다수결로 언론에 대한 사전억제 금지를 인정하지 않는다는 수정헌법 제1조의 정신에 따라 양 언론사에 대한 기사 게재의 일시중지 명령이 무효임을 확인했다.

당시 연방대법원에는 수정헌법 제1조의 절대주의 이론 신봉자로는 휴고 블랙(Hugo L. Black, 1886~1971) 대법관과 윌리엄 더글러스(William

O. Douglas, 1898~1980) 대법관이 있었다. 당연히 이들의 의견이 가장 격렬했다. 더글러스 대법관은 "본건에 있어 게재중지 명령이 일주일 이상이나 계속되었던 것은 '니어 대 미네소타 주 사건'에서 해석된 바와 같은 헌법 수정 제1조의 원칙을 짓밟은 것이었다"고 말했다.(김 동철 1987)

블랙 대법관은 이 판결의 보충 찬성의견에서 "불행하게도 나의 동료 중에는 때에 따라서는 뉴스 보도를 게재하지 못하도록 중지명령을 내릴 수 있다고 생각하는 사람이 있다. 이러한 생각은 헌법 수정 제1조의 도살장을 의미한다"는 다소 과격한 지적도 불사해 가며 다음과 같이 말했다.

"개정(수정헌법) 제1조로써 건국의 아버지들은 자유언론에 그것이 우리의 민주정치에 있어 맡은 바 불가결의 역할을 수행하기에 필요한 보호를 준 것이다. 언론은 통치자가 아니라 피치자에게 봉사하도록 되어 있는 것이다. 언론을 검열할 정부의 권한은 언론이 언제까지나 자유롭게 정부를 감시할 위치를 차지하게 하려고 폐지된 것이다. 언론은 정부의 비밀을 폭로하고 국민에게 알림을 주기 때문에 보호를 받는 것이다. 오직 자유롭고 제약받지 않는 언론만이 정부의 속임수를 효과적으로 적발할 수 있는 것이다." (김동철 1987, 팽원순 1988)

유일상(2000)의 평가에 따르면 "결국 미국의 사법부는 소송제기 후 이 주일도 안되는 기간에 신속한 확정 판결을 내려줌으로써 언론기관이 현재 진행 중인 전쟁이라고 하더라도 그 역사적인 배경과 관련된 비밀스러운 문제를 합헌적으로 자유롭게 공표할 수 있는 자유를 갖는다는 점을 승인했다는 데 큰 의미가 있다. 즉 펜타곤 문서 사건은 국제

분쟁에의 외세개입 과정이나 자기 나라의 과거행적과 관련된 비밀스러운 문제들에 대해서도 언론기관이 이를 공표할 수 있는 자유를 갖고 있으며, 그 자유가 수정헌법 제1조에 의거한 합법적인 행위임을 사법적으로 다시 한 번 확인했다는 점이다."

소수 의견을 낸 워런 버거 대법원장은 『뉴욕타임스』가 문제의 문서를 게재하기 전에 3개월이나 걸려 검토해 놓고도 게재중지 명령을 받자 재판소에게 성급한 판단을 요구하는 이유가 뭐냐고 불만을 표시했다. 그는 "본건에서는 발작적인 조급성은 주로 도난당한 문서를 입수한 날부터 『뉴욕타임스』 신문이 취한 태도에 기인된다. 이 조급성으로 본건의 합리적이고 신중한 사법적 처리 가능성을 배제했고 그것이 옳지 못했던 것이 이제는 충분히 명백하다고 생각한다"며 다음과 같은 의견을 내놓았다.

"몇 달 동안이나 공표가 연기된 끝에 주장되고 있는 알 권리는 어떤 이유에서인지 돌연히 즉각 보장되지 않으면 안 되는 권리가 되어버렸다. …… 나는 미국 국민의 생활 속에서 위대한 기관으로 오랫동안 간주되어온 한 신문이 장물 또는 정부기밀문서를 소지했음을 발견했을 때 모든 시민이 이행해야 할 기본적이고도 단순한 의무를 왜 이행하지 않았는지 믿을 수가 없다. 이 의무란 순진한 생각인지 모르겠으나, 책임 있는 관계당국에 보고하는 것이라고 나는 생각한다. 이러한 의무는 택시 운전기사에게나 법관에게나 『뉴욕타임스』에게나 다 같이 해당된다. 『뉴욕타임스』가 취한 태도는 위와 같이 계산한 것이 아닌지 몰라도 이 문제를 질서 있게 합리화할 수 있는 기회를 말살했다."

(김동철 1987)

"권력은 불신해야 한다"

1971년 가을 엘즈버그는 환호하는 MIT 학생들에게 "만일 펜타곤의 문서로부터 내가 얻은 하나의 메시지가 있다면, 미국에서조차도 권력은 부패하기 때문에 권위, 대통령, 권력의 소유자를 불신해야 한다는 것이다"고 말했다.(Huntington 1999)

언론은 연방대법원의 판결에 처음에는 환호했지만, 시간이 흐르면서 좀 더 냉정한 평가를 내리기에 이르렀다. 이 사건 재판에 관한 특집호를 낸 『컬럼비아 저널리즘 리뷰(Columbia Journalism Review)』 1971년 9~10월호의 좌담회에 출연한 5명의 신문 저널리스트들은 모두 일반적으로 알려진 것과는 달리 이 판결로 인해 신문 측의 입장이 전보다 더욱 악화되었다는 점을 지적했다.

이와 관련해 김동철(1987)은 "사건이 대법원에까지 올라가, 그전까지는 막연하게나마 절대시되어왔던 '사전억제 금지=보도의 자유'의 원칙이 '사전억제 조건부 금지'의 원칙으로 판단되게 되었다는 점이다. …… 즉 법원이 최종적 판단을 내리기까지 게재 일시중지의 가처분이 인정되었다는 선례가 수립되었다는 점이다. …… 대법원 판사의 다수가 사전게재 중지명령이 허용되는 경우가 있다는 견해를 판결에서 보여주었다는 것은 매우 크게 주목할 만하다"며 다음과 같이 말한다.

"이 판결을 계기로 보도기관이 이전보다 훨씬 더 자율규제를 하게 될 것을 경계해야 한다는 의견도 많이 나오고 있다. …… 미국의 경우 보도기관이 형사적 처벌을 받는다는 점은 텔레비전 면허와의 관련에서 큰 의미를 갖는다. 연방통신법에 따르면 중죄에 해당해서 유죄가 확정되면 텔레비전 방송국의 면허를 얻을 수 없다. 국방성 기밀문서사 건의 경우 『워싱턴포스트』가 사건 당시 국내의 도시에서 텔레비전국을 소유하고 있고 AM 2개국, FM 1개국을 소유하고 있어, 만일 신문사나 그 발행인이 방첩법 위반으로 유죄가 확정된다면 그 손해는 대단할 것이 명확하므로 이 비밀문서 기사 게재 결정 때 사내에서 고문변호사들의 반대가 강했던 것도 이러한 시각에서 의미가 있는 것이다.”

그러한 우려는 수 년 후에 현실로 나타났다. 연방지방법원은 1979년의 '미국 대 『프로그레시브』(U.S. v. Progressive)' 사건에서는 이미 공개된 자료들을 근거로 하여 수소폭탄 제조법에 관한 글을 게재하고 자 했던 잡지 『프로그레시브(Progressive)』의 시도에 대한 정부의 게재 금지 요청을 받아들인 것이다. 『프로그레시브』가 스스로 수소폭탄에 관한 기술적인 정확성에 관한 의견을 묻기 위해 정부에 최종 원고를 미리 보냈다는 것도 앞서 지적된 일종의 '위축 효과'의 결과였는지도 모르겠다. 어찌 됐건, 법원은 이 사건과 국방성 기밀문서 사건과의 차이를 다음 세 가지 점에서 지적했다.

“첫째, 국방성 기밀문서는 3년 내지 20년 전의 사건에 관한 역사적 자료이다. 둘째, 국방성 기밀문서의 게재가 어떻게 국가안보에 영향을 미치는가에 관해서 설득력 있는 이유가 제시되지 않았다. 셋째, 국방성 기밀문서 사건과는 달리, 본 건에서는 특히 원자력 에너지법이라는 특정한 적용 법률이 존재한다는 점이다.” (양건 1993)

이 사건과 관련해 한 가지 흥미로운 사실은 1심에서 패소한 잡지사 측이 항소하기 전인 1979년 9월 위스콘신(Wisconsin) 주의 메디슨 시에 있는 한 조그마한 신문이 『프로그레시브』가 게재하고자 했던 기사의

2006년 독립기념일을 맞아 열린 반전집회에서 연설 중인 엘즈버그. 현수막에는 "군대는 어서 집으로 돌아가라"라고 쓰여 있다. © Elvert Barnes

내용과 유사한 기사 내용을 공표함에 따라 그 순간 이 사건이 공중에 떠버렸다는 점이다. 정부도 소를 취하해버렸고 『프로그레시브』 측도 항소를 하거나 그 김빠진 기사를 꼭 실어야 할 이유도 사라져버린 것이다. 처음부터 정부에 묻지 말고 기사 게재를 했어야 했는데, 지나치게 몸을 사려 이런 분쟁을 낳지는 않았을까?

1991년 6월 '펜타곤 기밀문서' 폭로 20주년을 맞아 엘즈버그는 "당시 닉슨 대통령은 내가 베트남전쟁과 관련된 또 다른 기밀문서를 가지고 있지 않나 안절부절못했고 바로 그 때문에 내 입을 막으려 했다"며 "미국 정부가 나를 간첩죄로 기소했을 때는 나머지 생애를 감옥에서 보내야 할 줄 알았다. 재판부가 기소를 기각하리라곤 아무도 생각지 못했다"고 말했다. 폭로 사건 이후 열렬한 평화주의자로 변신한 엘즈버그는 그간 모두 60차례나 경찰에 체포됐다. 이제 60세가 된 엘즈버그는 결혼기념일 한 번 제대로 지켜본 적이 없다며 험난했던 20년 세월을 이렇게 요약했다. "내 결혼기념일은 8월 8일인데 공교롭게도 히로시마 원자폭탄 투하일과 나가사키 투하일 중간에 끼어 있다. 그 때쯤 되면 나는 거의 늘 경찰서 신세를 지곤 한다."(한겨레 1991)

글로리아 스타이넘의 『미즈』 창간

언론자유가 남성만의 것인가? 페미니즘 언론자유를 표방한 잡지 『미즈(Ms.)』가 1971년 12월에 창간되었다는 점도 지적해 둘 필요가 있겠다. 여성운동가 글로리아 스타이넘(Gloria Steinem)과 클레이 펠커(Clay S. Felker, 1925~2008)가 창간한 『미즈』 창간호(1972년 1월호)는 표지에 원더우먼의 사진을 실었고 스타이넘을 포함해 이미 낙태를 한 적이 있는 50명이 넘는 저명한 여성들의 서명과 함께 낙태의 법적 허용을 요구하는 탄원서를 실었다. 이 창간호는 8일 만에 30만 부나 팔려 나가는 놀라운 기록을 세웠다.

1972년, 유엔은 1975년을 '세계 여성의 해'로 공식 선포했다. 1972년 여름까지 『미즈』는 "섹시스트(성차별) 교육을 타도하라", "왜 여성들은 성공을 두려워하는가?", "여성들이 여성을 사랑할 수 있을까?" 등과 같은 파격적인 내용의 기사들을 실었다. 1970년대 중반 『미즈』의 독자는 50만 명으로 증가하면서 페미니스트 운동의 원동력이 되었다.

1971년 『뉴스위크』가 "미모와 매력과 성공에도 불구하고 해방된

글로리아 스타이넘은 여성은 결혼 여부(Miss/Mrs)와 상관없이 독립적 존재로 인정받아야 한다는 판단하에 '미즈(Ms)'라는 신조어를 만들었다.

여성"이라는 묘한 찬사를 한 바 있는 스타이넘은 전국적인 유명인사로 부상했지만 『미즈』를 인정하지 않은 좌파와 레즈비언들은 그녀를 '타락한 부르주아 여권주의의 대변자'로 매도했다. 원래 성공에는 질시가 따르는 법이다.(Landrum 1997)

『미즈』의 창간을 전후로 헌법적 남녀평등을 위한 '평등권 수정조항(ERA; Equal Rights Amendment)' 논쟁도 뜨겁게 벌어졌다. ERA가 미

하원에 처음 소개된 건 1923년이었지만, 본격적인 입법 로비활동이 벌어지면서 찬반 양측 사이에서 첨예한 갈등이 벌어진 건 1971년 1월이었다. 이 수정안은 1971년 10월 하원, 1972년 3월 상원을 통과했지만 각 주(州)의 비준에서 발목이 잡히고 말았다. 10여 년간 논쟁과 갈등이 계속되다가 1982년 인준을 위해 필요한 전체 주(州)의 4분의 3에서 3개의 주가 모자라 ERA는 폐기되고 말았다.

또 『미즈』의 창간을 전후로 여성학이 대학교육 과정에 등장하기 시작했다. 1969년 2개 대학에 신설된 여성학은 1970년에는 코넬대학, 켄사스대학, 위스콘신대학, 브린모어대학으로 번져 나가더니 1974년 112개교, 1975년 152개교, 1981년 333개교, 1983년 442개교, 1985년 557개교로 늘어난다.(이창신 2004)

한국의 언론학도들은 '펜타곤 기밀문서' 사건을 언론자유를 위한 투쟁의 아름다운 사례로 배우지만, 거창한 사건만이 표현의 자유를 누리는 데에 도움이 되는 건 아니다. 여성에 대한 성차별적 인식을 폐기하거나 바꾸는 일이 훨씬 더 중요한 진보일 수 있다.

참고문헌 Bradlee 1997 · 1997a, Davis 2004, Emerson 1966 · 1970, Hargreaves 2006, Huntington 1999, Katsiaficas 1999, Landrum 1997, Nelson 1967, Steinem 2002 · 2002a, Ungar 1972, 강준만 2009a, 김동철 1987, 양건 1993, 염규호 1994, 유일상 2000, 이창신 2001 · 2004, 장호순 1998, 팽원순 1988, 한겨레 1991, 한승동 2009

'핑퐁 외교'로 시작된 데탕트
리처드 닉슨의 중국 방문

중국의 닉슨 초청

1971년 2월 스피로 애그뉴 부통령이 미군 철수가 임박했음을 알리기 위해 서울을 방문했다. 한국 정부는 어떻게 대응했을까? 당시 『워싱턴포스트』 동북아시아 지국장 셀리그 해리슨(Selig S. Harrison 2003)에 따르면 "남한 정부의 협상 전술이 얼마나 완고했나를 설명하기 위해 주한 미국대사 윌리엄 포터는 의미심장한 일화를 들려주었다. 박정희 대통령과 부하 장성들은 잠깐이나마 자리를 비우지 않기 위해 화장실도 가지 않고 미국 측보다 협상 테이블에서 오래 버티기로 작정했다는 것이다. '그들은 요도를 연결한 플라스틱 병을 다리에 묶어 바지 속에 숨기고 있었는데, 애그뉴 부통령의 오줌보보다 그들 것이 컸어요'라고 그는 말했다."

그렇게 눈물겹게 버틴 끝에 1971년 2월 6일 한국과 미국 정부는 공동성명을 발표하여 1971년 6월 말까지 6만 3000여 명의 주한미군을 4

만 3000여 명으로 줄이기로 합의했다. 그러나 미국은 부통령 애그뉴의 공언과는 달리 3개월 앞당겨 1971년 3월 28일 주한 미 7사단을 철수했다.

이에 대해 박정희 정권은 큰 위기의식을 느껴 미 행정부와 의회를 대상으로 하는 로비를 벌였다. 그러나 어제와 내일 없이 오늘만 생각하는 외교 솜씨가 하루아침에 바뀔 수 있었겠는가. 이 로비는 나중에 이른바 '코리아 게이트(Korea Gate)'로 비화되었고, 닉슨 독트린으로 인한 국가안보의 문제는 국내적으로 자주국방 계획을 구상하게 하는 동시에 박정희의 철권통치를 강화하는 결과를 낳는다.

닉슨 독트린은 주한미군의 문제를 넘어서 훨씬 더 큰 구도에서 작동하고 있었다. 미 제7사단이 철수한 지 꼭 10일째 되던 4월 7일 일본 나고야에서 열린 세계탁구선수권대회에 참석하고 있던 중국 대표단은 미국 탁구팀을 중국으로 초청했고 미국 대표단은 이를 수락했다. 다음 달부터 개시된 중국과의 '핑퐁 외교'와 곧이어 발표된 닉슨의 중국 방문 계획을 염두에 둔 정치적 이벤트였다.

1971년 4월 10일 북경 공항에 도착한 동경발 루푸트한자(Lufthansa) 비행기에서 미국 탁구 대표팀 15명이 내렸다. 이들은 1949년 10월 중국 공산당이 북경을 점령하고 중화인민공화국을 수립한 이후 중국을 방문한 최초의 미국인이었다. 미국 탁구팀의 중국 방문 그 자체만으로도 놀라운 사건이었지만, 더욱 놀라운 사건은 3개월 후인 7월 16일 중국이 닉슨 초청 사실을 발표한 것이었다. 당시 미국의 『워싱턴포스트』는 그 놀라움을 다음과 같이 표현했다.

"닉슨 대통령이 달나라에 가겠다는 발표를 했던들, 키신저가 중국을 극비리에 방문하여 닉슨 대통령의 중국 방문을 주선했다는 발표만 큼 전 세계를 놀라게 하지 못했으리라. 미국인들에게는 개인적으로나 정치적으로나 가장 발을 들여놓기 어려웠던 중국 대륙이 미국 탁구선 수들뿐만 아니라, 이제 열렬한 반공주의자였던 미국 대통령에게까지 방문의 문호를 열었다는 점에서 실로 엄청난 뉴스였다."(오원철 1999)

브레튼우즈 체제의 폐기

'실로 엄청난 뉴스'는 경제 분야에서도 터져 나왔다. 1971년 8월 15일 닉슨 대통령이 전후 세계경제 시스템으로 등장한 브레튼우즈 협정 (Bretton Woods system)을 포기하고 달러와 금의 연동을 폐기하겠다고 선언한 것이다. 10퍼센트 수입특별세의 부과, 임금 · 물가 동결 등도 신경제정책의 일환으로 발표되었다. 이제 달러에는 변동환율제가 도 입되었으며 150년 만에 금본위제가 폐지되었다. 이는 세계경제에 엄 청난 충격을 안겨주었다.

브레튼우즈 체제는 국제통화기금(IMF)이 중심이 되어 만든 국제통 화체제로, 2차 세계대전 전 각국의 평가절하 경쟁으로 세계경제가 파 국을 맞이했던 경험에서 '금 1온스=35달러'라는 공정가격을 설정해 이에 기초해 각국의 평가(환율)를 결정했다. 이 평가는 국제수지의 대 폭적인 적자 등 기본적인 불균형이 발생하는 경우 외에는 변경할 수 없다고 규정했다.(Gordon 2007, 요미우리 1996)

미국의 입장에서 브레튼우즈 체제의 장단점은 무엇이었던가? 이병 천(2001)에 따르면 "미국은 기축통화 발행국으로서의 특권을 가지고 있었고 달러화폐 헤게모니는 미국의 세계 헤게모니의 핵심 요소 중 하나였다. 그러나 IMF 체제는 미국이 세계에 방출하는 달러가 금 준비를 초과하면 달러에 대한 신인도가 하락하고 달러가치가 불안정해진다는 모순을 가지고 있었다. 유럽·일본 경제의 재건과 대미 추격 그리고 미국 경쟁 우위의 상실과 기초수지 적자로, 달러 유동성 공급과잉 상황이 되면서 달러 신인문제, 곧 달러 위기사태가 발생한 것이다."

아닌 게 아니라 1960년대 후반에 들어서 독일과 일본의 제조업이 미국 시장 점유율에서 확대되면서 미국 제조업은 점점 위기에 내몰리고 있었다. 이는 기존 포드주의(Fordism)의 한계이기도 했다. 여기에 베트남전쟁이 사태를 악화시켰다. 닉슨 행정부는 1969년부터 은행권을 남발하여 군비를 지출함으로써 세계에는 가치가 하락한 달러가 넘쳐났다. 미국의 무역흑자는 해마다 감소했고 1971년에는 전후 처음으로 적자로 전락했다. 2차 세계대전 종전 초기 100억 달러의 무역 흑자를 냈던 미국이 이제 거의 같은 액수의 무역 적자를 낸 것이다. 흑자의 감소는 달러의 유출과 미국 금 준비고의 감소를 초래했다.

1970~1971년간 해외로 유출된 미국 달러는 400억 달러였지만 미국이 보유한 금은 금 1온스당 35달러로 환산했을 때 100억 달러에 불과했다. 프랑스는 이미 1965년부터 자국이 보유한 달러를 금으로 바꾸어달라고 미국에 요구하고 있었다. 1968년 베트남에서 '구정공세'가 일어났을 때에는 미국에서 런던 쪽으로 금이 대거 유출됐고, 이로 인해 영국은행의 금 측량실 바닥이 금 무게를 견디지 못해 무너지는 사태까지 빚어질 정도였다. 이에 미국은 '세계 최강의 달러'라는 신화를 내던지는 대신 타국 통화의 절상이라는 실리를 택하는 쪽으로 돌아선 것이다.

4개월에 걸쳐 전 세계를 강타한 국제통화체제의 위기는 1971년 12월 18일 워싱턴에서 열린 선진 10개국 재무장관회의에서 가까스로 수습되었다. 일본 엔의 절상폭은 16.8퍼센트, 마르크는 13.57퍼센트였다. 회의가 열린 곳이 스미소니언 박물관이라고 해서 '스미소니언 협정(Smithsonian Agreement)'이라고 한다. 닉슨은 이날 합의가 이루어지자, 만면에 미소를 머금은 채 "이것은 전후 세계사에서 가장 중요한 통화체제의 성과다"라는 성명을 발표했다.(요미우리 1996)

김일성의 대화 제의

1971년 10월 닉슨은 그동안의 입장을 바꿔 중국의 유엔 가입을 지지했다. 이에 따라 10월 26일 유엔총회에서는 자유중국이 축출되고 중국이 가입하는 사건이 벌어졌다. 이에 남북한 모두가 충격을 받았다. 남북 모두 "긴장 완화를 지향하는 국제 정치의 새 흐름에 호응하며 서로 상대방에 대한 새로운 접근을 모색"하지 않을 수 없게 된 것이다.(김학준 1995a)

김일성(1912~1994)은 1971년 8월 6일 캄보디아의 전 국가 원수 노로돔 시아누크(Norodom Sihanouk)를 환영하는 연설을 통해 박정희 정권을 비판하면서도 협상할 뜻이 있음을 비쳤다. "민주공화당을 포함한 남조선의 모든 정당, 사회단체 및 개별 인사들과 아무 때나 접촉할 용의가 있다"는 것이었다. 김일성의 이와 같은 '기습 제의'에 대해 북한에서 노동당 간부로 남북관계에 관여했다가 해외로 망명한 황일호는 다음과 같이 말했다.

"1971년 미국 중앙정보국(CIA)과 선이 닿아 있는 한국인 재미학자 여러 명이 북한을 방문했어요. 그들이 북한의 생각을 떠보면서 남쪽이 적십자회담 제안을 준비하고 있다고 알려주었지요. 7월 하순에는 제일 조총련으로부터 적십자회담 제의가 8월 15일로 잡혔다는 정보가 평양에 날아들었어요."(중앙일보 특별취재팀 1998)

그래서 박정희는 8월 12일 대한적십자사를 통해 '남북 이산가족 찾기 운동'을 북한에 제의하고 8·15 경축사에서는 평화통일을 강조했다. 북한도 이에 응해 1971년 8월 20일 남북한 적십자 관계자의 판문점 회담이 열렸고 그 후 닉슨의 중국 방문(1972년 2월 21일~28일)이 이루어지기 직전인 1972년 2월 17일까지 19회에 걸쳐 회동했다.

닉슨의 중국·소련 방문

1972년 2월 21일 닉슨이 중국을 방문했다. 닉슨의 일거수일투족이 텔레비전으로 생중계 되는 가운데, 닉슨은 '세계적 지도자'로 우뚝 서는 생애 최대의 순간을 맛보았다. 사실상의 선거운동이었으니 닉슨 반대파들의 입장에서는 죽을 맛이었다.

그런데 중국에는 왜 갔는가? 박태균(2010)에 따르면 "닉슨이 중국을 방문한 가장 큰 이유는 미국이 베트남에서 발을 빼기 위한 사전정지 작업이었다. 미국이 베트남에서 발을 빼면 '중국의 지원을 받는' 북베트남과 베트콩에 의해 남베트남 정부가 곧바로 몰락할 가능성이 크다고 보았던 것이다. 냉전체제의 이데올로기 전쟁에 갇혀 있던 미 행정부는 중국 공산당과 북베트남 공산당 사이의 갈등, 북베트남 공산당과 베트콩 사이의 긴장관계를 알지 못했다."

좀 더 넓게 보자면, 닉슨-키신저 외교정책의 핵심적인 추진력을 가

마오쩌둥을 만난 닉슨 대통령. 이후 '정책 입안자가 기존에 구축한 신뢰를 바탕으로 반대정파라면 불가능했을 과감한 정책 반전을 이뤄내는 것'을 이르는 'Nixon goes to China'라는 용어가 생겨났다.

리키는 단어는 데탕트(Détente)였다. 미국의 국익은 일본, 중국, 심지어 소련에 의해서조차 보장될 수 있다는 전제하에 데탕트를 통해 소련과 중국을 봉쇄하고 급진적 혁명을 억제하여 지정학적 세력균형에 도달하겠다는 것이었다.(이상민 1998)

　미국의 데탕트 주도는 이제 소련을 향했다. 1972년 5월 닉슨은 국가안보회의 의장 키신저와 함께 모스크바를 방문해 레오니트 브레즈네프(Leonid I. Brezhnev, 1906~1982)와 정상회담을 갖고 역사적인 합의를 도출하는 데에 성공했다. 공격용 대륙간탄도미사일의 수를 일정 기간 제한하는 것을 주요 내용으로 하는 전략무기제한협정(SALT; Strategic Arms Limitations Talks)이 바로 그것이다. 1972년 당시 미·소는 전 세계

인구 1인당 15톤의 TNT에 해당되는 핵무기를 개발·비축하고 있었다.

데탕트는 경제적 변화를 수반했다. 닉슨 행정부는 징병제를 폐지하고 1973년까지 군사력을 230만으로 축소시키는 동시에(1968년 350만), 소련 시장을 뚫고 들어갔다. 1972년 미국 곡물 생산의 25퍼센트에 해당하는 대량의 곡물이 소련으로 유입되었으며, 펩시콜라(Pepsi-Cola)와 체이스맨해튼 은행(Chase Manhattan Corporation) 같은 미국 대기업이 소련에서 영업을 개시했다.(이상민 1998)

정략 외에 데탕트를 추구한 닉슨의 심리적 기반은 무엇이었을까? 닉슨 전문가인 톰 위커(Tom Wicker)는 '세계적인 평화구조'를 구축하려 한 닉슨의 태도를 독실한 퀘이커교도였던 어머니에 대한 일종의 보상 형태로 설명했다. 닉슨이 퀘이커 선교사가 되기를 원한 어머니의 소망과 달리 음모와 기만으로 가득 찬 정치가의 길을 선택하여 적나라한 권력을 추구함으로써 어머니의 이상과 소망을 무산시킨 데 대한 일종의 보상 형태였다는 것이다. 위커는 이렇게 주장한다.

"닉슨에게 작용한 가장 강력한 힘은 어머니 한나를 배려하고자 하는 희망이었다. 사실 닉슨의 생활은 그의 정치생활 일반과 마찬가지로 근엄은 오간 데 없고 맞잡고 싸움질하고 배반을 일삼는, 그야말로 퀘이커교도와는 다른 것이었음에도 불구하고 그러했다. 그래서 닉슨은 '어머니, 저는 평화를 이룩했습니다. 이제 저는 어머니를 부끄러움 없이 뵐 수 있을 것 같습니다'라고 말했다."(Miller 2002)

"남한은 유신, 북한은 유일"

닉슨의 중국 방문은 한반도에도 많은 영향을 미쳤다. 2월 27일에 발표된 닉슨–저우언라이(周恩來, 1898~1976) 공동성명에 대한 김학준(1995)의 분석에 따르면 "이 공동성명은 한반도 문제에 관해 두 나라가 합의하지 못했음을 보여주었다. 그러나 공동성명의 행간을 읽어보면 두 나라가 몇 가지 기본적인 문제들에 대해서는 암묵적으로 합의에 이르렀음을 알 수 있었다. 그것들은 남북 대화가 본격적으로 추진돼야 한다는 것과 국제연합한국통일부흥위원회(UNCURK)는 해체돼야 한다는 것이었다. 한마디로, 이 역사적 문서는 한반도 문제가 민족 내부 문제인 만큼 유엔에 의해서가 아니라 한민족 스스로에 의해 해결돼야 한다는 미·중 합의를 반영하고 있었다. 이것은 북한의 지도층을 크게 고무시켰다. 북한이 통일 문제와 관련해 정권 수립 이후 일관되게 추구해온 목표가 마침내 실현되게 됐다고 낙관한 것이다."

이와 같은 국제 환경의 변화와 더불어 박정희와 김일성은 각자 나름대로의 정치적 계산을 하면서 남북 적십자회담을 훨씬 능가하는 수준의 접촉에 나섰다. 남한 적십자사의 예비회담 대표인 정홍진은 1972년 3월 28일부터 31일까지 평양을 비밀리에 방문했고, 북한 적십자사 예비회담 대표 김덕현도 1972년 4월 19일부터 20일까지 서울을 비밀리에 방문했다. 바로 여기서 중앙정부부장 이후락(1924~2009)의 평양 방문과 북한 조선로동당 조직지도부장 김영주의 서울 방문에 대한 합의가 이루어졌다.

1972년 7월 4일 박정희 정권은 이른바 '7·4 남북공동성명'을 발표해 전 국민을 통일 열기에 들뜨게 했다. 그럴 만도 했다. 7월 4일 오전

10시 중앙정보부장 이후락이 내외신 기자회견에서 발표한 다음과 같은 사실에 국민이 놀라는 건 너무도 당연한 일이었다.

"서울의 이후락 정보부장은 1972년 5월 2일부터 5일간 평양을 방문했다. 이 부장은 평양에서 김영주 노동당 조직지도부장과 회담했으며 김일성과는 두 차례 회담했다. 평양의 김영주 부장을 대리해 박성철 부수상이 5월 29일부터 6월 1일까지 서울에 왔다. 박성철은 이 부장과 두 차례 박정희 대통령과 한 차례 회담했다."

그 결과 합의했다는 남북 공동성명은 첫째, 민족 통일은 외세에 의존하거나 외세의 간섭을 받지 않고 자주적으로 해결돼야 한다고 했다. 둘째, 통일은 무력행사에 의하지 않고 평화적인 방법으로 실현해야 하고 셋째, 사상과 이념과 제도의 차이를 초월하여 무엇보다 하나의 민족으로서 민족적 대단결을 도모해야 한다고 했다. 즉, 평화 통일의 3대 원칙으로서 자주·평화·대단결을 내걸었던 것이다.

7·4 남북공동성명이 발표된 지 약 30분 후 미 국무성은 즉각 환영 성명을 발표했다. 당시 미국의 입장은 1970년대 데탕트 분위기에서 미·중 관계가 해빙되는데 남북관계가 긴장돼 있으니 말썽이 생기지 않도록 남북이 서로의 체제를 인정하면서 대화하고 긴장을 완화하는 것이 좋다는 입장이었다.(신준영 1997)

박정희 정권은 '7·4 남북공동성명'으로 국민의 통일 열기를 한껏 고조시킨 후부터 3개월이 지난 10월 17일, 통일을 위해서라는 이유를 대고 박정희의 대통령 종신제를 보장하기 위한 이른바 '10월 유신'을 선언했다. 북한은 '10월 유신'이 이루어진 지 2개월여 후인 1972년 12월 27일, 1948년에 제정된 '조선민주주의인민공화국 헌법'을 폐기하고 '조선민주주의인민공화국 사회주의 헌법'을 새로 만들어 1인 지배 체제를 강화했다. 새 헌법은 집단 지도체제로부터의 후퇴였으며 기존의 '수령의 유일적 령도'를 강화한 것이었다.(김학준 1995) 이와 관련해 최상천(2001)은 다음과 같이 주장한다.

"박정희는 권력의 위기를 '적과의 동침'으로 풀었다. 이 얼마나 기발한 위장전술인가? 박정희와 김일성이 30년 만에 이룬 '적과의 동침'은 '하룻밤 풋사랑'이 아니었다. 이 역사적 동침으로 둘은 쌍둥이를 낳았다. 그 이름은 유신과 유일이다. 박정희는 남에서 유신체제를 선언하고, 김일성은 북에서 유일체제를 선포했다."

과장되게 표현하자면, 이 모든 게 탁구공 하나에서 시작되었다. '핑퐁 외교'로 시작된 데탕트가 한반도에는 전혀 엉뚱한 결과를 초래한 것이다. 유신·유일 체제하에서는 다른 목소리가 나오기 어려웠고, 심심하면 안보 위기가 체제를 강화하는 데에 동원되곤 했다. 이는 데탕트를 오·남용한 최악의 사례로 기록할 만하다. 이마저 미국을 탓해야 할까?

참고문헌 Gates 1978, Gordon 2007, Greenstein 2000, Harrison 2003, Henwood 1999, Miller 2002, Prestowitz 2006, Schumann, Grefe & Greffrath 2004, 강준만 2002~2006, 권용립 2010, 김성렴 1997, 김충식 1992, 김학준 1995·1995a, 박태균 2010, 백창새 2009, 신준영 1997, 양재인 1996, 오원철 1999, 요미우리 1996, 이병천 2001, 이상민 1998, 이찬근 1998, 조선일보 문화부 1999, 조영철 2001, 중앙일보 특별취재팀 1998, 지명관 1996, 최상천 2001, 홍영기 2001

제4장

닉슨의 권력투쟁과
워터게이트 사건

1972년 대선
리처드 닉슨의 재선

존 에드거 후버의 사망

1972년 5월 2일 FBI 국장 존 에드거 후버가 사망했다. 8명의 대통령이 자리를 바꾸는 48년 동안 꿋꿋이 최고 권력자의 자리에 앉아 있던 후버의 무한권력이 드디어 막을 내린 것이다. 그와 리처드 닉슨 대통령의 관계는 어떠했던가? 닉슨 역시 후버에겐 속수무책이었다. 후버는 도무지 말을 안 들었다. 닉슨은 그를 여러 차례 해임하려고 했지만 매번 실패하고 말았다. 1971년 10월 백악관 핵심보좌관회의에서 닉슨은 "그가 한바탕 휘저어놓고 그만두는 상황은 피해야 해. 그는 나까지 끌어안고 자폭할 사람이야. 그게 문제야"라고 말했다.

닉슨은 왜 후버를 두려워했던 걸까? 이제 곧 일어날 '워터게이트 사건'에 앞서 저지른 백악관의 몇 가지 범죄가 늘 마음에 걸렸기 때문이다. 닉슨은 1972년 대선에서 민주당의 유력한 후보인 에드먼드 머스키(Edmund S. Muskie, 1914~1996) 상원의원을 상대로 여러 음모를 꾸

몄다. 백악관 측은 민주당 전당대회 도청, 무선통신 도청, 서류 절취 및 복사 등의 공작을 자행했다. 닉슨은 특히 자신이 언론인들에 대한 도청을 지시했다는 증거 서류들을 후버가 이용할까 봐 노심초사했다.

닉슨도 역대 대통령들처럼 여자 문제로도 발목을 잡힌 상태였다. 1958년 당시 45세의 유부남으로 부통령이던 닉슨은 20대의 홍콩 관광 안내원인 마리아나 류와 관계를 맺었는데, 그녀는 중국 정보요원일 가능성이 높다는 게 후버가 쥔 카드 중의 하나였다.

후버는 '협박의 천재'였지만, 정작 자신은 마피아에게 협박을 당하는 처지에 있었다. 자신의 동성연애로 발목이 잡힌데다 마피아들과 유착해온 게 문제였다.(Summers 1995)

후버의 사망은 닉슨에겐 앓던 이가 빠진 기쁨을 안겨주었겠지만, 닉슨은 대외적으로 그를 '가장 절친한 친구이자 조언자'라고 추켜세우면서 "미국의 영웅이 사라졌다"고 애도했다. 후버의 해임을 주장했던 법무부장관 존 미첼은 그의 죽음을 '엄청난 비극'이라고 표현했으며, 캘리포니아 주지사 로널드 레이건은 "그는 20세기의 어떤 인물보다도 뛰어난 미국인이었다"며 흠모했다.

의회에서도 후버를 칭송하는 소리가 줄을 이었으며, 후버의 죽음을 애도해 연방정부 건물, 군부대 그리고 전 세계에서 항진 중인 전함 등에 성조기가 게양되었다. 그의 장례식에는 2만 5000명의 인파가 애도를 표하기 위해 몰려들었고, 그는 군인이 아닌 공무원으로서는 처음으로 무개 영구차에 시신이 실리는 영광을 누렸다.

후버의 장기 집권에는 매카시의 경우처럼 언론의 맹목적인 찬양도 큰 역할을 했다. 예컨대, 1957년 『뉴스위크』는 "후버는 워싱턴 기념탑과 같이 당파에 기울지 않고, 스미소니언 박물관처럼 하나의 제도가 되었다"고 극찬했다. 1959년 어느 날 사람들은 FBI 본부에 있는 영사실에 불이 들어오자 울고 있는 후버를 목격했다. 후버는 할리우드 영화 〈FBI 이야기(The FBI Story)〉를 보고 행복에 겨워 울고 있었다나. 이런 이야기들이 퍼져나가면서 후버의 애국심에 감동하는 이들이 많았다. 인디애나(Indiana) 주는 1959년 '존 에드거 후버의 날'을 선포하기까지 했다.

공산당의 씨를 말리는 데에 후버가 결정적인 기여를 했다는 데에는 이론의 여지가 없다. 미국 공산당원의 숫자는 절정기인 1944년의 8만 명에서 1956년 2만 명, 1962년 8500명, 1971년 2800명으로 줄어들었다. 공산당은 수많은 FBI 첩자들의 침투로 이들이 당비를 내는 덕에 겨우 명맥을 유지해 나갈 정도였다. 1963년 후버는 국무성 보안 담당 차관보였던 아바 슈바르츠(Abba P. Schwartz, 1916~1986)에게 "내가 아니었다면 미국 공산당은 존재하지도 않았을 것이다. 나는 그들이 무엇을 하는지 파악하기 위해 공산당에 돈을 대주었기 때문이다"라고 말했다. 공산당원의 수가 급감하자 후버는 공산당원의 숫자 공표를 중단시켰으며, 공산당원의 숫자도 비밀에 부쳤다. 왜 그랬을까? 그는 말년에 부하들에게 "공산당을 계속 평가 절하하면 의회로부터 예산을 따낼 수 있다고 생각하는가?' 하고 호통을 치곤 했다.(Summers 1995)

제인 폰다의 북 베트남 방문

1972년 6월 8일, 작고 마른 아홉 살의 여자아이가 벌거벗은 채 양팔을 벌리고 입을 크게 벌려 고통을 호소하며 베트남의 한 시골길을 도망

후잉 콩 우트(Huynh Cong Ut)가 촬영한 〈베트남-전쟁의 테러(The Terror of War)〉. 사진 속 벌거벗은 소녀는 킴 푹(Kim Phuc)이다. 1973년 퓰리처상 수상작. ⓒ 연합뉴스

치고 있었다. 여자아이의 주위에는 불안에 떠는 아이들과 총을 쥔 병사들이 있었고, 그 뒤쪽에는 네이팜탄을 맞은 숲이 불타고 있었다. 이 모습이 담긴 한 장의 사진이 전 세계 신문에 실리면서 '베트남전쟁의 광기'에 대한 분노가 곳곳에서 폭발했다. 『뉴욕타임스』는 "이런 사진을 보면 인류에 대한 신뢰를 갖기 힘들다"고 평했다.(Knopp 1996) 그 와중에서도 미 대선은 진행되고 있었고, 승리를 향한 열정은 네이팜탄 이상으로 뜨거웠다.

1972년 6월 17일 워싱턴의 워터게이트 빌딩에 자리한 민주당 전국위원회 사무실에 침입한 괴한 5명이 비즈니스 정장 차림에 외과 수술용 장갑을 낀 채 체포되었다. 이들은 최신형 도청장치도 소지하고 있었다. 모두 대통령 재선위원회 직원이었고, 침입 목적이 민주당 지도

급 인사들의 전화에 도청 장치를 달고 민주당 선거 전략이 담긴 문서를 빼내는 것임을 알려주는 서류를 지니고 있었다. 체포된 이들 중 한 명은 전직 FBI 요원이었고 4명은 피델 카스트로(Fidel Castro)에 반대하는 쿠바인이었다. 쿠바인 네 명은 카스트로와 미국 민주당의 연루를 입증하는 자료를 빼내는 것이 임무라는 말을 듣고 따라온 것이라고 했다. 전직 백악관 보좌관으로서 대통령 재선위원회에서 일하는 고든 리디(G. Gordon Liddy)와 하워드 헌트(E. Howard Hunt, Jr., 1918~2007)도 체포되었다.

그러나 이때에는 사건이 이슈가 되지 않았다. 단순 주거침입 정도로 간주되었다. 이 시기에 뜨거운 화제가 된 사건은 납세거부 운동이었다. 징집 대상자가 아닌 사람들이 120여 년전 헨리 데이비드 소로 (Henry David Thoreau, 1817~1862)의 납세거부 정신을 되살려 반전운동에 나선 것이다. 1972년 약 20만 명에서 50만 명에 이르는 사람들이 전화요금 고지서에 붙어 나오는 소비세 납부를 거부했고, 2만 명 정도가 소득세의 전부 또는 일부를 납부하지 않았다. 납세 거부자 중에는 반전 가수 조앤 바에즈와 언어학자 노엄 촘스키도 있었다.(손세호 2007)

납세거부보다 훨씬 더 과격하고 드라마틱한 반전운동을 편 사람들도 있었는데, 가장 대표적인 인물이 워너브러더스에서 제작한 1971년 영화 『클루트(Klute)』로 그해 아카데미 여우주연상을 받은 제인 폰다 (Jane S. Fonda)였다. 그녀는 1972년 7월 신좌파 운동가 톰 헤이든과 같이 북베트남을 방문해, 하노이에서 라디오 방송을 통해 미 공군에게 북베트남에 대한 폭격을 중지하라고 호소했다.

1937년 12월 21일 뉴욕에서 출생한 그녀의 아버지와 남동생은 영화

배우로 이름을 날린 헨리 폰다(Henry J. Fonda)와 피터 폰다(Peter H. Fonda)다. 어머니는 그녀가 열두 살 때 자살했다. 그녀가 은막의 '섹스 심벌'로 파리에서 활동하고 있던 1968년, 프랑스는 '68혁명'으로 몸살을 앓고 있었다. 바로 이 혁명이 그녀를 '섹스 심벌'에서 '급진주의적 정치가'로 다시 태어나게 만든 결정적 계기가 되었다.

미국에 돌아온 폰다는 1969년 『그들이 말들을 쏘았다(They Shoot Horses, Don't They?)』에 출연했으며, 그해에 일어난 인디언들의 앨커트래즈 점령 여행에 동참했다. 그리고 1970년에는 미 전역을 여행하며 반전의 목소리를 드높였고 칵테일파티를 열어 흑인이나 아메리카 인디언들을 위한 모금운동을 하기도 했다.(안병섭 1993)

이때 그녀는 정부로부터 위험인물로 낙인찍혔다. 1962년 징집을 위한 모델인 '미스 아미 리크루팅(Miss Army Recruiting)'에 뽑혀 미국의 젊은이들에게 군대에 지원하라고 연설했던 그녀가 8년 후인 1970년에는 신좌파 행동주의자로서 닉슨 정부의 '적들의 리스트(enemies list)'에서 톱 순위를 차지하게 된 것이다.

폰다의 북베트남 방문은 미국 내 보수 우익 인사들을 자극했다. 미 의회의 몇몇 의원들은 이 일로 '하노이 제인'이라는 별명을 얻은 폰다를 재판정에 세우려고 했다. 심지어 뉴햄프셔(New Hampshire) 주의 『맨체스터 유니온 리더(Manchester Union Leader)』는 사설을 통해 유죄가 입증될 경우 폰다를 총살형에 처해야 한다고까지 주장했다. 그녀는 1971년에 만나 사랑에 빠진 톰 헤이든과 1973년에 재혼한다.(첫 남편은 프랑스 영화감독 로저 바딤.)

하노이를 방문한 사람은 폰다와 헤이든뿐만은 아니었다. 수백 명의

로저 바딤과 제인 폰다. 폰다는 1972년 이후 34년 만에 다시 연설대에 올라 이라크전쟁 반대를 주장하며 세간의 주목을 받았다.

미국인이 그곳을 찾아 북베트남을 지원했다. 미국에서 하노이를 지원한 미국인들도 많았다. 빅터 데이비스 핸슨(Victor Davis Hanson 2002)에 따르면 "데이비드 핼버스탬은 호찌민을 높이 평가한 『호(Ho)』(1971)라는 전기를 썼다. …… 허버트 앱데커와 마이클 마이어슨 같은 공산주의자들은 미군의 전쟁포로들이 좋은 대우를 받았다고 주장했다. …… 북베트남을 방문한 미국인들은 대체로 공산주의자들을 '영웅'으로, 미군 포로들을 범죄자로 간주했다. 데이비드 딜린저는 하노이에서 미군 포로들을 만나 그들을 '전쟁 사기극의 포로'라고 불렀으며, 미군 포로들이 죄 없이 고문을 받고 있다는 이야기는 닉슨 행정부가 날조한 것이라고 주장했다. …… 앨런 긴즈버그는 이런 시를 썼다. '베트콩이 미군을 누르고 승리하기를! 그리고 바라건대 우리가 패배하고 우리의 의지가 꺾이고 우리의 군대가 격파되기를.'"

대선과 '경마 저널리즘'

대선이 치러진 1972년 11월 7일 갤럽 여론조사에서 미국 인구 절반 이상이 워터게이트 사건에 대해 들은 바 없다는 응답이 나온 후, 닉슨은 민주당의 조지 맥거번(George S. McGovern) 후보에게 61대 37이라는 비율로 압도적 승리를 거두면서 재선에 성공했다. 선거인단 투표 차이는 520대 17이었으며, 맥거번은 매사추세츠 주와 워싱턴에서만 승리했다.

"집권여당은 선거 직전 경제를 조작한다"고 주장한 경제학자 에드워드 터프트(Edward R. Tufte 1980~1987)는 1972년 대선을 그 전형적인 사례로 들었다. 반면 정치 · 언론학자들은 미디어의 역할에 더 주목했다. 실제로 1972년 대선은 선거 연구가들에게 과거 그 어떤 선거보다 더 많은 연구거리를 제공한 선거였다. 흥미에 집착하는 미국 언론의 선거보도 특성을 한마디로 압축해 이야기하라면 그것은 바로 '경마 저널리즘(horse race journalism)' 이다. 이 특성이 가장 드라마틱하게 드러났다고 평가받는 선거가 바로 1972년 대선이다.

'경마 저널리즘' 이란 정치부 기자들이 마치 경마를 취재하는 스포츠기자처럼 오로지 누가 앞서고 누가 뒤지느냐에만 집착하여 보도한다는 뜻이다. 경마 저널리즘의 실상을 가장 잘 묘사하고 있는 책으로는 미국의 '언더그라운드 페이퍼' 『롤링스톤』의 기자 티모시 크라우즈(Timothy Crouse 1972)가 대통령선거 취재진에 직접 가담해 쓴 『버스를 타고 다니는 사람들(The Boys on the Bus)』(1973)을 들 수 있다.

경마 저널리즘의 가장 큰 특징은 기사의 획일성이다. 모든 신문의 내용이 크게 다르지 않다. 대통령선거를 취재하는 기자들은 각자 독립적으로 기사를 작성하지만 그들의 기사내용은 거의 비슷하다. 그래서 어떤 사람은 기자들을 정직한 중학교 1학년 학생들에 비유한다. 똑같은 기하학 교재를 사용하는 학생들이 기하문제를 풀기 위해 서로 속일 필요는 없다는 것이다.

1968년 대선에 출마했던 상원의원 유진 매카시는 언론을 전화선 위에 앉은 '개똥지빠귀(blackbird)'에 비유했다. 하나가 날면 다른 새들도 날고 하나가 앉으면 모두 따라서 한 줄로 앉는다는 것이다. 그러한 획일성은 취재방식과 밀접한 관련이 있다. 경마 저널리즘이 취재의 내용에 관한 것이라면, 취재하는 모습 그 자체를 일컬어서는 '떼거리 저널리즘(pack journalism, herd journalism, fuselage journalism)' 이라는 말이 쓰였다. 후보자를 따라 비행기에서 버스에 이르기까지 취재기자들은 일단의 무리를 형성하여 그야말로 개똥지빠귀들처럼 일사불란하게 행동한다는 것이다.

처음에는 취재편의를 위해 형성된 떼거리가 시간이 지남에 따라 기자들에게 '집단사고(group thinking)'를 낳게 하고 기자들은 또 떼거리에 속함으로써 낙종의 공포로부터 해방되는 안전의 욕구를 충족시키며 육체적 수고도 덜게 된다. 심지어는 언론사에 소속되어 있지 않은 독립 언론인들조차 떼거리의 문화와 압력에서 완전히 자유로울 수 없어진다.

기자들에게 취재할 것을 지시하는 데스크의 압력도 무시할 수 없다. 취재현장에서 멀리 떨어져 있는 데스크는 다른 신문들과의 비교를 통해 기자의 업무수행능력을 평가하는 경향이 있다. 그래서 데스크는 AP나 UPI통신 또는 다른 신문들에 보도된 기사가 자사 기자로부터 송고되지 않을 경우에는 기자가 묵고 있는 호텔로 전화를 걸어 "이자식아, 넌 왜 그 기사 안 보냈어?" 따위의 말을 해대기 일쑤다. 떼거리에 속하면 그런 심리적 부담에서 해방될 수 있다. 사실 신문들은 의외로 소심하다. 설사 기자가 독자적인 취재를 해 데스크에 송고한다 하더라도 데스크는 다른 신문 또는 텔레비전이 그 기사를 확인해주기 전까지는 보도하지 않으려는 경향이 있다. 행여 오보를 전하는 실수를 할까 염려해서다.

에드먼드 머스키의 실패

'홀스 레이시스트(horse racist)'라는 별명이 어울리게끔 미국 언론은 선거보도 시 움직이지 않는 이슈 또는 배경 이야기보다는 빨리 움직이는 뉴스를 선호한다. 이슈가 아무리 재미있어도 경마의 재미를 따를 수는 없다. 이런 흥미성의 원리에 따라 경마 저널리즘은 무엇보다도 늘 선두 주자에 과다한 관심을 보임으로써 선거 자체를 크게 왜곡한다. 그래서 선거의 출발점인 뉴햄프셔 예선은 그 존재 가치마저 의심받게 되었다. 뉴햄프셔 예선에서 선출되는 대의원의 수는 전체 대의원 수의 극히 적은 부분(민주당 0.5퍼센트, 공화당 1퍼센트)에 지나지 않지만, 그 결과는 때로 예선 전반에 결정적인 영향을 미치기 때문이다.

데이비드 브로더(David S. Broder)는 그 문제점을 다음과 같이 지적했다. "뉴햄프셔 주에서 승리한 사람은 다음 날 3대 텔레비전 네트워크의 아침뉴스와 저녁뉴스 그리고 각 신문 일요판의 화려한 각광을 받고 다음 주에는 3대 주요 뉴스 잡지의 표지 인물로 등장한다."(Orren & Polsby 1987)

뉴햄프셔 예선의 또 한 가지 문제점은 뉴햄프셔 주에서 막강한 영향력을 행사하는 우익신문 『맨체스터 유니온 리더』의 횡포였다. 윌리엄 로엡(William Loeb Ⅲ, 1905~1981)이라는 극우 보수주의자가 경영하는 이 신문은 민주당, 특히 진보적 성향이 강한 인물들에게 혹독하여 로버트 케네디를 "이 지구상에서 가장 사악하고 앙심 깊고 이기적인 인물"이라고 묘사하는가 하면, 마틴 루서 킹 목사가 암살당하자 "죽을 만한 짓을 해왔다"고 비난을 일삼았다.

1972년 대선에서 이 신문이 벌인 횡포의 최대 피해자가 된 사람은 민주당 예비선거에서 선두를 달리던 에드먼드 머스키였다. 이 신문은 머스키의 부인이 술고래이며 입이 거칠다는 내용을 보도했다. 또 머스키가 지역구 내 프랑스계 캐나다 혈통 미국인들을 '커넉스(Canucks)'라고 부르며 모욕했다는 내용도 실었다. 커넉스는 미국에서 캐나다인을 낮춰 부르는 말이다. 머스키는 무엇보다도 아내가 비난받은 데 대해 항의하기 위해 해당 신문사 앞에서 일장 연설을 했다. 그러다 그만 감정이 격해져 눈물을 보이고 말았는데, 보도에서는 그의 항의내용이 중심이 되고 그가 눈물을 보였다는 것은 큰 의미를 갖지 못했다.

그러나 텔레비전 뉴스에서는 그가 눈물을 보인 것이 중심이 되고 항의 내용은 아무런 의미를 갖지 못했다. 일국의 대통령을 꿈꾸는 사람이 그런 정도의 일로 눈물을 보인다는 건 커다란 결격사유로 간주되어 선거운동에 치명타가 되고 말았다. 눈이 오는 날이어서 눈물이 아니라 눈이 녹아 얼굴에 흘러내렸을 뿐이라는 주장도 있었지만, 그것이 사실이라 하더라도 별 의미를 갖지 못했다. 여리게 보이는 그의 모습이 텔레비전을 통해 계속해서 방영되었다는 점만으로 게임은 끝이었다. 『맨체스터 유니온 리더』는 익명의 한 시민이 보내온 편지를 인용해 이를 기사화한 것인데, 훗날 이 편지는 백악관 보좌관이던 켄 클로슨(Ken W. Clawson, 1936~1999)이 보낸 것으로 밝혀져 논란이 됐다.(Mark 2009, Meyrowitz 1984, 강준만 1992)

닉슨의 선거전략

닉슨이 대선에서 가장 크게 내세운 업적은 외교정책이었고, 이는 실제로 충분한 근거를 지닌 카드였다. 워터게이트 사건으로 가려지고 말았지만, 앞서 보았듯이 닉슨 행정부는 부패척결에도 이전 정권들을 훨씬 능가하는 뛰어난 업적을 세웠다. 여기에 더하여 '이미지 메이킹' 수법도 뛰어났다. 닉슨은 1960년 대선과 1962년 캘리포니아 주지사 선거에서 쓴 맛을 본 탓인지, 이미지와 언론 플레이에 과도하게 집착했다.

당시 공보 보좌관을 지낸 데이비드 거겐(David Gergen 2002)에 따르면 "닉슨은 내게 이런 실험을 해보라고 했다. '최종 원고를 가져올 때마다 언론에서 인용될 만한 말을 세 문장만 골라 밑줄을 그어라. 그리고 텔레비전과 신문에서 실제로 밑줄을 그은 말을 인용했는지 확인해 보라.' 처음에는 도무지 대책이 없을 정도로 빗나갔다. 그렇지만 횟수를 거듭할수록 나는 어떤 말들이 부각되어 언론으로부터 인용되고, 나아가 부풀려지기까지 하는가를 차츰 깨달았다. 닉슨은 텔레비전에서 자신이 원하는 메시지에 주목하게 하기 위해 공개적으로 발표할 문서를 항상 100단어 이내로 작성하라고 주문했다. 그리고 그는 당당하게 기자회견장으로 걸어 들어가 성명서를 낭독하고 질문은 하나도 받지 않은 채, 당당하게 걸어 나왔다. 그 자리에서는 원성이 대단했지만 기자들은 꼼짝없이 닉슨이 원하는 대로 끌려갈 수밖에 없었다."

닉슨이 언론 플레이의 총사령관 역할을 하는 가운데 주로 광고계 출신인 그의 공보비서관들은 매우 세심한 데까지 신경을 썼다. 한 가지 예를 들면 이렇다. 1972년 10월 닉슨은 자신이 과거에 천명했던 입장과는 다른 내용의 발표를 해야 할 상황에 처했다. 닉슨과는 앙숙 관계였던 CBS-TV의 댄 래더(Daniel I. Rather, Jr.) 기자는 과거의 텔레비전 화면과 새로 발표하는 내용을 담은 텔레비전 화면을 비교하여 닉슨이 입장을 바꾸었다는 점을 대비하여 보도해야겠다고 생각하고 있었다. 그러나 닉슨의 새로운 발표는 라디오를 통해서만 이루어졌다. 그만큼 닉슨의 보좌관들은 용의주도했던 것이다.

반면 맥거번의 선거 참모들은 상대적으로 용의주도하지 못했다. "맥거번이 〈스타트랙(Star Treck)〉 때문에 졌다"는 농담 아닌 농담이 있다. 홧김에 닉슨에게 표를 던졌다는 어느 유권자의 주장에서 나온 이야기다. 러셀 뉴먼(W. Russell Neuman 1995a)에 따르면 "맥거번의 선거 참모들은 〈스타트랙〉이라는 유명한 텔레비전 드라마의 시간대를 사서 그 시간에 정치 광고를 대대적으로 방송했다. 그러자 시청자들은 〈스타트랙〉의 시간대가 옮겨진 데에 격분했고, 당시 유일한 대안이었던 닉슨에게 표를 던지게 되었다는 것이다."

닉슨 진영은 '이슈의 감성화'에도 뛰어났다. 사람들은 선거 이슈하면 흔히 논리적이고 합리적인 사안만 연상하지만 꼭 그렇지는 않다. 이슈는 어떻게 포장되어 제시되느냐에 따라 유권자들에게 다양한 종류의 영향을 미칠 수 있다. 이와 관련해 닉슨의 연설문 작성가로 일했던 레이먼드 프라이스(Raymond K. Price)는 다음과 같이 말한다.

"투표자들은 근본적으로 게으르다. 그들은 우리가 이야기하는 것을 이해하려고 노력하는 데에는 관심이 없다. …… 이성은 높은 정도의 훈련과 집중력을 필요로 한다. 그러나 인상은 그렇지 않다. 이성은 시청자를 밀어내고 공격하고 찬반을 요구하지만 인상은 지적인 요구를 하지 않은 채 시청자를 감싸고 불러들인다. …… 우리는 시청자와 논쟁을 할 때 시청자가 대답을 위해 노력할 것을 요구한다. 우리는 그의 지성이 참여하게 하려고 노력하지만 대부분의 사람들에게 이것은 매우 어려운 일이다. 감정이 훨씬 더 쉽게 불러일으킬 수 있고 표면에 가깝고 더욱 다루기 쉽다."(강준만 1992)

반대로 1972년 대선에서 지나치게 이슈에 집착해 실패를 한 대표적인 정치인이 바로 머스키였다. 그는 너무도 많은 이슈를 한꺼번에 제기했다. 이슈를 열심히 제기하더라도 대표적인 이슈 몇 개만을 골라 대중이 소화하게끔 단순화시켜야 한다는 원칙을 저버린 것이다. 당연히 머스키의 이슈들은 언론에 거의 보도되지 않았다. 앞서 살펴본 바와 같이, 언론이 크게 보도한 내용이란 머스키에게 치명타를 먹인 그의 '눈물'이었다.

그러나 닉슨도 나중에 워터게이트 사건으로 진짜 눈물을 흘리게 된다. 과유불급(過猶不及)이라고 했던가. 닉슨의 비서실장 H. R. 할데만(Haldeman 1978)은 훗날 닉슨 진영 전체가 반대자들을 지나치게 의식했다면서 "대통령이 이미지를 걱정하기보다 그냥 일에만 몰두했더라면 대통령직을 훨씬 잘 수행할 수 있었을 것이다"라고 했고, 헨리 키신저는 회고록에서 "행동 자체가 아니라 그 행동이 어떻게 비춰지느냐에 따라 대통령의 입지가 달라진다는 믿음이 닉슨 행정부의 파멸을 불러왔다"고 고백했다.(Gergen 2002)

버스통학제 논란

1972년 대선의 주요 이슈 중 하나는 '버스통학(busing)'이었다. 이 문제를 이해하려면 "분리는 불평등하다"고 선언한 브라운 판결(8권 3장)이 나온 1954년으로 거슬러 올라가야 한다. 그로부터 15년이 지난 1969년경 남부에서의 교육통합은 어느 정도 진척되었을까? 놀랍게도 별 변화가 없었다. 남부 11개주 흑인 학생 가운데 20퍼센트 정도만이 통합된 공립학교에 다니고 있었다. 이와 관련된 소송이 계속되자, 연방대법원은 1969년 10월 전원 일치의 결정으로 학교 구역의 분리를 즉시 종식하고 곧장 통합체제를 운영할 것을 명령했다. 이에 따라 '버스통학'이 나오게 된 것이다.

그러나 닉슨 행정부는 1970년 3월에 발표한 학교통합 정책에서 연방대법원 판결의 총론에는 동의한다면서도, 거주의 형태에 따라서 자연발생적으로 생성된 '사실상의 분리'는 용인하겠다는 자세를 취했다. 즉, 후자의 경우에는 학교의 인종 균형을 유지하기 위하여 학생들에게 '버스통학'을 강요하지 않겠다는 것이다.

1971년 4월 연방대법원은 '스완(Swann)' 판결에서 경우에 따라서는 '버스통학'을 요구할 수 있다는 전원일치의 판결을 내렸다. 그러나 '버스통학'은 사안별로 매우 복잡한 양상을 띠어 전국 곳곳에서 뜨거운 쟁점이 되었다. 연방판사로부터 통합계획을 명령받은 미시간 (Michigan) 주의 폰티악(Pontiac)에서는 1971년 8월, 10대의 통학버스가 '전국행동집단(National Action Group)'이라는 백인집단에 의해 폭파되는 사건이 일어나기도 했다.(최명·백창재 2000)

최명·백창재(2000)는 "당시 어린 학생들이 타고 다니던 노란색의 통학버스는 미국에서 지극히 분열적인 정치·사회적 이슈의 상징이 되어 있었다. 브라운 판결은 여러 가지 미해결의 문제를 남겼는데, 그중 하나는 과연 학교통합을 위해 아동들의 '버스통학'을 강요할 수 있는가 하는 문제였다"며 다음과 같이 말한다.

"'통학버스'는 당시 흑백문제를 둘러싼 대부분의 충돌을 상징하게 되었다. 수백만의 아동들이 버스로 통학을 하고 있었지만, 많은 부모들은 '버스통학제'에 의한 흑백통합에 반대했던 것이다. 백인 부모들은 흑인 아동들이 인근의 백인 학교에 등교하는 자체도 반대했지만, 자신의 자녀가 흑인 학교로 등교하는 것을 더욱 반대했다. 자녀가 빈민가의 흑인 학교에서 마약과 범죄에 물들 거라고 주장했던 것이다. 백인 부모의 입장에서 보면, 자녀가 질이 낮은 학교에 등교하는 상황을 납득하려 하지 않았고 이 점에 있어서는 중산층의 진보적 백인이나 노동층의 보수적 백인이나 큰 차이가 없었다."

버스통학제 문제는 남부에만 국한된 게 아니라 북부 대도시의 경우에도 마찬가지였다. 사정이 그러했으니, 이 문제가 1972년 대선의 주요 이슈가 된 건 당연한 일이었다. 1972년 플로리다 주 예비선거에서는 앨라배마 주지사 조지 월리스가 '버스통학' 반대를 주요 공약으로 내세우면서 민주당 표의 41.6퍼센트를 획득해 1위를 차지했다. 그가 메릴랜드(Maryland) 주 라우렐(Laurel)에서 선거운동을 하는 동안 아서 브레머(Arthur H. Bremer)의 총격에 쓰러져 하반신 마비가 되지 않았더라면 선거 결과가 어떻게 달라졌을지는 아무도 모를 일이었다.

플로리다 주 예비선거가 있은 지 이틀 뒤 닉슨 대통령은 연방법원이 새로운 버스통학제를 명령하지 못하도록 하는 법률을 의회에 요구하고, 빈민지역의 학교에 대해서는 보다 나은 교육을 위한 재정 지원을 제의했다. 이 법안은 하원에서는 통과되었지만 상원에서는 부결되었다. 다만 의회는 버스통학제 실시의 연기와 이를 위한 연방정부 재정지원의 제한을 주요 내용으로 하는 타협안을 제시했고, 닉슨은 마지못해 여기에 서명했다. 이 문제는 1972년 대선을 넘어서 이후로도 오랫동안 뜨거운 쟁점이 된다.(최명 · 백창재 2000)

존 레넌의 활약

1972년 대선 현장의 이색적인 인물 중 하나는 비틀스의 존 레넌이었다. 그간 참정권이 허용되지 않았던 18세 이상 21세 이하 청년들에게 1972년 대선부터 참정권이 허용되었으므로, 그들의 우상인 비틀스의 영향력은 무시할 수 없었다.

1960년대 말 레넌이 일본 출신의 전위예술가 오노 요코와 가까워지면서 분열의 조짐을 보이던 비틀스는 존 레넌과 폴 매카트니(J. Paul McCartney)의 불화로 1970년 공식 해체했다. 레넌은 1971년 3월 영국의 마르크스주의자 타리크 알리(Tariq Ali), 좌파 이론가 로빈 블랙번(Robin Blackburn) 등과의 친교를 통해 얻은 영감을 토대로 "혁명을 원한다고 외치자"라고 시작하는 〈민중에게 권력을(Power to the People)〉 앨범을 발표했다. 레넌의 최고 걸작으로 꼽히는 노래 '이매진 (Imagine)'은 1971년 9월에 발표되었다. 스스로 "반종교적·반민족주의적·반인습적·반자본주의적 노래"라고 밝힌 이 곡에서 레넌은 자신의 사상을 집약적으로 표현하는 데 성공했다.(신현준 1994)

1971년 12월 레넌과 요코는 투옥 중이던 미국의 신좌파 활동가 존 싱클레어(John Sinclair)의 석방을 위한 자선공연에 참가했다. 싱클레어의 투옥 뒤에 닉슨 행정부의 반전운동 탄압 의도가 숨어 있다고 판단했기 때문이다. 이처럼 레넌이 계속해서 반전·평화 시위를 하는 등 정치활동에 적극 참여하자, 닉슨 행정부는 그를 블랙리스트에 올려놓고 계속적인 추방명령과 FBI를 동원한 미행과 감시를 통해 그의 사생활을 옥죄기 시작했다. 이와 관련해 레넌의 이민소송 관련 변호사였던 레온 와일즈는 다음과 같이 말했다.

"처음으로 18세 청년들에게 투표권이 부여된 1972년 대통령선거에서 레넌은 투표에 가장 큰 영향을 미칠 수 있는 인물이었다. 나는 닉슨이 레넌에 관해 논의했을 것이라는 확실한 심증을 가지고 있다."(신현준 1993)

1968년 영국에서 마리화나 소지로 유죄 판결을 받은 사실을 빌미로 뉴욕지방이민국이 내린 추방명령에 정치적 의도가 깔려 있음을 깨달은 레넌과 요코는 닉슨을 반대하고 민주당 후보인 맥거번을 지지하는 캠페인을 벌였다. 하지만 들끓는 반전 분위기에도 불구하고 1972년 대선에서 닉슨은 공화당 후보 사상 최다득표를 얻으면서 재선되었다. 이에 충격을 받은 레넌은 깊은 절망감에 사로잡혔고, 그 뒤 정치 무대에서 서서히 퇴장했다.

1974년 레넌은 그의 생애에서 마지막 무대가 된 엘튼 존(Elton John)의 추수감사절 공연에 스페셜 게스트로 참석해 멋진 화음을 선보였다. 이를 계기로 그는 1975년 2월에 그간 별거했던 요코와 재결합했다. 4년간의 지리한 법정 싸움 끝에 미국 영주권도 취득했다. 1975년 10월 요코와의 사이에서 션(Sean)이라는 남자아이가 태어나자, 레넌은 전업주부가 되겠다는 이례적인 선언을 하고, 션의 육아를 담당하기 시작했다. 레넌은 이후 5년 동안 어떤 정치활동이나 음악활동도 하지 않는다.

리처드 닉슨이 재선에 성공한 1972년 대선의 다양한 풍경을 구경했지만, 돌이켜 보자면 닉슨의 압도적 승리가 그에겐 오히려 독이 된 듯하다. 워터게이트 사건은 선거기간 중에 이미 저질러졌지만, 이 사건의 폭로에 어떻게 대응하느냐는 권력자의 자세에 달린 문제였기 때문이다.

참고문헌 Crouse 1972, Current Biography 1986, Davis 2004, Dyer 1995, Gaddis 2010, Gergen 2002, Haldeman 1978, Hanson 2002, Knopp 1996, Landrum 1997, Mark 2009, Meyrowitz 1984, Neuman 1995a, Orren & Polsby 1987, Patterson 1999, Ridings & McIver 2000, Schoenbrun 1984, Stout 1983, Summers 1995, Tufte 1980 · 1987, Woodall 2001, 강준만 1992, 강준만 외 1999-2000 · 1999-2003, 손세호 2007, 신현준 1993 · 1994, 안병섭 1993, 이상민 1998, 최명 · 백창재 2000

'제왕적 대통령'
리처드 닉슨의 권력투쟁

닉슨의 권력투쟁

대선 유세 중인 1972년 10월 리처드 닉슨은 여론에 대한 불신을 강력히 표현했다. 그는 국익을 추구해야 하는 대통령직의 어려움을 말하면서 "평균적인 미국인은 집안의 어린아이와 같다"고까지 주장했다. 백악관 집무실에서는 훨씬 더 거칠게 말했겠지만, 그야 알 도리가 있겠는가. 그런데 2008년 12월 미국 국립문서보관소가 관리하는 닉슨도서관이 200시간 분량의 육성 테이프와 9만 쪽에 이르는 서류를 공개하면서 닉슨의 거친 말솜씨가 그대로 드러났다.

"잊지 말라. 언론은 적이다. 기성 주류사회도 적이다. 교수들도 적이다.(Never forget: The press is the enemy. The Establishment is the enemy. The professors are the enemy.)"

닉슨이 1972년 12월 14일 백악관 집무실에서 헨리 키신저 국가안보보좌관과 알렉산더 헤이그(Alexander M. Haig, 1924~2010) 부보좌관에게 건넨 말이다. 베트남전쟁에 대한 부정적인 여론에 화가 나서 한 말인데, 그는 특히 "교수들은 적"이라고 거듭 강조한 뒤 "칠판에 이 말을 100번 옮겨 적은 뒤 결코 잊지 말라"고 덧붙이기까지 했다.

이 대화는 논란이 많았던 하노이와 하이퐁(Hải Phòng)에 대한 미국의 대대적인 폭격 4일 전에 이뤄졌다. 닉슨은 이날 대화에서 "우리는 크리스마스 기간에 그들에게 폭격을 시작해 1월 3일까지 지속할 것"이라고 말했다. 북베트남에 협상을 통한 베트남전쟁 해결을 강요하기 위해 재개된 이 폭격에 대해 훗날 키신저는 '닉슨이 내린 고독한 결단'이었다고 말한 적이 있다. 하지만 이날 대화에서 키신저는 닉슨에게 "그들에게 우리가 간단치 않다는 것을 확신시켜야 한다"고 맞장구를 쳤다. 닉슨 연구가인 루크 니키터는 "미국 역사상 가장 비밀스러운 정부였던 닉슨 정권이 백악관 대화 내용을 녹음한 테이프가 공개되면서 연대기적으로 가장 잘 정리되는 정부로 남았다는 건 역설이 아닐 수 없다"고 말했다.(김영식 2008)

닉슨의 그런 거친 발언은 비난을 받아 마땅하지만 한 가지 이상한 점이 눈에 띈다. 『워싱턴포스트』의 경우를 보자. 이 신문은 그 어떤 기준으로건 과도할 정도로 케네디와 유착했다. 반면 닉슨이 『워싱턴포스트』의 사주인 캐서린 그레이엄(Katharine M. Graham, 1917~2001)을 백악관 만찬에 초대했을 때, 그녀는 초대에 응하지 않았다. 캐럴 펠센탈(Carol Felsenthal)은 『권력, 특권 그리고 워싱턴포스트(Power, Privilege, and the Post)』(1993)에서 이미 그때부터 닉슨과 『워싱턴포스트』와의 전쟁은 시작되었으며, 닉슨이 『워싱턴포스트』의 고위 관계자들과 친분을 유지했더라면 워터게이트 사건은 결코 터지지 않았을 것이라고 주

장한다.(배병삼 1993)

　나중에 밝혀진 바에 따르면, 이 당시 닉슨은 유태인들의 언론 장악에 대해 심각하게 우려했다고 한다. 물론 『워싱턴포스트』도 유태인 언론으로 간주한 것이다. 닉슨의 비서실장 H. R. 할데만(Harry R. Haldeman, 1926~1993)은 1972년 2월 1일자 일기에 "유태인들의 완전한 언론매체 점령으로부터 파생되는 심각한 문제들에 대한 많은 논의가 있었다"면서, "성경에 사악한 유태인들이 있다는 말이 있고 또 빌리 그레이엄 목사도 이들 사악한 유태인으로부터 문제가 생긴다는 강력한 느낌을 갖고 있었다"고 썼다.(조선일보 1994)

'제왕적 대통령'

역사학자 아서 슐레진저 2세(Arthur M. Schlesinger, Jr., 1917~2007)는 1973년에 출간한 『제왕적 대통령(The Imperial Presidency)』에서 리처드 닉슨을 겨냥해 '제왕적 대통령'이란 말을 썼다. 슐레진저 2세 (Schlesinger 1973)는 대통령이 외교와 내정 모두에서 의회의 권력을 압도하는 현상을 가리켜 "전대미문(前代未聞)의 백악관 권력집중이며 헌법적 대통령을 국민투표적 대통령으로 변형하려는 전대미문의 시도"라고 규정하면서, 국가가 직면하고 있는 근본적인 문제는 '대통령 권력의 확대와 남용'이라고 주장했다.

　이 말을 믿어야 할까? 언론, 기성 주류사회, 교수들을 적으로 삼아 투쟁을 벌이는 대통령이 '제왕적 대통령'이라니 뭔가 좀 이상하지 않은가? 게다가 슐레진저 2세는 민주당 행정부에 직접 참여하기도 했던 골수 민주당파가 아닌가. 공화당파인 정치학자 새뮤얼 헌팅턴은 전혀 다른 의견을 내놓았는데, 이는 지식인들 간 당파싸움인가? 헌팅턴 (Huntington 1999)은 "드러난 권력은 약화된 권력이다, 은폐된 권력은 강화된 권력이다"라는 논리로 '제왕적 대통령론'을 다음과 같이 반박한다.

"대통령이 지나치게 강력하다고 사람들이 믿는다면, 이는 대통령이 그 정도로 강력하지 않거나 그의 권력이 퇴조하고 있다는 증거다. 강력한 권력은 잘못으로 간주되기 때문이다. 대통령의 권력이 실제로 강할 때, 여론은 그것이 지나치게 강하다고 생각하지 않는다. 대통령의 권력이 쇠퇴할 때 여론은 그것이 과도하다고 생각한다."

공정한 입장에서 보자면 '제왕적 대통령론'은 '세계 패권국가'라고 하는 미국의 위상과 관련된 구조적인 측면을 지적했다고 볼 수 있겠다. 즉, 미국 대통령이 미국은 물론 세계의 안보를 지키겠다고 나설 경우 미 국민은 당파적 입장을 초월해 대통령에게 지지를 보내는 경향이 강하고, 이는 미국 내 3권 분립을 위협할 수 있다는 것이다. '제왕적 대통령론'의 핵심 원리를 다른 나라에 적용한다면 '제왕적 대통령'은 의회나 정당과 같은 제도를 우회하여 대중매체를 통해 국민을 직접 상대함으로써 막강한 권력을 누리는 대통령을 가리킨다고 말할 수 있다.

영웅 숭배주의와 지역주의

더 넓게 보자면 '제왕적 대통령론'은 대통령에게 과도한 기대를 거는 대중의 '영웅 숭배주의'의 문제와 맞닿아 있다. '대통령의 영웅화'는 지금도 계속되고 있으며, 이는 대통령에 대한 미국인들의 과잉 기대에서 잘 드러나고 있다. 칼럼니스트 로버트 사무엘슨(Robert Samuelson 2004)은 미국인들은 대통령이 번영을 가져다줄 것으로 가정하지만, 불행하게도 진실을 확률로 따지면 16분의 1 정도라고 말한다. 그렇다면 '제왕'은 백악관에 있는 게 아니라 미국인들의 마음속에 있는 셈이다. 이와 관련해 역사학자 하워드 진(Howard Zinn 2001a)은 다음과 같이 말한다.

"미국의 역사교육에서는 부자와 권력 있는 사람―정치지도자, 기업가 등―의 행적을 강조한다. 교실 수업은 흔히 대통령에게 집중된다. 교사들이 널리 사용하는 책 가운데 하나는 역대 대통령의 초상화가 벽에 가득 걸려 있고 그것을 바탕으로 역사과목을 가르치는 한 교실의 예를 감탄스럽게 소개한다. 우리 미국인은 정치지도자를 신처럼 떠받들고 도처에 초상화를 내걸고 동상을 세우는 다른 나라 사람을 비웃곤 한다. 그러나 우리 문화에서는 대통령의 더없이 사소한 행동을 대단히 중대한 일인 양 간주한다."

정치컨설턴트 딕 모리스(Dick Morris 2002)는 "미국은 역사적으로 군주제를 경험해보지 못했기 때문에 재미있는 오락거리는 할리우드에서 찾으려 하는 반면, 백악관에서는 위대한 지도자를 기대하는 경향이 있다"고 말한다. 그래서 미국 대통령은 그런 기대에 부응하기 위해 '연기'를 하지 않을 수 없는 입장에 처하게 된다.

미국의 제3대 대통령 토머스 제퍼슨(Thomas Jefferson, 1743~1826)은 대통령이라는 자리를 '화려한 불행'이라 했고, 제7대 대통령 앤드루 잭슨(Andrew Jackson, 1767~1845)은 '위엄 있는 노예생활'이라고 했다. 작가 존 스타인벡(John Ernst Steinbeck, Jr., 1902~1968)은 "우리는 대통령에게 도저히 한 사람이 해낼 수 없는 일과, 도저히 한 사람이 감당할 수 없는 책임과 도저히 한 사람이 견뎌낼 수 없는 압박을 주고 있다"고 말했다.(McCullough 2002)

어찌 생각하면 대통령제란 인간이 고안해낸 우스꽝스러운 제도임에 틀림없지만, 사람들은 대통령제에 대해 매우 진지하다. 대통령들도 늘 더 많은 권력을 요구하고 있다. 그런 대통령 중의 한 명이었던 닉슨에게 '제왕적 대통령'이란 딱지가 어울리지 않을 건 없지만, 그렇게 따진다면 존 F. 케네디도 그 굴레에서 빠져나가기 어렵다.

지역주의 문제도 비켜가기 어렵다. 닉슨의 동부 기득권 세력에 대한 반감은 개인적인 원한이라기보다는 남부 캘리포니아에서 플로리다에 이르기까지 이른바 '서던 림(Southern Rim)' 지역의 주민들이 갖고 있는 생각이라는 주장도 있다. 닉슨은 지역 정서를 정치적 자원으로 활용한 대표적 정치인인데, 다만 그것이 지나쳐 자신의 파멸을 초래할 정도로 수단과 방법을 가리지 않은 게 문제였을 뿐이라는 시각이다.(Sale 1975)

어떤 것에 더 무게를 두느냐는 각자의 노선과 취향에 따라 다르겠지만, 미국에서건 한국에서건 '제왕적 대통령론'이 정략에 따라 오·남용되고 있다는 점만은 분명하다. 사실상 '제왕적 대통령'을 바라는 유권자들의 '지도자 대망론'은 외면한 채 논의가 이루어지고 있다는 점도 그런 오·남용 혐의를 짙게 만든다.

참고문헌 Huntington 1999, Kessler 1982, McCullough 2002, Morris 2002, Sale 1975, Samuelson 2004, Schlesinger 1973, Zinn 2001a, 김영식 2008, 배병삼 1993, 조선일보 1994

새로운 텔레비전 리얼리즘
'인구통계학' 과 ENG 카메라

'적합성' 드라마와 '스핀 오프'

CBS 텔레비전의 사장 로버트 우드(Roobert Wood)는 CBS의 체질과 이미지를 개선하는 이른바 '현대화 작업' 의 일환으로 1969년 당시 시청률이 매우 높은 프로그램들을 일시에 폐지했다. 당시로서는 놀라운 일이었다. 왜 그랬을까? CBS의 주요 프로그램들이 주로 노인층 및 중하층 시청자들에게 큰 인기를 얻고 있는 상황을 우려했기 때문이다. 그런 종류의 시청자들은 구매력이 낮아 광고주들로부터 환영을 받지 못하거니와 CBS의 이미지에도 부정적인 영향을 미칠 거라는 판단에서였다. 우드(Wood 1985)는 훗날 "만약 그때 그 조치가 없었더라면 CBS는 1970년대에 큰 타격을 받았을 것이다" 라고 회고했다.

텔레비전 편성에 시청자의 구매력을 감안하는 이런 '인구통계학 (demographics)' 의 도입은 1970년대에 본격적으로 이루어지는데 ABC-

TV는 아예 이와 관련된 보고서 제목을 「어떤 사람은 다른 사람들보다 더 중요하다(Some people are more valuable than others)」로 붙였다.(Croteau & Hoynes 2001)

인구통계학의 적용은 미국 텔레비전의 새로운 리얼리즘을 도래하게 했다. 무엇보다도 구매력이 강한 계층을 대상으로 한 이른바 '적합성(relevancy)' 드라마 붐이 일었다. 주로 20대와 30대의 시청자들을 겨냥하여 제작된 적합성 드라마는 현실적인 인물, 성숙한 주제, 솔직한 대화 등의 요소를 갖추었다. 또 적합성 붐의 일환으로 의사나 변호사들의 삶을 소재로 삼는 이른바 '직업 드라마' 들도 각광을 받았다.

'적합성' 드라마의 대표작으로는 CBS가 1971년 1월부터 방송한 〈올 인 더 패밀리(All in the Family)〉라는 홈 코미디 시리즈를 들 수 있다. 시나리오 작가 노먼 리어(Norman M. Lear)가 1960년대 말에 시안(試案)을 짜 ABC와 접촉했지만 거절당해 우여곡절 끝에 CBS의 전파를 타게 된 시리즈였다. 1970년대 내내 가장 인기 있는 텔레비전 프로그램이 된 〈올 인 더 패밀리〉의 주인공 아치 벙커(Archie Bunker)는 무식하고 큰소리로 떠드는 화물 노동자다. 그는 반(反)흑인, 반히스패닉, 반노동조합, 반동성애, 반여성, 반정부 등 당시의 모든 우익의 관점과 가치를 신봉하는 인물로 그려졌다. 공식석상에서는 뭐라고 떠들건 보통사람은 실제 생활에서 이와 같지 않은가? 벙커의 일거수일투족은 리얼리즘 그 자체였다.

그래도 세상에서 보는 눈이 있으니 '코믹' 으로 포장할 필요는 있었다. 매주 텔레비전에서는 그의 고루함과, 반항의 1960년대를 상징하는 그 자녀들이 지닌 진보적 급진주의가 코믹하게 대조를 이루었다.

이 프로그램에 대한 반응도 양극을 달렸다. 어떤 사람들은 격렬하게 분노했지만 어떤 사람들은 재미있어 미칠 지경이었다.

시어도어 로작(Theodore Roszak 2004)은 "아치 벙커는 지적이고 책을 많이 읽고 대학교육을 받은 중산층 미국인들이 경멸하는 모든 것들의 표상이었다. 진보적 자유주의자들이 놀림감으로 삼기에 안성맞춤이기도 했다"며 다음과 같이 말한다.

"그러나 미국의 진보적 자유주의자들은 현실 세계에 얼마나 많은 아치 벙커들이 살고 있는지, 그들이 얼마나 아치 벙커와 같은 생각을 하며, 건방지고 잘난 체하는 아이들로부터 아치 벙커들이 얼마나 큰 충격을 받고 분개하는지를 미처 생각하지 못했다. 미국 정부가 열심히 일하는 백인 노동자들을 희생시키고 있다고 보고, 그런 정부의 태도에 분노를 퍼붓는 아치 벙커의 모습은 많은 미국 가정들 사이에 폭넓은 공감을 불러 일으켰다. 마침내 레이건이 싸울 준비를 마친 아치 벙커들의 대변인으로 나서자 그들의 분노는 현실에서 표출됐다. 정부를 후려치고 소수인종을 경멸하고 국기를 흔들고 세금을 줄이라고 하고 어려움에 빠진 백인들을 추켜세우는 극우익 후보들, 특히 카우보이처럼 보이는 후보들에게 진심에서 표를 던진 유권자들은 다름 아닌 노동계급이었다. …… 레이건은 미국 사회의 수면 밑에서 끓어오르고 있던 불안과 불안정의 심리를 잘 이용했다."

매우 높은 시청률을 기록한 〈올 인 더 패밀리〉는 등장인물들을 따로 떼어내 독립적인 드라마를 만드는 이른바 "스핀오프(spin-off)"를 또한 번 유행시켰다. 원래 버라이어티 쇼에서 시작된 스핀오프는 이미 1960년대 중반에 CBS의 〈비벌리 힐빌리즈(The Beverly Hillbillies)〉가 큰 성공을 거두었던 전략으로, 고정 시청자를 상당 부분 그대로 물려받는다는 장점을 갖고 있었다.(Castleman & Podrazik 1982)

PTAR과 '펜타곤 마케팅'

어떻게 해서든 시청자들을 끌어 모으기 위한 네트워크 방송사들의 집요함은 상대적으로 지역방송을 낙후시키는 결과를 낳았다. 1970년대 초반에 이르러 지역방송은 네트워크들의 번영과는 달리 네트워크의 "중계소"로 전락해가고 있었다. 이에 FCC는 3대 네트워크 과점체제를 타파하고 지역방송국들의 로컬편성비율을 늘려주기 위해 1971년 9월 13일 주시청시간 접근규칙인 PTAR(Prime Time Access Rule)을 선포했다. 이 규정에 따라 네트워크들은 가맹사들에게 오후 7시부터 8시까지의 시간을 할당하고 오후 8시부터 11시까지 3시간의 주 시청시간을 확보했다.

그러나 FCC의 기대는 곧 빗나가고 말았다. FCC는 1시간을 지역방송사들에 부여함으로써 지역정보 프로그램, 건전한 어린이 프로그램 그리고 독립제작사들이 제작한 수준 높은 드라마들이 방영되길 원했지만, 결과는 값싼 게임 쇼의 범람으로 나타나고 말았다. 제작능력이 부족하고 수익에 신경을 쓰는 지역방송사들은 제작이 용이하고 수익성이 높은 프로그램으로 퀴즈쇼를 선택한 것이다.

한편 1971년 초에 방영된 CBS의 다큐멘터리 〈펜타곤 마케팅(The Selling of the Pentagon)〉은 방송 저널리즘의 한계를 둘러싼 뜨거운 논쟁을 불러 일으켰다. 이 프로그램은 국방성의 연간 홍보예산이 1억 9000만 달러나 된다는 점을 시사하면서 국민의 세금이 쓸데없는 일에 낭비되고 있다고 비판한 것이었다. 국방성은 이 프로그램이 "반미국적"이라고 비판했으며 부통령 스피로 애그뉴도 "군부에 대한 교묘하고 사악한 공격"이라고 쏘아붙였다.(Hammond 1981)

이 프로그램의 내용에 분노한 일부 매파 위원들은 편집기술을 문제삼아 프로그램관련 자료제출을 CBS에 요구했다. 이를 거부한 CBS 사장 프랭크 스탠턴(Frank Stanton)을 의회 모독죄로 고발했으나 CBS 가맹사들이 각 지역별로 의원들에 대해 강력한 로비를 전개함에 따라 하원 표결에서 226대 118로 부결되고 말았다. 『뉴욕타임스』는 만약 비밀 투표였다면 스탠턴의 의회모독죄 징계 안은 5대 1의 비율로 가결되었을 것이라고 보도했다. 후일 업계전문지 『버라이어티(Variety)』는 스탠턴을 의회모독죄로 고발하지 않는 조건으로 CBS가 백악관의 보도에 협조하겠다는 "거래"가 있었다고 폭로했다. 한동안 "언론자유의 승리"로 예찬되어온 이 사건은 사실상 '언론자유' 보다는 네트워크 텔레비전의 막강한 로비 능력을 입증한 사건이었다.(Friendly 1976, Mickelson 1972, Smith 1973)

네트워크 텔레비전의 위력은 미국 내에만 한정된 건 아니었다. 이미 1960년대 중반 미국의 텔레비전 프로그램의 해외수출량은 나머지 모든 나라들의 수출량의 2배가 넘어섰다. 핀란드의 신문방송학자 타피오 바리스(Tapio Varis 1974)는 1971년부터 텔레비전 프로그램의 국제유통을 본격적인 연구주제로 삼기 시작했으며, 곧 뒤이어 다른 학자들도 이 분야에 대한 연구에 몰두하게 됨에 따라 미국의 "텔레비전제국주의(picture-tube imperialism)"는 새로운 형태의 문화침투로 널리 인식되었다.(Read 1976, Tunstall 1977, Wells 1972)

ENG와 '미니캠 멘털리티'

시청률 경쟁을 경영이념으로 삼는 네트워크 사업은 문화사업일까? 경제전문지 『포춘』은 1972년 이 질문에 대한 결론을 내렸다. 『포춘』은 "산업적(industrial)"이라는 개념을 수정하면서 네트워크들이 이제 자동차나 세탁기를 만드는 제조업체들과 똑같은 '8분류 항목'에 속하게 되었다고 발표했다. 이는 네트워크 매출액이 웬만한 거대기업에 비해 뒤지지 않을 만큼 성장했다는 점을 시사했다. 실제로 『포춘』이 발표한 미국의 "500대 기업"에는 CBS가 102위, ABC가 163위로 기록되었다. NBC를 포함한 RCA는 18위였다. CBS는 CBS 방송, CBS 레코드, CBS 출판, CBS 컬럼비아(악기, 장난감, 도매업) 등 4개 그룹을 거느린 복합커뮤니케이션 기업이었지만 전체 수입의 반 이상을 방송에서 벌어들이고 있었다.

이런 사실에 주목했는지 여부는 알 수 없지만, 1973년 대니얼 벨(Daniel Bell)은 『탈산업사회의 도래(The Coming of Post-Industrial Society)』에서 서비스 분야가 발전하면서 인간 사이의 커뮤니케이션과 대면(對面) 그리고 이 과정에서 일어나는 '개인이 자아를 변화하거나 변화를 거부하는 식의 대응'이 오늘날 직접적 관계의 중심축이 되었다고 주장했다. 이에 따라 이른바 '감정노동(emotional labor)'을 하는 인구도 점점 늘어간다.(Hochschild 2009)

1972년 시즌에서 가장 특기할 만한 오락 프로그램은 CBS의 〈매시(M*A*S*H)〉였다. 한국전쟁을 배경으로 이동병원(M*A*S*H; Mobile Army Surgical Hospital)에서 일어나는 군의관들의 생활을 섹스를 섞어 코믹하게 다룬 이 드라마는 이후 7년간 늘 시청률 10위권에 드는 인기

(위)한국전쟁 3년간 미군 육군이동외과병원의 이야기를 코믹하게 그려낸 〈매시〉. 1972~1983년간 11개 시즌, 251편으로 구성됐다. (아래)사고로 한쪽 팔과 눈, 양 다리를 생체공학 기계로 대체한 스티브 오스틴(리 메이저스 분, 왼쪽)의 첩보활약상을 다룬 〈600만 달러의 사나이〉.

프로그램으로 군림하면서 미국인들의 한국에 대한 이해에 큰 영향을 미쳤다. 1973년 시즌에는 ABC의 〈600만 달러의 사나이(Six Million Dollar Man)〉가 방영되기 시작했으며 이 프로그램은 이후 5년간 큰 인기를 누리면서 스핀오프 전략에 따라 〈바이오닉 우먼(Bionic Woman)〉이라는 프로그램을 낳았다.

1972년 방송 저널리즘의 최대 사건은 뉴스 취재와 송출 과정을 혁명적으로 단축시킨 ENG(electronic news gathering) 카메라의 도입이었다. ENG는 휴대용 텔레비전 카메라와 비디오카세트 레코더를 결합한 시스템으로 종래의 필름 카메라 대신에 비디오테이프를 사용해 그 신호를 스튜디오에 직접 보낼 수 있는 기동성과 동시성으로 뉴스 제작에 혁명적인 변화를 가져왔다. ENG 사용에 가장 앞장섰던 CBS는 1972년 10월 대통령 특별보좌관 헨리 키신저가 베트남 평화교섭에 관한 성명을 발표하는 기자회견을 즉각적으로 보도함으로써 ENG의 위력을 한껏 과시했다.

ENG는 '즉각성' 뿐만 아니라 '생산성'과 '경제성' 측면에서도 방송사에게 더할 나위 없는 '효자'였다. ENG에 의한 뉴스 제작비용은 이전에 쓰던 비용의 거의 절반 수준으로 떨어졌다. 이렇듯 ENG는 방송 저널리즘의 혁명이자 축복이었지만, 그 부작용이 없진 않았다. 우선 기자의 독립성이 위협받았다. ENG를 통해 뉴스 현장을 지켜보는 보도국 간부들이 기자에게 "이렇게 하라, 저렇게 하라" 지시를 내리는 '빅 브라더'로 군림할 수 있었기 때문이다. 더욱 큰 문제는 뉴스가 깊이보다는 속도를 우선시하는 방향으로 치닫기 시작했다는 점이다.(Keirstead 1978) 그래서 1970년대 후반에는 ENG에 대한 다음과 같·

ENG는 기동성이 높다는 장점 때문에 야외취재와 생방송에 유용하게 쓰였다.

은 비판이 등장한다.

"미니캠 멘털리티(minicam mentality)라고 하는 새로운 멘털리티가 텔레비전 뉴스를 침범한 것 같다. 그 멘털리티는 뉴스 가치나 비용의 유효성 여부에 관계없이 모든 방송국이 전 전자식(all-electronic)으로 가야 한다고 주장하는 멘털리티다. …… 바로 이 이상 멘털리티 때문에 생긴 〈톱뉴스 20〉 식의 뉴스 보도가 뉴스 프로그램을 헤드라인 서비스로 전락시키고 말았다. …… 시청자를 얕잡아 보는 이 멘털리티는 보통 시청자의 관심의 시간 폭(attention span)은 8초이며 시청자들은 정규 뉴스 시간에 커버될 수 있는—이왕이면 생방송으로— 모든 천재지변, 돌발사고, 살인사건 들을 몹시 갈망하고 있다고 가정하고 있다. …… 이 멘털리티는 한 방송국의 베테랑 기자들을 반 이상 파면하고 ENG로 뉴스 취재과정을 기계화 하고 컴퓨터화 하여 기자는 마이크 끝에 매달린 꼭두각시에 지나지 않게끔 만드는 것이 바람직하다고 여기고 있다. 중요한 공중 서비스를 수행하는 저널리스트로서 뉴스 캐스터의 유효성이 평가되기보다는, 뉴스 캐스터의 스크린 퍼스낼리티에 대한 시청자들의 영상 인성반응을 재는 해괴한 스킨 테스트(skin test)를 통해 보도능력이 평가되는 것도 바로 이 얼빠진 미니캠 멘털리티 때문이다. …… 그런데도 여전히 ENG를 지지하는 야단법석은 수그러들지 않고 있다."(Barrett 1978)

뮌헨올림픽 인질사건

뉴스 경쟁에서 늘 한참 처진 3위를 면치 못하던 ABC는 1972년 9월 초순 팔레스타인 테러리스트들이 이스라엘 선수들을 인질로 억류했던 이른바 '뮌헨올림픽 인질사건'을 충실하게 보도함으로써 ABC가 방송 저널리즘에 있어서도 NBC 및 CBS와 어깨를 나란히 할 수 있는 상대임을 과시했다.

'뮌헨올림픽 인질사건'은 어떤 사건이었던가? 1967년 6월 이스라엘이 이집트 등 주변 아랍 국가들과 벌인 이른바 '6일전쟁(Six-Day War)'에서 거둔 승리는 전 유태인들의 자긍심을 한껏 높인 사건이었지만, 이후 양쪽의 갈등은 심화되었다. 뮌헨올림픽이 중반을 넘긴 1972년 9월 5일 새벽 팔레스타인의 극좌단체인 '검은 9월단(BSO; Black September Organization)' 소속의 테러리스트 8명이 이스라엘 선수촌을 습격했다. 이들은 현장에서 2명의 선수를 살해하고 9명을 인질로 잡는 데 성공했다. 이스라엘이 억류하고 있는 팔레스타인 수감자 200명과 독일·일본의 적군파(赤軍派; 좌익 군사 조직) 요원들을 석방하고 안전한 탈출을 보장하라는 요구 조건이 나왔다. 테러범들은 4시

'검은 9월단'의 책임자 알리 하산 살라메(왼쪽)와 독일 적군파 '바더-마인호프'의 수배전단. 두 단체는 서로를 지지했다. © Bundeskriminalamt

간 안에 요구조건이 관철되지 않으면 30분에 1명씩 인질을 살해하겠다고 위협했다. 서독 정부는 이 요구조건을 놓고 이스라엘 정부와 협의를 시작했지만, 골다 메이어(Golda Mabovitz, 1898~1978) 이스라엘 총리는 테러리스트들의 요구를 한 가지도 들어줄 수 없다고 거부했다.

테러범들은 결국 서독 정부와 협상을 벌여 이집트로 탈출하기로 했다. 서독 정부는 이집트행 항공기를 공군기지에 대기시켜 놓고 선수촌에 헬기를 보냈지만 중간에 테러범들을 제압한다는 계획을 세웠다. 우여곡절 끝에 탈출이 불가능하다는 것을 안 테러범들은 인질들이 타고 있던 헬기에 수류탄을 투척했다. 순식간에 인질 9명이 모두 죽고 테러범 5명이 사살됐다. 3명은 생포했지만 작전은 완전히 실패였다.

즉각 보복에 착수한 이스라엘은 시리아·레바논의 팔레스타인 캠프를 폭격하고 특수부대를 동원해 테러에 가담한 '검은 9월단' 관련자들은 끝까지 추적해 세계 곳곳에서 이들을 살해했다.(유신모 2009)

잠재의식 광고 논쟁

1973년 광고계의 이슈 중 하나는 잠재의식 광고(subliminal advertising)였다. 잠재의식 광고를 최초로 거론한 사람은 밴스 패커드(Vance Packard, 1914~1996)다. 앞서(8권 5장) 본 바와 같이, 그는 1957년 베스트셀러 『숨겨진 설득자(The Hidden Persuaders)』에서 소비자들이 인식하지 못하는 사이에 광고에 조종당하게 하는 광고계의 실태를 폭로했다. 그는 특히 당시 미국 광고에 사용되고 있던 동기조사(motivational research)를 분석하면서 프로이트에 기초한 미디어 조작이론을 제시했다.(Emery & Emery 1996, 김응숙 1998, 김철규 2001)

패커드는 영화나 텔레비전 화면의 순간적인 이미지는 그 간격이 너무 짧아서 관객들은 그 장면들을 분명히 인식하지 못하지만, 관객들에게 영향을 미칠 수 있다고 주장했다. 예컨대, 관객들은 영화 속에 삽입된 아이스크림의 순간적 이미지를 보았다는 사실을 인식하지 못했음에도 불구하고 극장에서 아이스크림 판매는 급격하게 증가했다는 것이다. 패커드는 이런 광고를 잠재의식 광고라고 불렀다.(Neuman 1995)

이 잠재의식 광고를 본격적인 이슈로 만든 사람은 윌슨 브라이언 키(Wilson Bryan Key, 1921~2008)다. 그는 1973년에 출간한 『잠재의식의 유혹(Subliminal Seduction)』이라는 책에서 광고나 제품에 매재물(埋在物)을 넣는 매몰기법(埋沒技法)을 고발했다. 매재물은 사람이나 사물

제품 한가운데에 쓰인 'E' 위에 'S'자 모양의 물결이 보인다. S부터 아래 글자들을 차례로 읽어보라. ⓒ Evan7878

의 윤곽이 배경에 섞여 있어 지각하기 어렵게 된 모호한 그림 형태를 말한다. 광고의 얼음 조각 속에 성적 이미지를 숨긴다거나 'sex'와 같이 심리적 충동을 일으킬 수 있는 단어들을 제품이나 광고에 집어넣는다는 것이다. 키는 수천 가지의 잡지 표지와 광고, 뉴스 사진 등을 검토한 끝에 거기에 삽입되는 단어의 종류를 여덟 가지 발견했다고 주장했다. 가장 많은 단어는 'sex'였다. 하다못해 아이들이 먹는 리츠 크래커 (Ritz crackers)에도 양면에 'sex'가 모자이크되어 있다는 것이었다.

키는 공포영화 〈엑소시스트(The Exorcist)〉(1973)에도 서브리미널 컷이 삽입되어 있다고 주장했다. 미국에서는 이 영화를 보고 많은 사람들이 졸도하거나 구토를 하는 바람에 이 영화가 상영된 도시의 병원 응급실에는 수십 명의 환자가 발생했는데, 그 이유가 바로 순간 노출기를 이용해 48분의 1초 동안 보여준 서브리미널 컷에 담긴 무서운 얼굴 때문이었다는 것이다.

"영화가 진행되는 동안 여러 차례 갑작스러운 섬광이 보이면서 카라스 신부의 얼굴이 잠시 동안 커다란 풀 스크린의 데스마스크(death mask)를 쓴 귀신처럼 나타난다. 얼굴은 번들거리는 흰 빛인데다 피처럼 붉은 쭉 찢어진 입 그리고 그 얼굴은 하얀 두건 혹은 장막으로 가려져 있다."

키는 문제의 서브리미널 컷이 여러 군데에 삽입된 것을 한 극장에서 간접적으로 확인했는데, 제작사인 워너브러더스는 키의 확인 요청을 거부했다. 키가 극장에서 찍은 사진을 책에 사용하겠다는 데 대해서도 법적 조치를 취하겠다고 경고했다. 키는 잠재의식 자극용 시각적 기교로 사용된 서브리미널 컷을 관객의 3분의 2는 지각하지 못했고 3분의 1은 지각했다고 밝히면서 이렇게 말했다.

"이 책을 쓰게 된 동기가 된, 조사 연구의 과정에서 발견해낸 가장 의미심장한 사실 중 하나는 오늘날의 문화—특히 다이내믹한 미국 문화—가 공장 제조품이라는 것이다. 그리고 미디어는 바로 그 공장이다. 인간은 방대한 물질주의적 테크놀로지를 창조해냄으로써 그들이 환경을 컨트롤할 수 있다는 착각(illusion)까지도 창조해냈다. 이러한 착각으로 인해 인간은 무의식이 개입되는 지배력이나 영향력에 대해 허약하게 스스로를 노출하게 되었다."

그러나 키는 잠재의식적 자극을 이용한 교육법은 찬성한다고 말했다. 그 테크닉을 적용하기 전에 학생들에게 그 사실을 분명하게 알린다는 조건하에서 괜찮다는 것이다. 그런 테크닉을 이용하여 이 세상을 우리가 원하는 그 어떤 형태로도 만들 수 있다는 희망까지 피력했다.

논란의 소지가 있는 희망이지만, 그의 '잠재의식 광고' 주장도 이후 논란에 휘말렸다. 키가 자신의 발견에 꽤 흥분한 나머지 '오버' 하긴 했다. 예컨대 그는 "길베이(Gilbey) 청바지를 사는 사람들에게 주어지는 잠재의식의 약속은 난교 파티와 다름없다"고까지 주장했다. 이런 주장이 설득력을 떨어뜨리긴 했지만, 찬반양론이 팽팽한 가운데 논란은 오늘날까지도 계속되고 있다.

광고 전문가인 더글러스 러슈코프(Douglas Rushkoff 2000)는 자신의 광고계 경력을 강조하면서 키의 주장을 이렇게 부정한다. "광고가 기획되는 순간부터 본격적인 광고로 등장하기까지의 모든 과정에 관여했던 한 사람으로서 그리고 카피라이터로부터 예술감독, 인쇄전문가에 이르기까지 광고업에 종사하는 모든 사람을 알고 있는 전문가로서 나는 적어도 잘나가는 광고 기획사에서는 그런 잠재의식에 호소하는 광고를 절대로 만들 수 없다고 단언하는 바이다. 어떻게 '성적 자극을 부추길 수 있는' 이미지를 얼음 조각이나 팔꿈치에 표현할 수 있겠는가? 소문은 소문에 불과할 뿐이다."

반면 윌슨 브라이언 키의 책을 읽고 충격을 받아 미국에 유학해서 잠재의식 광고만 연구했다는 요코이 신지(1996)는 잠재의식 광고는 왕성하게 이루어지고 있다고 주장한다. 미국인들도 대다수가 잠재의식 광고의 존재를 믿고 있다. 1993년의 한 여론조사 결과에 따르면, 잠재의식 광고에 의한 대중 심리 조작이 이루어지고 있다고 대답한 미국인이 전체 응답자 가운데 74퍼센트가 넘었으며 그 가운데 72퍼센트의 사람들이 잠재의식 광고는 효과가 있다고 응답했다. 잠재의식 광고 논란을 어떻게 보건, 이미 1970년대부터 인간의 모든 의식이 마케팅의 공략 대상이 되는 세상이 전개되었다는 것만큼은 분명하다.

여성의 기본권으로 인정받은 낙태

텔레비전도 새로운 리얼리즘을 추구하겠다고 나섰고, 광고계도 인간의 모든 의식을 마케팅의 공략 대상으로 삼는 전투성을 보인 상황에

2009년 낙태 반대자들의 워싱턴 행진 모습. '로 대 웨이드' 판결은 오늘날에도 민감한 정치 이슈다.

서, 여성이 그런 리얼리즘과 전투성의 수혜를 누리지 못한다는 게 어디 될 말인가. 1973년 여성운동사의 한 페이지를 장식해도 좋을 기념비적인 연방대법원 판결이 나왔다. 그간 미국에서 낙태 반대자들은 '친 생명(Pro-life)'을 구호로 내세우고 낙태 찬성자들은 '친 선택(Pro-choice)' 또는 '자유 선택(Free Choice)' 구호로 내세우며 격렬하게 싸워왔는데 이에 대한 심판이 내려진 것이다.

텍사스의 여성 노마 맥코비(Norma L. McCorvey)는 독신으로 살다가 아이를 갖자 낙태를 원했지만 텍사스는 낙태가 법으로 금지돼 있기에 하는 수 없이 아이를 낳아 입양시켰다. 그러고 나서 텍사스의 낙태금지법을 뒤엎을 심산으로 댈러스 지방검사 헨리 웨이드(Henry M. Wade, 1914~2001)를 상대로 소송을 제기했다. 그녀는 사생활을 보호받

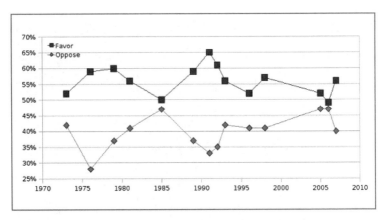

'임신 3개월까지의 낙태에 합법을 선언한 대법원 결정'에 대한 찬반 설문조사 결과.

고 싶다는 소망에 따라 제인 로(Jane Roe)라는 이름으로 법정투쟁을 벌였다.

1973년 1월 22일 연방대법원은 '로 대 웨이드(Roe v. Wade)' 판결에 서 7대 2의 표결로 임신 3개월 이전의 자발적 낙태를 금하는 것은 위 헌이라고 판결했다. 더불어 임신 6개월 동안의 낙태 금지에도 제한을 가했다. 낙태가 여성의 기본권으로 인정된 역사적인 판결이었다. '친 선택' 진영은 기쁨을 표현한 반면, '친 생명' 진영은 분노와 경악의 비명을 질러댔다. 그 비명은 중국 공산당이 낙태를 지지하는 것을 들 어 '친 선택' 진영을 '구찌 볼셰비키(Gucci Bol' sheviks)'로 부르면서 불그스름하게 물들이려는 시도로 발전하기도 했다.(Vanderford 1989)

그럼에도 '로 대 웨이드' 판결 이후 16년 동안 미국에서는 이 판결 의 영향으로 낙태 허용 판결이 연이어 내려졌다. 그러나 레이건 시대 에 대법원이 낙태 반대파로 채워지면서 1989년 여름 연방대법원은 '웹스터 대 출산보건청(Webster v. Reproductive Health Services)' 사건에서 5대 4의 표결로 미국 각 주에 낙태권에 제한을 가할 수 있는 권한을 부여했다. 그런데 흥미롭게도 '로 대 웨이드' 판결의 주인공인 맥코비는 1998년 기독교로 개종하면서 낙태 지지운동과 완전 결별을 선언했다.

이 낙태 문제는 두고두고 미국 정치 지형을 복잡하게 하는 이른바 '단일 이슈 정치(single issue politics)' 의 선봉이 된다. '단일 이슈 정치' 란 특정 소수 집단이 자신들의 열악한 처지를 타개하기 위해 한 가지 이슈에만 '올인' 하면서 다른 이슈들을 그 메인 이슈에 종속시키는 것을 의미한다. 그래서 메인 이슈에 대한 의견만 같다면, 또는 메인 이슈를 실현할 수 있는 출구만 열린다면, 이념적으로 자신의 정반대편에 있는 정치세력과 연대·연합하기도 한다. 심지어 극우와 극좌가 연합하는 경우도 있다. 서정갑(2001)은 "단일쟁점 집단은 그들이 추구하는 좁은 이익이나 그것과 직접적으로 관련된 것 이외에는 아무런 관심이 없다" 며 다음과 같이 말한다.

"이들은 타협을 기피한다. 타협한다면 아마 집단이 붕괴될 것이다. 그들의 이익과 목적은 타협이나 협상할 성질의 것이 못된다. 1960년대의 베트남전쟁을 반대하는 집단이나 1973년 대법원의 Roe v. Wade 판결 이후 낙태수술을 반대하는 집단으로 생명권 보호를 위한 중앙위원회라든가 태아의 생명권을 주장하는 집단 같은 것이 대표적인 예이다."

'단일 이슈 정치' 는 앞서 말한 '정체성 정치' 의 산물이다. 인터넷을 앞세운 정보화가 더욱 진척되면서 이젠 거대집단들도 '단일 이슈 정치' 를 하는 사례가 크게 늘고 있다. 정보화가 '1극 집중' 을 심화한 탓이다. 따지고 보면 새로운 텔레비전 리얼리즘을 촉발시킨 '인구통계학' 도 '정체성 정치' 의 요소인 셈이다.

참고문헌 Adler 1979, Barrett 1978, Bittner 1981, Castleman & Podrazik 1982, Croteau & Hoynes 2001, Davis 2004, Emery & Emery 1996, Friendly 1976, Gladwell 2005, Hammond 1981, Hochschild 2009, Jowett 1983, Keirstead 1978, Key 1973 · 1992 · 1994, Klein 2002, Lake 1984, Mankiewicz & Swerdlow 1978, Mickelson 1972, Neuman 1995, Newcomb 1974, Newsweek 1971, Pritchard 2008, Railsback 1984, Read 1976, Rifkin 2001, Roszak 2004, Rushkoff 2000, Smith 1973, Tunstall 1977, Vanderford 1989, Varis 1974, Wells 1972, Wilson 1971, Wood 1985, 김웅숙 1998, 김철규 2001, 모리 켄 2008, 방송문화진흥회 1990, 서정갑 2001, 요코이 신지 1996, 유신모 2009, 한국미국사학회 2006

"산티아고에 비가 내린다"
칠레 아옌데 정권의 전복

"산티아고에 비가 내린다"

칠레(Chile)라는 나라 이름은 잉카어의 한 갈래인 아이마라어로 '대지
가 끝나는 곳'이란 뜻이다. 그 이름이 시사하듯, 칠레는 세계에서 제
일 긴 나라다. 국토의 길이가 4260km나 되며 폭은 평균 177km로 전체
면적은 한반도의 3.6배에 이른다.

칠레의 유명한 독재자 아우구스토 피노체트(Augusto José Ramón
Pinochet Ugarte, 1915~2006)의 집권 기간은 칠레의 국토 길이만큼이나
길다. 공식 집권 기간은 17년이었지만, 그는 대통령직에서 물러난
1990년 이후에도 오랫동안 칠레의 군부를 실질적으로 지배했다. 피노
체트의 집권은 어떻게 가능했던가?

1970년 9월 살바도르 아옌데(Salvador Isabelino Allende Gossens,
1908~1973)는 역사상 최초로 선거에 의한 사회주의 정권을 출범하는 데
에 성공했다. 닉슨 대통령은 이 선거 결과를 존중한다고 공개적으로

VENCEREMOS

SOLIDARITÄT MIT DEM VOLK CHILES

DDR
25+5

살바도르 아옌데는 대기업의 국유화와 농업개혁 등 사회주의적 정책을 펴는 데 앞장섰다.

밝혔지만, 실은 CIA에 "아옌데가 집권하지 못하도록 저지하든가 권좌에서 축출"하는 작업을 허용했다. 키신저는 "나는 어떤 나라가 단순히 그 국민들이 무책임하다는 이유만으로 맑시스트 국가가 되도록 놔둬야 하는지 이해할 수가 없다. 다양성의 한계를 설정하는 주체는 라틴아메리카의 유권자들이 아니라 미국의 지도자들이다"라고 주장했다.(Hunt 2007)

미국은 아옌데 정부를 전복하기 위한 쿠데타 음모를 지원했지만, 칠레군 최고사령관 레네 슈나이더(René Schneider Chereau, 1913~1970)는 정치 개입을 거부했다. 이에 미국은 미국 대사도 모르게 칠레 군부 내 극우파를 매수해 슈나이더를 납치하려는 계획을 세웠다. 슈나이더는 1970년 10월 19일 납치 암살 시도를 피했으나 10월 22일에 다시 저격당해 25일에 사망했다. 그가 암살된 사건이 CIA의 공작으로 밝혀지자 칠레 국민은 격노했고 칠레 의회는 아옌데 당선을 비준했다. 그러나 이로서 끝이 아니었다. CIA는 아옌데 정권을 무너뜨리려고 지속적인 공작을 감행했다.(Gaddis 2010, Hitchens 2001)

1971년 칠레의 소설가 아리엘 도르프만(Vladimiro Ariel Dorfman)과 사회학자 아르망 마텔라르(Armand Mattelart)는 『도널드 덕 어떻게 읽을

것인가: 디즈니 만화로 가장한 미 제국주의의 야만(How to Read Donald Duck: Imperialist Ideology in the Disney Comic)』이라는 책을 출간해 디즈니 만화영화 주인공들이 미국의 이데올로기를 남미 어린이들의 의식 속에 알게 모르게 주입시켜 남미 혁명의 싹을 잘라버리고 있다고 주장했다. 이 책은 100만 부 이상 팔렸다.(Dorfman & Mattelart 2003, 이재호 1995)

이렇듯 칠레에는 반미 무드가 고조되었지만, 아옌데 정권은 결국 3년 만에 쿠데타로 무너지고 말았다. 이 최후의 모습은 〈산티아고에 비가 내린다(Il Pleut Sur Santiago)〉(1975)라는 영화로 잘 묘사되었다. 아옌데의 최후는 영화만큼이나 드라마틱하다.

1973년 9월 11일 오전 8시 30분 피노체트가 이끄는 군부의 쿠데타 음모가 칠레 국민에게 공식적으로 알려졌다. 아옌데는 한 시간 후 유일하게 기능하고 있던 친정부 계열의 라디오 방송을 통해 국민에게 마지막 메시지를 전했다. 그는 결코 사임하지 않겠다는 결의를 밝혔지만 "이 아옌데가 혁명의 이념에 충실하고자 했던 점만은 분명히 기억해주시기 바랍니다"고 말함으로써 사실상 대국민 유언을 남겼다.

쿠데타군은 아옌데의 투항을 권유하면서 11시까지 기다리겠다고 전했다. 아옌데는 자신의 참모들과 경호 병력에겐 "나를 여기 남겨두고 투항하라"고 권했지만 그들은 아옌데와 최후를 같이하겠다고 했다. 아옌데의 두 딸만 대통령궁을 빠져나갔을 뿐이다.

아옌데는 헬멧과 방독면을 쓰고 방탄조끼를 입었다. 그리고 쿠바의 카스트로가 자신에게 선물로 준 반 자동소총을 집어 들었다. 그 총에는 "투쟁의 동지이자 친구인 살바도르에게"라는 문구가 새겨져 있었다. 그 총으로 무엇을 막아낼 수 있었겠는가. 쿠데타군은 전폭기까지 동원해 대통령궁을 폭격하기 시작했다. 아옌데는 "나도 뒤따라 갈 테니 먼저 나가라"며 자신의 부하들에게 투항을 명령했다. 그의 부하들이 백기를 내걸고 일렬로 손을 들고 투항했지만 아옌데의 모습은 끝내 보이지 않았다.

아옌데는 죽었다. 자살일까, 피살일까? 아직도 풀리지 않은 의문이다. 아옌데의 최후를 직접 지켜봤다는 주치의는 아옌데가 반자동 소총으로 자신의 목을 쏘아 자살했다고 했지만, 그 말을 믿지 않는 사람이 많다. 자살이냐 피살이냐 하는 건 아옌데의 적과 지지자들 모두에게 매우 중요한 상징적 의미를 갖는 만큼, 쿠데타군이 아옌데의 자살을 어떻게 해서든 주장해야 할 이유가 크다고 보기 때문이다. 그러나 자살이라 한들 아옌데의 장렬한 최후가 지닌 의미가 훼손되는 건 아닐 게다.

피노체트와 '시카고 보이스'

이 쿠데타는 최소 5000명에서 1만 5000명의 사망자를 낸 것으로 추정될 만큼 20세기 라틴아메리카에서 가장 잔혹한 쿠데타였다. 물론 중남미 지역에서 일어난 대부분의 쿠데타가 그러하듯, 이 쿠데타 역시 미국 CIA가 짜준 시나리오에 따른 것이었다. 자국의 '뒷마당'인 중남미에서만큼은 사회주의 정권을 용납하지 않겠다는 미국의 무서운 집념은 정말 알아줘야 하겠다.

쿠데타로 정권을 잡은 모든 군사정권들이 그러하듯이, 피노체트는 경제 발전을 통해 쿠데타의 정당성을 획득하려 했다. 중남미에서 좌익 정권은 미국의 집요한 방해 공작만으로도 경제에 큰 어려움을 겪기 때문에, 미국이 버티고 있는 한 극우 군사정권은 좌익 정권에 비해 경제에서 일단 유리한 고지를 차지하게 돼 있었다.

피노체트도 예외는 아니었다. 그의 치하에서 칠레 경제가 꽤 나아졌다고 평가하는 데에 이의를 제기하는 사람은 거의 없다. 경제에 대해 아는 바가 전혀 없는 피노체트는 이른바 '시카고 보이스(Chicago boys)' 로 불린 미국 시카고대학 출신 경제학자들에게 경제를 맡겼다. '시카고 보이스' 는 시카고대학에서 어떤 교육을 받았을까?

2차 세계대전 이후 미국 경제학계에서 주류를 점하고 있었던 이론은 폴 새뮤얼슨(Paul A. Samuelson, 1915~2009)과 제임스 토빈(James Tobin, 1918~2002)으로 대표되는 '신고전학파 종합(the Neoclassical Synthesis)' 이었다. 이 학파는 케인즈의 이론을 받아들여 시장에 정부가 적극 개입해야 한다는 입장을 표명했기 때문에 소위 '케인지언(Keynesian)' 이라 불렸다. 하버드나 예일대학과 같은 미 북동부 명문대학들이 시장에 대한 정부의 개입을 주장하는 케인지언들의 집합장소였다면, 철저하게 시장경제를 신봉하는 자유주의 경제학의 메카는 시카고대학이었다. 이 대학에서 우리가 흔히 알고 있는 '시카고학파' 가 탄생되었으며, 그 선봉에는 1946년부터 1982년까지 오랫동안 시카고 대학 교수로 재직한 밀턴 프리드먼(Milton Friedman, 1912~2006)이 있었다. 오스트리아 출신의 프리드리히 하이에크(Friedrich A. Hayek, 1899~1992)는 1950년에서 1962년까지 시카고대학 교수로 재직 중 프리드먼과 교유하면서 '시카고학파' 의 형성에 적잖은 영향을 미쳤다.

한때 마약 및 매매춘을 공인하라고 부르짖어 사람들을 당혹케 한 프리드먼이 1962년에 출간한 『자본주의와 자유(Capitalism and Freedom)』는 그해에만 50만 부가 팔려나가는 베스트셀러가 되었다. 프리드먼은 1960년대와 1970년대에 정계와 긴밀한 관계를 유지했다. 1964년에는 배리 골드워터(Barry M. Goldwater, 1909~1998)의 대통령 선거유세에서 자문역을 맡았으며, 리처드 닉슨 대통령의 자문역도 맡았다. 피노체트는 프리드먼의 그런 정치적 역량에도 주목했을 것이다.

1975년 3월 프리드먼은 피노체트의 초대를 받아 칠레를 방문했다. 그는 피노체트 정권을 인정한다는 뜻은 아니라고 했지만 언론은 그의 방문을 비판했다. 그는 피노체트에게 자유시장 방식의 자본주의를 도입하라고 권유했다. 프리드먼은 1976년 노벨경제학상을 수상하면서 세계적인 명성을 얻었으니, 그의 주장은 이후 더 큰 설득력을 지녔을 게 분명하다.

칠레의 '시카고 보이스'는 홍보 감각이 탁월했다. 그들은 프리드먼은 물론 그들의 또 다른 사상적 대부라 할 하이에크를 여러 차례에 걸쳐 칠레로 불러들였다. 그들의 국제적인 명성과 권위에 기대어 자신들이 추진하는 경제정책의 정당성을 인정받으려 했던 것이다. 물론 프리드먼과 하이에크는 '시카고 보이스'에게 전폭적인 지지를 보내주었다. 그러나 프리드먼은 후일 '시카고 보이스'의 정책이 칠레 경제에 초래한 결과에 대해 자신에게는 어떠한 책임도 없다고 했으며 피노체트와의 관계에 대해서도 완전히 부정했다. (우에노 이타루 외 2003)

빈부격차와 인권탄압

이후 칠레에서는 어떤 일이 벌어졌는가? 로버트 라이시(Robert B.

Reich 2008)에 따르면 "피노체트는 프리드먼의 자유시장 충고를 받아들였지만, 그의 잔혹한 군부독재 정권은 그 후 15년 동안이나 지속되었다. 두 사람은 2006년 말쯤 몇 주일의 간격을 두고 각각 세상을 떴다. 세상의 모든 국가들 중에서, 미국은 자본주의와 민주주의가 손에 손을 잡고 간다는 이상을 가장 잘 보여주는 나라로 여겨진다. 그러나 프리드먼이 칠레를 방문한 이후 세월이 흐르면서 그와 같은 관계는 균형을 잃었다. 자유시장의 자본주의는 승리했지만 민주주의는 오히려 퇴보했다."

피노체트 치하에서 칠레가 일정 부분 경제적 성공을 거둔 건 분명하지만, 그 실상은 국제사회에서 다소 때로는 터무니없이 과장되게 알려졌다. 소련의 『프라우다(Pravda)』는 피노체트와 인터뷰하면서 "어떻게 하면 소련이 '한 수' 배울 수 있겠느냐"는 질문을 던지기까지 했다.

문제는 극심한 빈부격차였다. 피노체트 치하에서는 총 인구의 30퍼센트가 절대 빈곤 상태에 놓여 있었다. 극우와 극좌를 모두 배격한다는 한 칠레 언론인의 다음과 같은 말이 칠레 경제 성장의 본질을 잘 말해주고 있는지도 모르겠다. "아옌데 정권 시절에는 돈이 있어도 물건을 살 수가 없었다. 그러나 피노체트 통치하에서는 사고 싶은 물건은 산더미처럼 쌓여 있는데 주머니가 비어 있었다."

빈부격차 이상으로 심각한 문제는 가혹한 인권탄압이었다. 최근 공개된 미국 정부 문서들은 이 인권탄압의 선두에도 미국 CIA가 있었음을 밝혀주고 있다. 황성환(2006)의 해설에 따르면 "(CIA는) 인도네시아에서 쿠데타 직후 수하르토에게 500여 명의 살생부를 건넨 것과 마찬

가지로, 칠레에서도 쿠데타 하루 전날인 1973년 9월 10일, 좌파 지도자 3000명을 포함하여 학생, 민중운동가, 소작농 등 총 2만여 명의 살생부를 쿠데타 세력에게 넘겨주었다. 이에 따라 피노체트 등의 군 지휘부는 쿠데타를 일으킨 후 일주일간 모든 공항과 항만을 봉쇄한 채 말 그대로 킬링 필드를 재연했다."

피노체트(사진)는 퇴임 후 전범으로 간주되어, 국제소추를 거쳐 칠레 법원으로 사건이 옮겨 갔다. 그러나 잔존세력의 반발 등으로 인해 시간을 끌다가 피노체트가 사망해 재판은 열리지 못했다.

피노체트는 집권 초기 5년간 반정부 인사를 무자비하게 탄압하는 이른바 '더러운 전쟁'을 벌였으며, 1978년 이 전쟁을 수행하는 과정에서 손에 피를 묻힌 군인과 정보원 모두에게 책임을 묻지 않는다는 사면령을 발표했다. 피노체트 집권 기간 중 살해된 사람은 3만 5000명, 실종자는 5만여 명에 이르렀다. 유엔인권위원회가 칠레 정부의 인권탄압 행위에 대해 15차례에 걸쳐 항의했을 정도로 피노체트 치하의 인권 탄압은 상상을 초월했다.

피노체트는 열렬한 박정희 숭배자였다. 김용삼(1996)의 주장에 따르면, 피노체트는 한국의 유신 헌법을 연구하기 위해 장군급 무관을 한국에 파견했으며 실현되지는 못했지만 한국 방문을 열렬히 원했고, 1979년 박정희 대통령 사망 당시 칠레의 전 관공서에 조기를 걸고 애도하라는 지시를 내렸다고 한다.

석유 파동

아옌데 정권이 전복된 지 채 한 달도 안된 1973년 10월 6일, 이스라엘과 이집트 간에 터진 4차 중동전쟁의 여파는 전 세계의 국제관계에 묘한 결과를 초래했다. 아랍 산유국이 1973년 10월에 석유수출을 동결하고, 1974년 1월에 석유가를 4배로 인상한 이른바 석유 파동이 일어났기 때문이다.

이는 산유국의 입장에서 보면, 제3세계도 단합하면 제1세계를 얼마든지 곤경에 몰아넣을 수 있다는 것을 실증해보인 사건이었다. 그래서 사미르 아민(Samir Amin 1979) 같은 종속이론가는 "유가인상은 국제관계 역사에 있어서 일대 전환점이었다. 그 전환점이라는 의미는 제3세계가 그들의 권리가 아니라 바로 그들의 힘을 인식했다는 것이다"라고 평가했다.

그러나 제3세계 국가들이 모두 산유국은 아니잖은가. 이 석유 파동은 기름 한 방울 나지 않는 한국 같은 나라에는 가공할 공포로 다가왔다. 10월 16일 원유값은 70퍼센트나 올랐고 12월 23일에는 다시 128퍼센트 인상되었다. 국제 원자재가도 덩달아 뛰었다.

배럴당 1달러 75센트 하던 원유값이 2년도 못 되는 사이 배럴당 10달러까지 다섯 배 이상 치솟았으니 기름 한 방울 안 나는 나라에서 그 충격이 얼마나 컸겠는가. 정부는 유류 공급을 17퍼센트 줄이고 제한적으로 송전 조치를 단행했다. 공장들은 일제히 조업 단축에 들어갔다. 11월 8일자 신문들에 실린 다음과 같은 대형 기사의 제목들은 당시 상황을 잘 말해주고 있다. 「차량, 난방유류 5퍼센트 절감」「걷기운동」「대낮 소등 생활화」「광고 네온사인 규제」「목욕탕 신규허가 억제」「관광, 레저여행도 규제」「계속 악화되면 택시 풀제 등 2단계 조치 실시」. 거리에는 가로등이 꺼졌고, 상점의 네온사인도 꺼졌다. 밤거리는 어두워져 사람들은 서둘러 귀가했으며 가정에서도 전등을 한 등씩만 켰다.(오원철 1997, 홍하상 2001)

한국보다는 훨씬 나은 처지였지만, 미국인들은 평소 석유를 흥청망청 써왔기에 이들이 느낀 충격은 한국 못지않게 컸다. 윌리엄 카노크(William Knoke 1996)에 따르면 "휘발유를 사려고 늘어선 사람의 줄이 몇 블록이나 이어지기도 했다. 사람들은 분노했고 더러는 감정을 못이겨 총까지 쏘는 사태가 일어나 적지 않은 사람이 죽었다. 항공사와 운송회사들이 도산했고 전기제품은 무용지물이 되어버렸다. 경제속도란 개념이 생겼고 에너지 절약을 위한 법안이 마련되었다. 시 외곽에서 통근하던 사람들은 직장을 버리고 좀 더 집에서 가까운 새 일자리를 구했다. 대형 승용차와 이동 주택차의 값이 갑자기 떨어졌다. 이같은 사태들의 발생 원인은 사실 유가 인상이 아니었다. 문제의 본질은 낮은 원유가라는 전제하에서 움직였다는 점이다. 그러다 갑자기 이 전제가 흔들렸고 서구 사람들의 생활방식에 예상치 못했던 변화가 덮쳐온 것이었다. 그런데 또 뜻하지 않게 원유가가 제자리를 찾았다. 사람들은 그 근본적인 이유를 생각지 않고 이 문제를 잊게 됐다."

심리적 충격은 미국이 더했을지 몰라도, 석유 파동 와중에 죽어나는 건 한국처럼 기름 한 방울 나지 않는 나라들이었다. 1974년 3월 석유수출국기구(OPEC)가 원유가를 3개월간 동결하겠다고 발표해 한숨 돌리긴 했지만, 한국에서 그 파동의 영향은 1974년에 물가가 42.1퍼센트나 인상되는 최악의 결과로 나타났다.(주태산 1998)

이후 역사가 말해주지만 "유가인상은 국제관계 역사에 있어서 일대 전환점"이라는 사미르 아민의 주장은 허풍이거나 희망사항일 뿐이라는 사실이 드러난다. 산유국들은 못사는 제3세계를 배반하기 때문에 어떤 의미에서건 "제3세계가 그들의 권리가 아니라 바로 그들의 힘을 인식했다"는 평가는 허공에 뜨고 만다.

참고문헌 Amin 1979, Dorfman & Mattelart 2003, Gaddis 2010, Hitchens 2001, Hunt 2007, Knoke 1996, Reich 2008, 김용삼 1996, 송기도 · 강준만 1996, 오원철 1997, 우에노 이타루 외 2003, 이재호 1995, 주태산 1998, 홍하상 2001, 황성환 2006

워터게이트 사건
리처드 닉슨의 대통령 사임

백악관, 『워싱턴포스트』에 사과하다

워터게이트 사건이 본격적인 조사 대상이 되면서 세인의 주목을 받게 된 건 사건이 발생한 지 약 8개월 만인 1973년 2월 7일이었다. 닉슨재선위원회의 불법 행위와 부정자금, 정치적 속임수에 대한 소문이 도는 가운데 바로 그날 샘 어빈(Sam Ervin) 상원의원을 위원장으로 하는 닉슨 선거운동에 관한 특별조사위원회가 설치되었다.

조사를 한 지 2개월여 만에 닉슨 진영의 사건 진상에 대한 은폐 시도가 드러났다. 4월 30일 닉슨은 텔레비전 연설에서 워터게이트 사건에 백악관이 관련되었다는 사실을 은폐한 것을 전혀 몰랐다고 강조했다. 닉슨은 법률고문 존 딘(John W. Dean III)을 해고했으며, 보좌관 H. R. 할데만, 존 얼리크먼(John D. Ehrlichman, 1925~1999), 리처드 칼인딘스트 등은 사임했다.

5월 1일 백악관 대변인 로널드 지글러(Ronald L. Ziegler, 1939~2003)는

사임 직후 백악관을 떠나는 비행기에 오른 닉슨. 그는 워터게이트 사건으로 정계에서 퇴장하게 된다.

그간 이 사건을 보도해온 『워싱턴포스트』와 이 신문의 두 기자 밥 우드워드(Bob Woodward)와 칼 번스타인(Carl Bernstein)을 비난해온 것에 대해 공식 사과했다. 그럴 만도 했다. 그간 지글러는 『워싱턴포스트』의 워터게이트 보도를 '천박한 저널리즘(shabby journalism)'이니 '인격 암살(character assassination)'이니 하는 거친 표현으로 비난했기 때문이다.(Wicker 1975)

지글러는 비단 『워싱턴포스트』뿐만 아니라 모든 언론과 치열한 전쟁을 해왔다. 닉슨 시절 공보보좌관을 지낸 데이비드 거겐(David Gergen 2002)에 따르면 "워터게이트 위기가 정점에 달했던 동안 나는 때때로 백악관 브리핑실로 달려 내려가 대변인 지글러와 기자들 사이의 설전을 지켜보곤 했다. 서로 폭언을 퍼부어댔고, 거의 짐승들의 힘 대결이나 다름없었다. 기자들은 때로 비명에 가까운 고함을 질렀고,

밥 우드워드(왼쪽)와 칼 번스타인 기자.

대변인인 지글러도 목구멍이 찢어져라 응수했다. 기자들은 백악관에
서 일하는 사람들을 총통을 위해 물불을 안 가리는 나치스의 돌격대
원쯤으로 생각하는 모양이었다."

　5월 7일『워싱턴포스트』의 워터게이트 보도에 퓰리처상 수상이 결
정되었다. 이 신문의 편집국장을 지낸 벤저민 브래들리(Benjamin C.
Bradlee 1997 · 1997b)는 회고록『멋진 인생: 신문 만들기와 다른 모험들
(A Good Life: Newspapering and Other Adventures)』(1995)에서 "이 사건은
단순 절도 사건으로 그대로 묻힐 수도 있었다. 그러나『워싱턴포스

트』의 에너지와 우드워드·번스타인의 끈기와 취재력이 워터게이트의 진실을 밝혀 역사적인 사건으로 기록되게 됐다. 하지만 무엇보다 인상 깊었던 것은 사주인 그레이엄 여사의 용기였다"며 다음과 같이 말한다.

"워터게이트 사건 초기 그레이엄 여사는 수도권부로 내려와 우리가 지금 무슨 짓을 하고 있는지 아느냐고 묻곤 했다. 하루는 그녀가 '이 이야기가 그렇게 엄청난 것이라면 다른 언론들은 왜 침묵하고 있느냐'고 묻기도 했다. 그러나 그녀도 곧 확신을 갖게 됐고 매일 밤 한두 번씩 내려와 내일 나갈 기사가 무엇이며 우드워드와 번스타인에 대해서도 세심한 주의를 기울였다. 그녀는 워터게이트 사건 기간 내내 동료 언론인들은 물론 정치인들의 압력과 공갈에도 결코 굴하지 않고 버텼다. 그녀는 그러한 배짱을 인정받아 '불알 달린 여자(Ballsy Woman)'라는 별로 아름답지 못한 별명을 얻게 됐다. 『워싱턴포스트』 신문 자체로서는 이미 미국의 저명인사와 정치인들 사이에 『뉴욕타임스』와 동등하게 입에 오르내리는 영광을 안았다. 『뉴욕타임스』만이 아닌 『뉴욕타임스』와 『워싱턴포스트』. 이류지의 편집국장으로 시작한 나의 숨은 욕심은 워터게이트 사건 내내 이것이었다."

애그뉴의 사임과 닉슨 탄핵

1973년 5월 17일부터 시작된 37일간의 워터게이트 청문회는 전 미국인의 이목을 집중시킨 거대한 미디어 이벤트가 되었다. 5일째 되던 날 텔레비전 중계를 시청한 인구는 미국 전 가구의 73.2퍼센트에 이르렀다. 스타급 증인들이 나와 새로운 사실들을 증언하면서 워터게이트

중계방송은 흥미진진한 드라마가 되었다.(Barrett 1975)

1973년 6월 25일 전 대통령 법률고문 존 딘은 어빈 위원회에서 닉슨이 워터게이트 사건 은폐에 관련돼 있다고 증언했다. 7월 16일 백악관 보좌관 알렉산더 버터필드(Alexander P. Butterfield)는 어빈위원회에서 닉슨이 1971년 자신의 집무실 안에서 이루어지는 모든 대화를 비밀리에 녹음하는 녹음장치를 설치했다고 폭로했다. 닉슨의 몰락에 결정타를 던진 폭로였다. 아이러니컬하게도 이 녹음 시스템은 닉슨이 역사에 자신의 위상을 새겨줄 회고록을 쓸 때 사용하기 위해 설치한 것이었다. 그의 입장에서 보자면 자신의 '영웅 콤플렉스' 가 빚은 재앙이었다.(Ridings & McIver 2000)

이제 워터게이트 사건에 대한 언론의 관심은 '폭발' 이라고 표현하는 게 어울릴 정도였다. 예컨대, 1973년 5~7월 동안 3일만을 제외하고 워터게이트 사건은 매일 『뉴욕타임스』의 전면을 장식했다.(Huntington 1999)

엎친 데 덮친 격으로 1973년 10월 11일 부통령 스피로 애그뉴가 비리 스캔들로 사임했다. 메릴랜드 주지사 시절 뇌물을 받은 게 문제가 되었지만, 부통령직에서 사임하고 재판 받을 권리를 포기하는 대신 2만 9000달러의 조세포탈을 인정하는 선에서 정치적 해결을 본 것이다. 애그뉴는 감옥에 들어가지 않을 수 있었지만 3년간의 감시 없는 집행유예 형에 벌금 1만 달러를 추징당했다. 또 메릴랜드 주정부는 그의 변호사 자격을 박탈했고, 애그뉴가 받은 뇌물에 그동안의 이자를 합산한 금액인 26만 8482달러를 회수했다.

이 사건은 이례적으로 매우 신속하게 처리되었는데, 그럴 만한 이유가 있었다. 존 누난(John T. Noonan 1996)에 따르면 "당시 닉슨 대통령을 비난하는 워터게이트 사건이 점점 더 고조되고 있었고, 만약 애그뉴를 그대로 내버려두었다간 그가 닉슨의 뒤를 이어 대통령이 될지도 모른다는 아주 난처한 상황이 전개될 수 있었다. 법무장관은 이런 어처구니없는 상황을 피하기 위해 유죄답변거래(피고 측이 유죄를 시인하거나 다른 사람에 대한 증언을 하는 대가로 검찰 측이 형을 가벼운 죄목으로 다룬다는 흥정) 협상을 재빨리 벌여서 마무리 지었다. 법무장관이 과단성 있게 형의 감량을 제안했기 때문에, 애그뉴 측에서 응해온 것이었다."

애그뉴의 남은 부통령 임기를 채우기 위한 부통령 선출은 1967년에 만들어진 수정헌법 25조의 규정에 따라 대통령이 부통령을 지명하고, 연방의회 양원의 인준을 받는 방식으로 이루어지게 돼 있었다. 사람 좋은 걸로 유명한 하원의장 제럴드 포드(Gerald R. Ford, 1913~2006)가 민주당이 지배적인 의회에서 전폭적인 지지를 받아 선출됐다. 포드는 12월 6일 부통령에 취임했다.

왜 닉슨은 포드를 택했을까? 포드 역시 닉슨이나 애그뉴처럼 어렵게 살아온 자수성가형 인물이었다. 고교 시절 미식축구 선수를 지낸 포드는 체육장학금을 받아 들어간 미시간대학 재학 시절 식당 종업원으로 일하고 지역병원에 피를 파는 등의 방법으로 부족한 학비를 보탰다. 그는 예일대학에 미식축구 코치로 취직했다가 예일 로스쿨을 졸업해, 1948년부터 미시간 주 제5선거구 하원의원에 12번이나 당선되었다. 포드는 하원에서 뛰어난 인간관계로 인기를 누렸는데, 당시에는 "사람들과 잘 사귀어야 출세한다(Those who go along get along)"

는 속담이 유행이었다고 한다.(Greenstein 2000)

워터게이트 사건은 점점 더 파국을 향해 치닫고 있었다. 10월 20일 닉슨은 문제의 녹음 테이프를 요약해서 제출하자는 타협안을 거부하고 테이프 제출을 줄기차게 요구한 워터게이트 특별검사 아치볼드 콕스(Archibald Cox, Jr., 1912~2004)의 해임을 명했다. 그러나 법무부장관 엘리엇 리처드슨(Elliot L. Richardson, 1920~1999)은 콕스를 해임하는 대신 자신이 사퇴했고, 차관보에서 법무장관이 된 윌리엄 루켈사우스(Willian D. Ruckelshaus) 역시 사퇴를 택했다. 결국 로버트 보크(Robert H. Bork)가 법무장관 직무대행이 되어 콕스를 해임하는 데 동의했다. 이 사건은 '토요일 밤의 학살'로 불렸다. 이 사건이 있고 3일이 지난 후 대통령 탄핵을 위한 22가지 결의안이 연방 하원에 제출되었다.

1974년 1월 4일 닉슨은 상원 워터게이트위원회에서 500건의 테이프와 문서 등을 제출하라는 소환장을 받자 '행정부의 특권'을 내세워 이를 거부했다. 그러나 7월 24일 대법원은 전원 일치로 대통령은 콕스의 뒤를 이어 특별검사에 임명된 레온 자워스키(Leonidas Jaworski, 1905~1982)가 요구하는 테이프를 제출해야 한다고 판결했고, 판결 8시간 만에 백악관은 판결에 승복한다고 발표했다. 7월 27일 하원 법사위원회는 닉슨에 대한 2개 조항의 탄핵안을 승인했다. 첫째 조항은 사법권 행사 방해, 둘째는 대통령 취임 선서를 반복하여 위반했다는 것이었다. 사흘 뒤 셋째 조항이 추가되었는데, 그것은 위원회의 소환장을 무시한 위헌 행위였다.

8월 5일 닉슨은 텔레비전 연설에서 수석보좌관과의 대화가 담긴 테이프 복사본을 공개했다. 테이프에는 워터게이트 침입사건 엿새 뒤에

배웅을 나온 제럴드 포드(왼쪽)를 향해 닉슨이 악수를 청하고 있다.

닉슨이 FBI의 사건조사를 중지하라고 명령하는 내용이 녹음되어 있었다. 닉슨은 지난 번 연설에서 이 정보를 빠뜨리는 '중대한 실수'를 했다고 시인했다. 이제 더 이상 빠져나갈 구멍이 없어지고 말았다. 심지어 닉슨의 충성파로부터도 사임 요구가 나왔다. 8월 7일 밤 닉슨은 아내와 딸들이 여기서 물러서지 말라고 격려하자 한바탕 울음을 터뜨리고 말았다.

닉슨의 사임과 포드의 사면

1974년 8월 8일 닉슨은 결국 대통령 사임을 발표했다. 이는 텔레비전 연설 후 공화당 의원들이 탄핵과 유죄 판결 가능성에 대해 닉슨에게 경고한 뒤에 나온 것이었는데, 닉슨은 사임 연설에서 여전히 항변하는 듯한 도전적인 자세를 드러냈다. 8월 9일 닉슨은 사임하고 부통령 제럴드 포드가 8월 10일 제38대 대통령에 취임했다. 그는 선거를 통하지 않고 부통령과 대통령이 된 최초의 미국인이 되었다. 포드는 취임식 연설에서 다음과 같이 말했다. "오랫동안 우리 국민을 괴롭히던 악몽은 끝났습니다. 우리의 헌법은 효력을 발휘할 것입니다. 우리의 위대한 미합중국은 사람이 아닌 법의 정부입니다. 이제는 국민들이 다스립니다."

곧 포드 대통령의 현안으로 닉슨의 사면 문제가 떠올랐다. UPI통신의 백악관 출입기자 헬렌 토머스(Helen Thomas 2000)에 따르면 "포드는 취임 선서를 한 지 이 주 후에 첫 대통령 기자회견을 개최했다. 첫 번째 질문으로 나는 그에게 닉슨을 사면할 것인지 사법처리 할 것인지를 물었다. 그의 대답은 애매했다. 이 기간 동안 닉슨의 딸과 사위들은 영부인 베티 포드와 백악관 직원들에게 전화를 걸어 고통에 시달리는 닉슨을 사면해달라고 탄원했다."

9월 8일 포드는 "대통령 재임 시에 범했거나 혹은 범했을지 모를, 또는 연루되었거나 연루되었을 모를 미합중국에 대한 닉슨의 모든 범죄를 완전히 사면" 했다. 이 사면은 엄청난 반발을 불러일으켰다. 포드의 언론 담당 비서이자 오랜 친구인 제럴드 테르호스트(Jerald F. terHorst, 1922~2010)마저도 포드의 결정에 항의하고 사퇴했다. 백악관

포드(왼쪽)가 대법원장 워런 버거 앞에서 대통령 취임 선서를 하고 있다.

근처를 지나는 운전자들은 경적을 울려댔다. 발표 직후 포드의 지지도는 16퍼센트나 하락했다. 이 반발과 더불어 워터게이트 사건의 여파로 민주당은 1974년 중간선거 시 상하원에서 압도적 승리를 거둔 이후 장장 20년간 의회를 지배하게 된다. 그 과정에서 다시 공화당의 와신상담(臥薪嘗膽)이 시작된다.

포드가 부통령으로 넬슨 록펠러(Nelson A. Rockefeller, 1908~1979)를 택했을 때, 많은 보수주의자들이 분노했다. 록펠러는 배리 골드워터를 공격했던 자유주의자로 여겨졌기 때문이다. 보수주의 운동가인 리처드 비규리(Richard A. Viguerie 1981)는 "나는 포드가 에드워드 케네디를 부통령으로 택했더라도 그보다 더 분노하진 않았을 것이다"라고 말했다. 비규리는 즉각 영향력 있는 보수주의자 친구들을 불러 모아

애완견 '리버티(Liberty)'를 곁에 두고 오벌 오피스에서 집무 중인 포드.

새로운 운동을 전개하기로 했다. 그게 바로 '신우파 운동(New Right Movement)'의 출발이다. 이 운동은 1980년 대선에서 로널드 레이건의 승리로 결실을 맺게 된다.

포드는 닉슨과는 정반대의 인물이었다. 그는 호인이며, 대통령을 꿈꾸었던 사람도 아니었다. 그의 최대 야망은 하원의장이었고 그 꿈을 이루었기에 1976년 63세의 나이로 정계를 은퇴하려고 마음먹고 있었다. 그가 대통령 취임 직후 새로운 정책의 제시 없이 기본적으로 닉슨의 국내외 정책을 따른다고 발표한 것이나 헨리 키신저를 포함하여 닉슨의 사람들을 그대로 쓴 것도 그런 이유 때문이었을 것이다. 비상시기에 '무능하다'고 낙인찍힐 만한 충분한 조건을 갖춘 셈이다.

그래서 그의 한계를 지적하면서도 '인간 포드'에 대해서는 좋게 말하는 기자도 당연히 있었다. 헬렌 토머스(Helen Thomas 2000)는 "워터게이트 사건의 여파가 아직 남아 있었을 때, 포드 부부는 한 줌의 신선한 공기와도 같았다. 우리는 포드가 자신의 아침 식사를 준비하는 모습이라든가, 대통령이 되길 결코 갈망하지도 기대하지도 않았던 그의 남다른 사교적인 세세한 일면에 대한 기사를 썼다"며 다음과 같이 말한다.

"그들 부부는 백악관에서의 브리핑 시간에 기자들에게 우호적이었다. 닉슨 같았으면 발표하지 않았을 난처한 일들—포드 대통령이 전용 헬리콥터에 타거나 내릴 때 발부리에 걸려 넘어지거나 머리를 자주 문에 부딪치는 경향이 있다는 것, 발을 헛디뎌 경미한 사고의 희생자가 되곤 한다는 것은 비밀이 아니었다—도 항상 발표됐다. 모든 것을 감안할 때, 포드는 호인이었고 가십 기사의 대상이 되기도 했다. 그는 나와 AP통신 기자를 대통령 별장, 즉 언론인들에게는 금지된 영역이었던 신성불가침의 캠프 데이비드에서 기자회견을 하도록 허락한 유일한 대통령이다. 우리 모두는 평상복 차림으로 따뜻한 벽난로 앞의 안락한 소파에 앉아 대통령과 대담을 가졌다."

"왜 세상은 나만 미워하는가"

"미국 역사상 남북전쟁과 베트남전쟁 이후 워터게이트 사건만큼 책이 많이 쓰인 예도 드물다. 이 특별한 사건에 관련된 사람치고 자신의 관점을 담은 책 한 권 내지 않은 사람이 없었다. 역사가, 저널리스트, 기존 작가 들도 한몫 거들었다." (Davis 2004)

그러다 보니 '과도한 폭로'를 했다는 이유로 비난 세례를 받은 책도 있었다. 이 사건으로 영웅이 된 『워싱턴포스트』의 두 기자 우드워드와 번스타인(Woodward & Bernstein 1976)의 『마지막 나날들(The Final Days)』도 그런 책이었다. 닉슨의 '마지막 나날들'을 다룬 이 책에서 밝힌 바에 따르면, 닉슨은 14년 동안 부부관계를 가진 적이 없었고 외로운 영부인 팻 닉슨(Pat Nixon, 1912~1993)은 몰래 술을 마셨으며, 닉슨은 자살을 이야기했다. 닉슨은 국무장관인 헨리 키신저와 함께 백악관의 링컨 침실에서 무릎을 꿇고 기도를 드리다가 흐느껴 울더니 카펫을 쾅 하고 내리치며 "내가 뭘 어쨌다는 거야? 이게 어떻게 된 일이야?"라고 절규했다는 것이다.

1995년 12월 24일, 워터게이트 사건 당시 백악관 비서실장이었던 알렉산더 헤이그는 ABC-TV의 한 시사좌담 프로그램에 출연해 올리버 스톤(Oliver Stone)이 감독한 영화 〈닉슨(Nixon)〉(1995)에 대해 논평하는 가운데 닉슨의 사임 압력이 가중되던 당시 닉슨의 자살을 막기 위해 주변에 있는 내복약을 치우도록 지시했다고 밝혔다. 그는 닉슨이 자살하려고 약을 복용할 경우 그 결과에 대한 엄청난 반향과 파국을 염려해 백악관 의료진에게 그 같이 조치할 것을 명령했다고 했다.(조선일보 1995)

올리버 스톤의 〈닉슨〉은 어떤 영화였던가? 리동진(1996)에 따르면 "필터촬영, 다양한 카메라 앵글과 렌즈 사용, 비디오화면 삽입, 사진·신문·자료화면의 잦은 활용, 즉흥적인 흑백·컬러 화면의 교차 등을 특징으로 하는 〈닉슨〉의 현란한 형식은 천국의 단맛에서 지옥의 쓴맛까지 모두 맛본 한 사내의 분열된 의식세계를 표현하는 데 적절한 것으로 보인다. 스톤이 재해석한 닉슨이라는 인물의 내면에 흐르고 있는 것은 '왜 세상은 나만 미워하는가' 하는 피해의식과 케네디에 대한 열등감. 형편없는 가정에서 태어나 별 볼일 없는 이력을 가진 닉슨이 대통령이 되고 나서도 없앨 수 없었던 열등감과 불안감을 열쇠로 해서 권모술수에 능한 한 인간의 삶을 연민에 찬 눈으로 풀어냈다. (1991년작 스톤의 〈JFK〉와 더불어) 세 시간이 넘는 두 편의 영화를 보면서 정말로 놀라운 것은 스톤의 연출력과 뚝심이 아니라, 그런 시각을 생산하고 수용할 수 있는 미국사회의 토양이다."

데이비드 거겐(David Gergen 2002)은 스톤의 〈닉슨〉은 엉터리라고 비난한다. "스톤과 같은 비판자들은 닉슨을 제대로 이해하지도 못하면서, 그가 술주정뱅이에 전 세계를 멸망시킬 수도 있었던 형편없는 극단적 자기 중심주의자의 본성을 갖고 있다고 묘사했다. 그런 주장은 옳지도 결코 공정하지도 않다. 그것은 닉슨식 신비주의의 장점이었지 단점이 아니었다. 내가 보았던 닉슨은 많은 고민과, 장기적인 평화를 도모한다는 관점에 입각해 그 같은 신비주의 전략을 택했기 때문이다."

그러나 스톤의 시각은 독창적인 게 아니라 정치학자들 사이에서도 널리 퍼져 있는 것이었다. 예컨대, 프린스턴대학 정치학 교수 프레드 그린슈타인(Fred I. Greenstein 2000)은 "자신의 감정을 제대로 통제하지 못하는 사람이 미국의 방대한 핵무기고 문지기였으니, 만의 하나 어떤 일이 일어났을지를 생각하면 몸서리가 쳐진다"고 말한다.

이런 시각을 반박하는 거겐은 닉슨이 국제관계에서는 광인이론(狂人理論)을 신봉하기도 했다고 주장한다. 다른 나라들이 미국의 대통령을 강경하고 보복적이며 정신마저 나간 약간 이상한 사람으로 생각한다면 절대로 미국을 방해하지 않으리라는 것이었다. 그런 이론하에 닉슨은 고의로 돌출적인 비타협성과 적대적인 제스처를 보임으로써 상대방을 무력화하기도 했다는 주장이다. 형편없는 가정에서 태어나 별 볼일 없는 이력을 가진 게 문제였을까? 거겐은 워터게이트의 비밀 녹음 테이프 공개로 인해 드러난 닉슨의 거친 말투와 욕설이 닉슨에 대한 평가에 치명적인 결과를 초래했다고 말한다.

"그가 입에 달고 다니던 욕설들은 너무도 천박했다. 때문에 워터게이트 소동 때 무죄를 증명하려고 제출했던 녹취록 몇 장이 오히려 더 커다란 부작용을 일으키기도 했다. 단어들을 많이 편집하기는 했지만, 국민들은 대통령이 그런 말투를 상용한다는 사실에 기겁하지 않을 수 없었던 것이다. 시어도어 화이트(Theodore H. White, 1915~1986)의 지적처럼, 녹취록은 대통령에 대한 국민들의 환상을 철저하게 짓밟았던 것이다. 녹음테이프가 제출된 후로 그의 명예는 더욱 실추되었고, 특히 그의 절정기의 업적을 경험하지 못했던 젊은 세대들의 시각은 더할 나위 없이 부정적이었다. 그들의 머릿속에는 닉슨은 예절도 모르는 불한당에 반유태주의자일 뿐만 아니라 옹졸하고 어리석은 사람이라는 선입견이 깊이 자리 잡게 된 것이다."

닉슨은 미 대통령 사상 유일하게 탄핵된 인물이었다. 퇴임 연설을 하는 닉슨(사진) 뒤로 왼쪽은 부인 팻 닉슨, 오른쪽은 딸 패트리샤 닉슨 콕스(Patricia Nixon Cox).

"왜 세상은 나만 미워하는가"라고 항변하는 닉슨의 피해의식에는 그럴 만한 근거가 있다고 보는 사람들도 있다. 미국 체제에 매우 비판적인 노엄 촘스키(Noam Chomsky 2002)가 그런 사람들 중의 하나라는 게 흥미롭다. 그의 주장에 따르면 "평소에는 누구도 감히 권력자를 비난하거나 공격하지 못한다. 가령 당신이 권력자들을 비난한다면 그들이 거센 반격을 가하면서 당신을 미치광이로 만들어버릴 것이다. 결국 닉슨이 비도덕적인 인물로 낙인찍히면서 탄핵까지 받은 것은 그 이전부터 권력자들의 비위를 건드렸기 때문이다. 솔직히 말해서 나는 닉슨의 그런 용기에 마음속으로 성원을 보냈다."

데이비드 거겐(David Gergen 2002)은 "닉슨은 미 역사상 120년 만에 상하원을 모두 야당이 장악한 상황에서 대통령에 당선된 최초의 인물이었다"는 사실을 강조하면서, 닉슨의 급진적인 국내 정책은 민주당 의회에서 좌절되었을 뿐만 아니라 공화당 내에서도 닉슨을 이단아로 만들었다고 말한다. 예컨대, 닉슨은 의료보험 제도를 철저하게 개편해 고용주들로 하여금 고용자들의 의료보험을 떠맡게 하고 지역의료 보험체계를 통하여 다른 사람들에게까지 보험의 보장범위를 확장하려고 했지만, 민주당과 공화당 내 반대세력 탓에 실현되지 못했다는 것이다.

보수적인 닉슨이 왜 그런 급진적인 정책을 원했을까? 닉슨의 경제 담당 보좌관을 지낸 허버트 슈타인(Herbert Stein, 1916~1999)은 닉슨이 전통적인 공화당의 경제정책을 달갑지 않게 생각했다고 주장한다. 단지 그것뿐이었을까? 드골처럼 역사적 평가를 염두에 두었다는 게 스타인의 주장이다. "닉슨은 항상 장기적인 효과를 낼 수 있는 폭탄을 던져야 한다는 신념을 갖고 있었다. …… 위대한 대통령은 행동하는 대통령이라고 믿었던 것이다."(Gergen 2002)

'딥 스로트'의 정체

2002년, 우드워드와 번스타인은 취재수첩 등 자신들의 워터게이트 사건관련 기록물 일체를 텍사스대학 기록보관소에 팔았는데, 그 액수가 자그마치 500만 달러였다. 이들은 이미 『대통령의 사람들(All the President's Men)』(1974), 『마지막 나날들』 등의 베스트셀러와 〈대통령의 음모(All The President's Men)〉(1976)라는 영화의 판권으로 수백 만 달러씩을 벌어들였으며, 강연 한 번에 몇 만 달러씩 받는 호사를 누려 왔는데, 이건 좀 너무하는 게 아닌가?(Shepard 2009)

보수 진영에서는 우드워드와 번스타인이 '닉슨의 거울'이라는 비판이 제기되었다. 그들이 문제 삼은 닉슨의 부당한 방법을 그들 역시 썼다는 주장이다. 또 이들의 역할이 과대평가되었다는 비판도 나왔다.(Epstein 1974, Novak 1974) 노엄 촘스키(A. Noam Chomsky 2002)는 한 걸음 더 나아가 "워터게이트 사건은 미국 언론이 거둔 가장 위대한 공적의 하나로 여겨지지만, 실제로는 가장 부끄러운 실패작 중 하나일 뿐이다"라고까지 말한다. 이런 비판까지 나오는 상황에서 취재기록을 500만 달러에 팔아넘겨도 되는지 모르겠다. 기록에 대한 존중보다는 유명인사라면 사족을 못 쓰는 미국 특유의 '유명인사 문화'가 가세한 탓으로 이해할 수 있겠다.

우드워드와 번스타인은 워터게이트 사건 보도 시 취재원을 끝내 밝히지 않은 채 버텼는데, 이들에게 정보를 준 익명의 제보자를 가리켜 '딥 스로트(Deep Throat)'라는 별명이 붙었다. 원래 '딥 스로트'는 1972년에 개봉된 최초의 합법적 포르노 영화 제목으로 4000달러의 제작비로 이후 10년 동안 600만 달러를 벌어들인 포르노계의 기념비적인 작품이다. 그러나 이 영화보다는 워터게이트 사건이 더 유명해진 탓에 '딥 스로트'는 이후 '은밀한 제보자' 또는 '심층취재원'을 가리키는 보통명사가 되었다. '딥 스로트'의 정체를 놓고 그간 수많은 추측들이 난무했는데, 수많은 사람들이 딥 스로트가 누구라고 주장하는 기사와 책을 발표함으로써 이 자체가 하나의 신드롬이 되었다.(Shepard 2009)

그로부터 33년 만인 2005년 5월에서야 월간 『배니티 페어(Vanity Fair)』의 보도를 통해 모든 진실이 밝혀졌다. '딥 스로트'는 당시 FBI 2 인자였던 마크 펠트(W. Mark Felt, Sr., 1913~2008)였다. 이제 91세가 된 그가 왜 스스로 자신의 정체를 드러낸 것인지, 당시 정보를 제공한 진정한 동기는 무엇이었는지, FBI와 백악관의 힘겨루기 때문에 누설한 것이라면 워터게이트 사건을 재평가해야 하지 않는지 등에 대한 논란이 분분한 가운데 미국 사회에는 한동안 '워터게이트 복고 열풍'이 불었다.(강인선 2005, 고성호 외 2005)

펠트는 1972년 봄 존 에드거 후버가 죽자 당연히 자신이 FBI 국장을 맡을 것으로 생각했다. 그러나 닉슨 대통령은 그를 외면하고 FBI의 아웃사이더인 패트릭 그레이(Louis Patrick Gray III, 1916~2005)를 국장으로 임명했다. 펠트는 분노했고, 결국 그런 이유로 '딥 스로트'가 되었다. 그의 분노는 순전히 국장이 되지 못한 데 대한 사적 분노라는 설과 닉슨이 FBI를 개인적인 정략으로 이용하려는 시도를 막으려는 공적 분노였다는 설이 대립했다.

당시 펠트는 치매 상태였다. 그의 가족이 신분 공개를 원한 것인데, 이 문제를 놓고 사건 보도 당시 펠트를 접촉했던 우드워드는 고민했다. 영원히 익명으로 처리하겠다고 했던 취재원과의 약속 때문이었다. 결국 그는 펠트가 맞다고 사실 확인을 해주지만, 이 에피소드의 정치학은 언론의 생명이 신뢰라는 점을 드러낸다. 내부고발을 하고 싶어도 익명 보장이 안 될까 봐 기자에게 정보를 주지 못하는 사람들이 많다. 익명을 보장하기로 했으면 기자가 그 때문에 감옥에 가는 한이 있더라도 약속을 지켜야 한다. 우드워드는 33년간 그 약속을 지킴으로써 언론의 신뢰도를 높이는 데에 기여했지만, 워터게이트 취재는 미국 언론계에 익명 취재원을 범람케 하는 부작용을 초래했다.

2009년 4월에 출간된, 전 『뉴욕타임스』 편집자 로버트 펠프스의 회고록 『신과 편집자』는 워터게이트 사건은 『뉴욕타임스』가 경쟁지 『워싱턴포스트』보다 먼저 알았지만 이를 보도하지 않아 『워싱턴포스트』가 특종을 잡았다고 밝혔다. 그 전말은 이렇다.

『뉴욕타임스』의 젊은 기자였던 로버트 스미스는 1972년 8월 16일 패트릭 그레이 FBI 국장대행과 워싱턴에서 함께 점심 식사를 했다. 예일대학 로스쿨 진학을 위해 기자 생활을 접기로 한 스미스가 평소 가깝게 지내던 그레이와 작별하는 자리였다. 그레이는 이 자리에서, 그해 7월 17일 워터게이트 호텔 민주당 전국위원회 사무실에 도청기를 설치하려다 붙잡힌 침입자 5명이 존 미첼 전 법무장관과 연관되어 있다고 귀띔했다. 스미스가 "대통령도 연루되어 있느냐"고 묻자 그레이는 스미스를 쳐다보기만 할 뿐 대답이 없었다. 하지만 스미스는 훗날 "그의 표정에서 그가 어떤 대답을 하고 있는지 알 수 있었다"고 회고했다. 그레이는 스미스가 기자를 그만둔다는 생각에 편하게 이야기한 것이라고 후일 아들에게 밝혔다.

스미스는 특종을 잡았다는 기쁨에 사무실로 달려가 녹음 테이프를 들고 편집자 로버트 펠프스에게 이 사실을 보고했다. 하지만 이 내용은 기사화되지 못했다. 『뉴욕타임스』는 당시 공화당 전당대회 보도에 집중하고 있었기 때문이다. 곧이어 스미스는 퇴사하고 펠프스는 알래스카로 장기 휴가를 떠났다. 그 사이 『워싱턴포스트』의 밥 우드워드와 칼 번스타인 기자는 이 사건을 특종 보도했다. 펠프스는 "당시 녹음 테이프를 어떻게 했는지 기억이 나지 않는다"며 "워터게이트 사건 특종을 놓친 것은 내 책임"이라고 말했다.(이청솔 2009)

닉슨의 정치공작

2010년 1월 11일, 닉슨도서관은 닉슨이 재임 중 집무실에서 주고받은 메모를 포함해 28만 쪽 분량의 기록을 공개했다. 이 기록에는 닉슨이 '워터게이트 사건'을 특종 보도한 『워싱턴포스트』에 '치졸한 보복'을 가하는 모습이 드러나 있다. 당시 『워싱턴포스트』 발행인이었던 캐서린 그레이엄이 자유메달 수여 만찬에 참석하자, 닉슨은 비서실장에게 메모를 보냈다. "가능한 한 우리 테이블에서 가장 먼 곳으로 보내버려라. VIP는 아무도 없는 곳으로."

메모에는 닉슨과 『워싱턴포스트』 사이에 벌어진 '전쟁'도 구체적으로 드러나 있다. 워터게이트 사건의 전모가 보도되기 전인 1973년 1월, 닉슨의 보좌관 찰스 콜슨(Charles E. Coldson)과 밥 엘즈워스(Bob Ellsworth)는 『워싱턴포스트』에 투자한 은행가를 만났다. 이 자리에서 콜슨은 "대통령이 베트남전을 잘 다루고 있다는 사설을 싣거나, 편집국장 브래들리를 해고해야 할 것"이라고 으름장을 놓았다고 닉슨에게 메모로 전했다. 하지만 브래들리는 자리를 지켰고, 워터게이트 사건은 폭로됐다.

닉슨의 갖가지 정치공작도 공개됐다. 그는 1972년 대통령 선거 운동 기간 중 민주당의 에드워드 케네디(Edward M. Kennedy, 1932~2009) 상원의원을 감시하도록 '밀정'을 보냈다. 케네디 의원이 1969년 여비서와 차를 타고 가다 강으로 추락해 케네디 의원만 살아남은 이른바

'채퍼퀴딕 스캔들(Chappaquiddick incident)' 이후, 밀정은 케네디 의원의 여성 편력 증거를 잡기 위해 쫓아다녔다.

실제로 시행되진 않았지만, 인종차별 의식을 이용하는 수법도 있었다. 비서실장 H. R. 할데만의 1971년 10월 메모 '민주당 쪼개기(Dividing the Democrats)'는 "게토(흑인 빈민 거주지) 밖으로 나와 온 나라로" "흑인 정권, 특히 흑인 부통령" 등 흑인들의 단합을 유도하는 차량용 스티커를 배포하는 방안을 담고 있었다. 인종 문제를 이슈로 삼아 민주당 지지자들 사이에 흑백 갈등을 유발하려는 속셈이었다.(이인묵 2010)

이처럼 닉슨의 음모는 널리 알려졌지만, 닉슨이 그를 미워하는 세력들의 음모에 당했다는 음모론도 있다.(Osborne 1976) '음모론의 천국'이라 할 미국에서 이상할 것도 없는 일이다. 영국의 첩보기관 장교 출신인 존 콜먼(John Coleman 2001)은 닉슨이 세계를 지배하는 '300인 위원회(The Committe of 300)'에 의해 제거되었다는 주장마저 내놓는다. 상식선에서 말하자면, 닉슨을 증오하는 사람들이 많았다는 점을 지적할 수 있겠다. 이와 관련해 박재선(2002)은 "따지고 보면 전 세계의 정치가들 가운데 일정 수준의 거짓말을 하지 않은 사람이 과연 몇 명이나 되느냐고 반문할 때 사임의 진짜 원인은 몇 가지 억측을 낳게 한다"며 다음과 같이 말한다.

"이러한 억측 중에는 그가 월남전을 종식시켜 미국의 군수업계를 침체에 빠뜨린 데에 반발한 미국 중공업 카르텔의 음모라는 설과 그의 반유태인적 성향 때문에 유발된 유태계 언론들의 조직적인 퇴진운동의 결과라는 설도 포함되어 있다. 닉슨은 퇴임 후 사석에서도 유태인, 특히 유태계 언론에 대해 맹렬히 비난했다고 한다."

　그런 관점에서 보자면, 워터게이트 사건은 끝난 사건이 아니다. 여전히 현재 진행형이다. 워터게이트 사건은 미국 사회의 '양지의 법칙'에 따르면 용납할 수 없는 국가적 범죄행위였지만, 또 다른 '음지의 법칙'에 따르자면 법치가 누구에게 더 유리하고 불리한가 하는 보다 복잡한 문제로 돌입하게 된다. 엘리트 기득권 세력은 점잖고 우아하게 평상적인 친목행위를 통해 자기들의 세력을 확대해 갈 수 있지만, 그렇지 못한 '아웃사이더'가 그 이점을 누리고자 할 때 택할 수 있는 수단에는 무엇이 있을까? 이 의문은 닉슨의 범죄행위가 면책될 소지가 있다는 의미가 아니라 제3자의 입장에서 거시적으로 살펴보며 이러한 관찰 포인트도 놓치지 말아야 한다는 뜻이다.

참고문헌 Barrett 1975, Bernstein & Woodward 1974, Bradlee 1997 · 1997b, Chomsky 2002, Coleman 2001, Davis 2004, Donaldson 2007, Epstein 1974, Gergen 2002, Greenstein 2000, Huntington 1999, Jaworski 1976, Lichty 1983, Nixon 2007a, Noonan 1996, Novak 1974, Osborne 1976, Ridings & McIver 2000, Shepard 2009, Steinem 1995, Thomas 2000, Viguerie 1981, Wicker 1975, Woodward 1987, Woodward & Bernstein 1976, 강인선 2005, 고성호 외 2005, 리동진 1996, 박재선 2002, 이인묵 2010, 이청솔 2009, 조선일보 1995

제5장

무엇을 위한 전쟁이었던가?

'코리아 게이트'의 씨앗인가?
제럴드 포드의 한국 방문

100만 달러를 주고 산 포드의 방한?

과거의 푸대접으로 인해 일종의 '닉슨 콤플렉스'에 시달리던 박정희는 닉슨의 사임을 내심 크게 반겼고, 후임인 포드를 대상으로 로비를 전개했다. 로비는 주효하여 1974년 11월 22일 포드의 한국 방문이 이루어졌다. 블라디보스토크에서 소련 공산당 서기장 브레즈네프와 회담하기 위해 극동 방문길에 오른 포드는 일본을 방문한 후 1박 2일의 일정으로 서울에 와 박정희와 회담을 가진 것이다.

미국의 역사서들은 대부분 "포드는 미국 현직 대통령으로서는 최초로 일본을 방문했다"며 '일본 방문'만을 부각하고 있다. 이에 장단을 맞추려는 것인지 후일 '포드 방한을 위한 100만 달러 로비설'이 떠돌았다. 박정희의 대미 로비스트였던 김한조가 100만 달러를 백악관에 전했다는 것이다. 미국에서 성공한 사업가로 알려진 김한조의 증언에 따르면, 박정희는 철제 거북선 모형에 60만 달러를 넣어 김한조에게 보냈다. 2년 후 대통령 선거를 준비해야 할 처지에 놓인 포드를 위해서였다. 이에 대해 김한조는 다음과 같이 말한다.

"나는 그 60만 달러에 우선 회사 돈 40만 달러를 더 보태 정확히 100만 달러를 만들어 백악관에 보냈습니다. 포드 대통령을 움직이는데 60만 달러는 아무래도 적다는 생각이 들었기 때문이죠. 선거를 앞둔 대통령이질 않습니까. …… 서울에서 60만 달러를 철제 거북선 모형에 넣어 보낸 이유는 달러 지폐에 미세한 검색용 철선이 삽입돼 있어 공항의 검색장치를 피하기 위해 꾀를 냈던 겁니다. 통상적으로 외교 행낭은 미국 정부의 통관검사 없이 오갈 수 있는데도 당시 한국만큼은 예외였어요. 늘 미국의 감시망에 걸려 있는 것이나 다름없을 정도로 한국 정부가 연약했던 거죠." (정진석 1995a)

박정희와 김한조의 관계

김한조는 나중에 자신이 채워 넣은 40만 달러를 박정희로부터 받았다고 한다. 그런데 일부 언론에서는 당시 100만 달러의 자금 중 60만 달러의 행방에 대해 의혹을 제기했다. 이에 대해 김한조는 다음과 같이 말한다.

"1976년 9월 미 법무성에서 박동선의 로비활동에 대해 조사를 시작했으나 나는 크게 걱정하지 않았다. 나의 로비는 박동선처럼 여자 · 술 · 돈 등이 마구 뿌려지는 떠들썩한 로비와는 달랐다. 나는 박 대통령으로부터 직접 100만 달러를 받아 백악관의 수뇌부에 전달했다. 또 60만 달러를 내가 착복한 것처럼 자꾸 의혹을 제기하는 것은 나를 모함하려는 일부 세력의 음모다. 나에 대한 조사가 이루어지던 1977년 1

월 박 대통령을 만나 백악관에 전해진 100만 달러의 영수증을 분명히 전달했다. 돈 60만 달러를 떼어먹으려고 1200만 달러의 변호사 비용을 쓰는 바보는 없을 것이다."(윤길주 1995)

김한조는 자신의 로비 효과에 대해서는 "먼저 미군 철수를 중지하고 4000만 달러의 군사원조를 얻어냈다. 또 당시 상황으로서는 어려웠던 포드 대통령의 방한을 성사시켰다"고 주장했다. 박정희가 김한조의 로비 결과에 대해 크게 흡족해했던 건 분명하다. 김한조는 포드의 방한(訪韓)이 성사된 뒤 1975년 1월 청와대 가족 만찬에 초대될 정도로 박정희의 극진한 환대를 받았다. 그러나 그로부터 약 2년 후, 박정희 정권의 그런 낮은 수준의 대미 로비가 미국 내에서 '코리아 게이트'로 비화되면서 그는 몰락하는 운명에 처한다.

『동아일보』 탄압과 오글 · 시노트 추방

포드가 한국을 다녀간 지 채 1개월도 안돼 벌어진 박정희 정권의 『동아일보』 광고 탄압 사건은 포드 방한의 의미를 반감시켰다. 이는 박정희 정권이 광고주들에게 압력을 넣어 『동아일보』에 광고를 주지 못하도록 한 사건이다. 김한조는 미국의 반응이 나쁘므로 광고 탄압을 중단해야 한다고 박정희에게 건의했지만, 박정희는 듣지 않았다. 박정희는 이렇게 말했다고 한다. "『동아일보』는 못돼먹었어. 『워싱턴포스트』가 일전에 날 '세계에서 가장 위험한 인물'이라고 썼는데 『동아』만 그걸 전재했어. 그래 내가 김일성이라는 말이오?"(김충식 1992)

한국에 대한 미국의 여론을 악화시킬 일은 계속해서 일어났다. 1974년 12월 14일, 박정희 정권은 2개월여 전인 10월 10일 '인혁당 사

시노트 신부(왼쪽)와 오글 목사는 민주화운동기념사업회의 초청으로 2002년 한국을 방문해 인혁당 유가족들과 재회했다. ⓒ 중앙일보

건은 고문으로 조작된 것'이라고 폭로하며 이를 국내외 기독교 단체에 알려 여론을 환기하던 미국 감리교 선교사인 목사 조지 오글(한국명 오명걸)을 정치 활동을 했다는 이유로 한국으로부터 추방했다. 오글은 14일 저녁 7시 45분 로스엔젤레스행 KAL기로 강제출국 당했다.

오글 추방의 직접적인 계기는 '인혁당 사건 고문 조작' 폭로였지만, 박정희 정권이 오래 전부터 오글의 산업선교 활동을 마땅치 않게 생각하고 있었던 점도 큰 영향을 미쳤다. 1973년 미국 위스콘신대학에서 노사관계 박사학위를 받은 그는 서울대에서 강의를 하기도 했는데, 그의 박사학위 논문 제목은 「경제발전에 있어서의 노동조합의 역할: 대한민국의 경우」였다.

박정희 정권은 오글 추방에 이어 1975년 4월 30일에는 미국 신부 제임스 시노트(한국명 진필세)를 추방했다. 시노트는 인혁당 사건의 고문 조작을 폭로하느라 애쓴 성직자였기 때문이다. 그는 인혁당 사건 재판정에서 재판을 히틀러 재판에 비유하면서 "이것은 정의를 모독하는 당치 않은 수작이다! 공산주의 재판보다 더 나쁘다!"라고 외쳤다. 법정에서 조용히 해달라는 말에 그는 '참을 수 없는 분노에 싸여 노골적으로 혐오스러운 표정을 지으면서' 이렇게 외쳤다. "법정이라고? 여긴 그저 오물들이 쌓여 있는 곳이라구!" 또 시노트는 "당시 동아일보 백지 광고에 인혁당의 무고함을 알리는 광고를 연일 게재하느라 거의 거지가 되기도 했다."(천주교인권위원회 2001)

미국의 친한파 의원에 대한 환대

인권을 말하는 미국인은 추방의 대상이었지만, 안보나 경제를 말하는 미국인은 환영의 대상이었다. 포드의 방한을 성사시킨 중간 다리 역을 맡았던 포드의 친구이자 의원인 태니 가이어도 박정희의 극진한 환대를 받았다. 이에 대해 정진석(1999)은 다음과 같이 말한다.

"1975년 8월 초순, 진해에서 여름휴가를 보내고 있던 박정희 대통령은 4명의 미국 손님을 바닷가 별저로 초대했다. 박 대통령은 이들의 진해행을 위해 특별기까지 내주었다. 태니 가이어 의원을 비롯해 로버트 마르시아노, 래리 윈, 벤다 자케트 의원 등 미 의회 공화당의 친한파 의원들이었다. 박 대통령은 가이어 의원에게 특별한 호감을 표시했다. 호남형의 얼굴에 말솜씨까지 뛰어난 그에게 '빅터 마추어(미국의 유명한 영화배우)와 닮았다'며 치켜세웠다. 가이어 의원은 친한파 의원그룹의 선봉이자 백악관에 '거북선'을 전해주었다는 인물. 포드 대통령의 방한을 성사시킨 일등공신이란 점을 박 대통령은 기억하고 있었던 것이다."

가이어에 대한 환대는 그 정도로 끝나지 않았다.

"가이어 의원의 한국 방문은 그의 생애 최고의 여행이었을지도 모른다. 푸짐한 선물을 안고 진해에서 돌아온 이들 일행은 정일권 국회의장이 베푼 국회 만찬에 참석하고 다음 날 저녁에는 난생 처음 삼청각 기생 파티를 즐겼다. 그뿐 아니다. 전낙원 씨의 안내로 워커힐 호텔 카지노에 간 날 가이어 의원은 불과 3시간 만에 4만 달러를 땄다. 실력인지 행운인지, 아니면 카지노 측의 배려인지는 알 수 없었지만 포커든 블랙잭이든 슬롯머신이든 앉자마자 돈이 굴러 들어왔다."(정진석 1999)

박정희 정권의 입장에서 보자면 포드의 단명(短命)이 비극이다. 1976년 대선에서 포드는 지미 카터에게 패배함으로써, 아니 카터의 승리 이전에 카터가 주도한 새로운 정치적 분위기가 한미관계를 지배함으로써, 그냥 묻힐 수도 있었던 '코리아 게이트'의 씨앗은 발아하고 꽃을 피우고 열매까지 맺음으로써 박정희 정권을 곤경으로 몰아가기 때문이다.

참고문헌 Ridings & McIver 2000, 강준만 2002-2006, 김충식 1992, 윤길주 1995, 정진석 1999 · 1995a, 천주교인권위원회 2001, 한국기독교교회협의회 인권위원회 1987

"무엇을 위한 전쟁이었던가?"
미국의 베트남 철수

미군의 베트남 철수

1973년 1월 27일 미국은 소련과 중국의 후원을 얻어 북베트남과 휴전 협정을 체결했다. 이 협정에서 미국은 남아 있는 병력을 60일 이내로 철수할 것을 약속했고, 북베트남은 수백 명의 미군 포로를 석방했다. 1973년 3월 29일 미군의 마지막 지상 병력이 베트남을 떠났다. 미국은 베트남에 2차 세계대전 때 유럽과 아시아에 퍼부은 양의 두 배인 700만 톤의 포탄을 퍼붓고도 패배하고 만 것이다.

무엇이 문제였을까? 미국은 베트남전쟁을 치르면서 완곡어법으로 말장난의 대향연을 벌였는데, 혹 그것이 현실 감각을 잃게 했었던 건 아닐까? 당시 하버드대학 정치학 교수로서 국방성에 자문을 해주었으며, 국가안보회의(National Security Council) 위원이었고, CIA의 연구 프로젝트를 수행했던 새뮤얼 헌팅턴의 경우를 보자. 그는 베트남전쟁을 지지했을 뿐만 아니라, 이른바 '강제적 도시화 및 현대화(forced-draft urbanization and modernization)' 프로그램을 입안하고 정당화시킨 인물이었다. 미군이 그 프로그램에 의거해 베트남에서 한 일은 농민들을 마을에서 내쫓고 마을에 불을 지르는 일 따위였다.(Bowen 1987, Nation 1987)

완곡어법과 말장난의 측면에서 본다면 'pacification'의 표면적 의미는 '평화', 숨은 의미는 '박멸'이었다. 'strategic withdrawal'의 표면적 의미는 '전략적 후퇴', 숨은 의미는 '후퇴'였다. 'sanitizing operation'도 표면적 의미는 '위생 작전'이지만, 숨은 의미는 '완전 소탕'이었다. 'accidental delivery of armaments'는 '우발적인 장비전달' 뒤에 '잘못된 목표물 폭격'이라는 의미를 숨기고 있었다. 'to terminate with extreme prejudice'의 뜻은 '극단적 편견을 종결하다' 그리고 '정치적 암살'.(Bryson 2009) 대항연이란 이런 식이었다.

미국의 패배와 북한의 호전성

미국의 패배는 북한의 호전성을 자극했다. 1974년 11월 15일 경기도 고랑포 부근의 비무장 지대 안에서 북한군이 남쪽으로 파 내려온 땅굴이 발견된 지 4개월 뒤인 1975년 3월 20일 또다시 강원도 철원 동북방 13킬로미터 지점에서도 북한군이 판 땅굴이 발견되었다. 이에 대해 당시 청와대 대변인이었던 김성진(1999)은 다음과 같이 말한다.

"그러나 불행한 일은 국내외적으로 우리 정부의 신뢰도가 도전을 받고 있었다는 사실이다. 이처럼 명백한 북한 측 침략 의도가 확증으로 드러났는데도, 이것을 오히려 우리 정부가 꾸며 낸 일이 아닌가 의심하는 외국 언론이 있었다. 나는 몹시 분통이 터졌다. 잘못된 선입견과 고정관념은 하루아침에 바로 잡혀지지 않는다. 일부러 외신 기자들을 불러와 보여주어도 그들은 그 터널이 북쪽에서부터 파내려왔다는 사실을 지면에 나타난 흔적으로 보고서 확인하고도 사실 그대로 보도하는 데 주저했다. 이유는 뻔했다. 김대중 납치 사건을 계기로 국내외에서 유신 체제에 대한 비판이 증폭되어 나갔으며, 이후락 부장의 사임도 이 같은 비판을 축소시킬 수는 없었기 때문이다."

캄보디아가 적화(赤化)된 다음 날인 1975년 4월 18일 김일성은 14년 만에 중국을 방문해 덩샤오핑(鄧小平, 1904~1997)이 주최한 연회 연설에서 "베트남 방식에 의한 남반부 해방도 고사(固辭)하지 않는다"고 했으며 "잃는 것은 국경선이며 얻는 것은 통일"이라고 발언했다. 이는 『김영삼 회고록』에서 인용한 것이다. 비단 『김영삼 회고록』뿐만 아니라 1970년대를 다루는 많은 책들에 그런 식으로 쓰여 있다. 두말할 필요 없이, 북한의 호전성을 부각하기 위해서다. 그러나 지나친 거두절미(去頭截尾)가 이루어졌다는 점은 지적해야 할 것이다.

당시 김일성은 "만일 남조선에서 혁명이 일어난다면, 우리는 단일민족이면서 같은 민족으로서 팔짱을 끼고 있지 않고 남조선 인민을 적극 돕겠다"고 말했다. 그는 이어 "만일 적들이 무모하게 전쟁을 일으키면 단호하게 전쟁으로 대답할 것"이며 "이 전쟁에서 우리가 잃을 것은 군사 분계선이요, 얻을 것은 조국의 통일"이라고 말했다.

김일성의 이 발언은 "월맹의 승리와 베트남에서의 미군 철수에 고무된 김일성의 정세관을 표출시킨 것"으로 볼 수도 있을 것이나(전인영 1996), 중요한 건 당시 국제정세는 김일성에게 고무적이지 않았다는 점이다. 김일성은 중국에 지원을 요청했지만 4월 26일에 발표된 공동성명은 중국이 그 요청을 거절했다는 뜻을 전달했다. 서방의 언론 매체들은 "김일성은 호랑이처럼 으르렁거리며 중국을 찾아왔다. 그 러나 그는 순한 양처럼 맥 빠진 모습으로 돌아갔다"고 썼다. 김일성을 더욱 맥 빠지게 만든 건 소련이었다. 소련은 김일성의 방문 요청을 아 예 거절해버렸기 때문이다.(김학준 1995a)

마지막 남은 미국인들의 사이공 탈출

미군은 철수했지만 북베트남과 남베트남은 휴전협정을 서로 위반하 면서 전쟁을 계속했다. 남베트남은 미군이 남겨놓은 엄청난 양의 군 수물자에도 불구하고 1975년 3월부터 시작된 북베트남의 전면 공세 에 속수무책으로 무너지기만 했다.

1975년 4월 23일 포드 대통령은 전쟁 종식을 공식 선언했으며 4월 29일 마지막 남은 미국인들이 사이공을 떠났다. 이 날 사이공 주재 미 국 대사관 건물 옥상에 비상 착륙한 소형 헬기로 필사적으로 탈출하 는 미국인의 모습을 담은 한 장의 사진이 전 세계에 전송됐다. '미 대 사관 건물에서 황급히 탈출하는 미국인'이라는 설명의 이 사진은 미 국의 월남전 패망을 단적으로 상징한 것이었다.

2000년 4월 23일 『뉴욕타임스』는 이 사진이 사실은 대사관에서 탈 출하는 미국인의 모습이 아니라 대사관 인근 아파트 옥상에서 탈출하 는 베트남인들을 촬영한 것이라고 폭로했다. 당시 이 사진을 찍었던 미 UPI통신 사진기자 허버트 반 에스도 『뉴욕타임스』와의 인터뷰에 서 "사진에 담긴 현장은 미 대사관에서 반 마일가량 떨어진 곳으로 미 국제개발처(USAID) 직원과 CIA 베트남지부 부지부장이 살던 지아롱

사이공 함락 직전, CIA 요원의 아파트 옥상에서 탈출에 나선 피란민들.

22번가의 아파트 옥상이었다"고 시인했다. 그는 "이 같은 사진설명을 달아 전송했지만 본사에서 구조 헬기가 착륙한 곳이 당연히 미 대사관 건물 옥상일 것으로 간주해 설명을 잘못 붙였다"고 말했다. 반 에스는 "토머스 폴가 당시 CIA 지부장이 천 반 돈 부총리 겸 국방장관 등 CIA 활동에 협력해온 월남의 정치인 고관 장성들에게 가족을 데리고 지아롱가에 모이도록 귀띔했으며 이 연락을 받고 모여든 월남인들이 사진 속의 사람들이었다"고 설명했다. 현재 홍콩에 거주하고 있는 반 에스는 "건너편 호텔 옥상에서 이 장면을 찍었으며 지아롱 22번가 아파트는 사이공 시내 미국인 탈출을 위해 선정된 10여 개 집결지 중 하나였다"고 덧붙였다.(구자룡 2000)

미국인들이 떠나던 날 베트콩이 사이공에 입성했으며, 다음 날인 4월 30일 남베트남 정부가 완전히 무너졌다. 1975년 6개월 동안 계속된 공세에서 베트콩과 북베트남 합동군은 베트남과 캄보디아 전역을 휩쓸면서 승리를 자축했다. 미군은 이 전쟁에서 5만 8000여 명이 죽고 30만 명 이상이 부상당했다. 베트남 측 피해는 여러 설이 있지만, 남북을 합해 군인은 90만~120만 명이 죽었으며 민간인 사망자는 31만~50만 명으로 추산되고 있다. 부상자는 그 수를 헤아리기도 힘들 정도이며, 특히 미국이 사용한 '에이전트 오렌지(고엽제; Agent Orange)'로 인한 피해자만 79만 명이다. 유전에 의한 고엽제 피해는 오늘날까지도 계속되고 있다.(Chomsky 2004a, 손세호 2007, 요시다 도시히로 2008)

훗날 밝혀진 바에 따르면, 북베트남과 베트콩 지도자들은 사이공이 그처럼 간단히 함락되리라고는 전혀 예상하지 못했다. 이들은 남부 해방 시점을 1976년 9월경으로 잡고 있었다. 그런 준비 부족 때문에 베트남 사회주의공화국이 공식 출범한 것은 사이공 함락 후 1년 2개월이 지난 1976년 7월 3일이었다.(요미우리 1996)

한국군 베트남 파병의 결산

1975년 4월 30일의 월남 패망은 당시 한국에 어떤 영향을 미쳤을까? 북한이 중국과 소련의 전폭적인 지원을 받으면서 내일이라도 당장 남침을 할 것처럼, 공포 분위기 조성이 이루어지고 있었다. 박정희 정권은 '총력안보궐기 대회'를 잇달아 열고 대대적인 반공 캠페인을 전개했다. 이와 관련해 서중석(1997)은 다음과 같이 말한다.

"1975년 3~4월 학원에서의 반유신투쟁은 전보다 훨씬 규모가 컸다.

'월남 특수'를 거론하기엔 한국군의 피해가 너무 컸다. 사진은 국립묘지를 찾은 주월 한국군.

그러나 4월 말의 인도지나 사태가 유신체제를 구원했다. 반유신투쟁에 동정적이던 보수반공세력의 태도가 돌변했고 극우세력이 단결했다."

패망한 베트남은 한국에게 무엇이었을까? 한국은 파병 군인들의 송금, 미군의 물자 조달 등을 중심으로 연간 2억 달러의 수입을 얻었다. 베트남 특수(월남으로의 상품 수출과 파월군 관계의 서비스)를 각 연도별로 총액(대괄호 안은 수출 총액에서 차지하는 비중)과 살펴보자면, 1965년 1900만 달러[11.1퍼센트], 1966년 6100만 달러[24.4퍼센트], 1967년 1억 5100만 달러[47.3퍼센트], 1968년 1억 6800만 달러[37.0퍼센트], 1969년 2억 달러[32.2퍼센트], 1970년 2억 400만 달러[24.5퍼센트], 1971년 1억 3300만 달러[12.5퍼센트], 1972년 8300만 달러[5.1퍼센트]였다.(한도현 1999)

한국은 1964년 9월 22일부터 1973년 3월 23일까지 연 32만 명의 병력을 베트남에 파병했는데, 사망자는 5000여 명, 부상자는 1만 600여 명에 이르렀다. 미국의 경우 1961년에서 1975년까지 베트남전쟁에 참전하지 않기 위해 징집을 거부 또는 기피하고 해외로 망명한 숫자가 57만 명이었던 데 비해 한국에서는 징집거부 사태가 일어나지 않았다.(이병천·이광일 2001) 그랬던 만큼 그들의 목숨 값도 쌌다. 최규장(1998)은 다음과 같이 말한다.

"당시 미 국방성이 상원에 제출한 자료에 따르면 1965년 파병 이래 5년 동안 5만 명의 한국군이 받은 수당은 1억 3000만 달러였다. 그때까지 7000여 명의 사상자를 낸 피의 대가가 이것이었다. 전투 수당은 협상 과정에서부터 논란거리였다. 당시 한국군은 이등병이 1일 1달러, 대위가 5달러를 받았다. 이 액수는 미군의 1/20이고, 베트남군에 비해서도 1/5밖에 안되는 금액이었다. 또 전사자 및 전상자 보상금도 제대로 책정되지 않아 전사한 사병은 11년 전에 정해진 급여액만 지급받는 기막힌 실정이었다."

그러나 최규장은 "고작 1억 3000만 달러를 받고 국제 사회에서 용병 소리를 듣는 것이 야속하지만 우리나라가 그만큼 가난했다는 사실을 잊고 말하는 것이 문제"라면서 다음과 같이 말한다. "1990년대의 시각으로 1960년대를 재단할 수 없다. 당시 우리의 외화 보유고는 3억 달러에 못 미쳤으므로 피의 대가는 한국은행 금고의 절반을 채워준 금액이 아닌가. 『두 개의 한국』의 저자 돈 오버도퍼는 당시 한국군이 벌어들인 전투 수당은 총 수출액의 40퍼센트를 차지했음을 지적하고 있다."

또 최규장은 "우리나라 간판기업 현대가 '포춘 100대 기업'으로 급성장한 것은 베트남이 그 발판이었다"면서 다음과 같이 말한다. "베트남 경기가 좋지 않자 중동 붐을 타고 달려갈 수 있었던 것도 베트남에서 쌓은 기반과 노하우 덕이었다. 정주영 현대 명예회장은 파월군을 따라가 베트남에서 따낸 미 해군 캄란만 준설 공사가 오늘의 현대를 일으킨 첫 고동이었음을 인정하고 있다. 태국 고속도로 건설 공사를 따냈을 때는 기술자들이 김포공항을 떠날 때 KBS가 중계방송을 할 정도였다."

베트남 특수가 '한강의 기적'을 이루는 데에 큰 기여를 했다는 사실을 부인할 수는 없을 것이다. 그러나 정부의 파병 군인들에 대한 보상은 제대로 이루어지지 않았다. 베트남 파병 군인들은 지금까지도 고엽제 피해와 다른 전쟁 후유증으로 고통받고 있지만, 정부는 그간 그들을 외면해왔다. 또 다른 문제도 있다. 문부식(2002)은 베트남전쟁과 광주항쟁이 무관치 않다며 한국 군인들이 베트남에서 저지른 끔찍한 폭력을 소개한 후 다음과 같이 주장한다.

"그런 참전 용사들이 벌어들인 달러는 그들의 부모 형제가 사는 한국 사회의 농촌 구석구석까지 전해졌다. 한국인들이 그야말로 고루고루 '달러의 맛'을 본 시기가 그때다. 그것을 대가로 한국인들은 폭력에 대한 무감각, 다수의 이익을 위해서는 소수가 희생되어도 된다는 윤리적 감각의 황폐화, 말하자면 '성장의 열매'와 폭력이 공존하는 현실에 적응하는 법을 배웠다."

미국-베트남 국교 정상화

미국이 베트남에서 패배한 지 20년이 지난 1995년 8월 5일 미국의 워런 크리스토퍼(Warren M. Christopher) 국무장관이 하노이를 방문, 응우엔 만 캄 베트남 외무장관과 만나 국교 정상화 협정에 조인했다. 1997년 두 나라는 대사를 교환했고, 양국 고위관리들의 교차 방문이 이어졌다.

베트남전이 끝난 지 25년이 되는 2000년 4월 30일 미국 신문들은 깊은 사색에 들어갔다. 『뉴욕타임스』는 이날 사설에서 "미국인과 베트남인들이 부질없이 흘린 피의 책임은 존슨 대통령에게 있다"고 비판했다. 또 "베트남전 수행은 그 어떤 국익에도 기여하지 못했으며, 존슨 대통령과 로버트 맥나마라 당시 국방장관 등 전쟁을 이끌었던 사람들도 그때 이 사실을 알고 있었다"고 썼다.

반면 『워싱턴포스트』의 같은 날 사설은 "베트남전에서 목숨을 잃은 5만 8000여 명의 미국인을 위해, 그들이 싸움에 나선 커다란 대의와 정의를 기억하는 게 중요하다"고 썼다. "걸프전은 '베트남 쇠약 증후군'으로부터 군대를 치료해 벗어나게 했다"고 안도감도 나타냈다. 또 「베트남에서 온 사람들의 세 가지 길」이란 제목의 1면 기사에는 미국에 이민 온 세 베트남인의 인생역정을 소개했는데, 이들은 모두 남베트남군 출신이었다. 베트남전 참전으로 '명예의 메달'을 받았던 네브래스카(Nebraska) 주 민주당 상원의원인 봅 커리(Bob Kerrey)의 의견광고도 게재됐다. "우리는 옳은 편에서 싸웠다. 미국이 진 이유는 피로와 자기 회의에 굴복했기 때문이다"는 내용의 이 광고 옆에는 베트남에서 미군의 철수를 한탄하는 베트남계 미국인 5명의 목소리가 실

베트남전 당시 미군의 구조를 기다리는 베트남 난민. 이들은 어선 한 척으로 바다에서 8일을 버
텼다.

렸다. 이들 중 4명은 남베트남군 장교이거나 이들의 친척이었다.

'워싱턴포스트 컴퍼니'가 소유한 『뉴스위크』 5월 1일 발행호에는
다음과 같은 꼭지 두 개가 실렸다. 분석 및 평가는 거의 찾아볼 수 없
는 「사이공의 최후의 나날들」이란 기사와, 헨리 키신저 당시 국무장
관의 글. 여기서 키신저는 "미국 '예외주의'라는 전통이 베트남전의
중요한 '희생자' 중 하나"라고 주장했다. 그는 "드높이고 옹호해야

할 미국 가치의 타당성을 둘러싸고 격렬한 분열에 휩싸였다"며 "베트남전에 대한 균형 잡힌 평가"를 촉구했다. 그러나 그의 글에는 베트남인 200여 만 명이 미군의 손에 숨졌다는 사실에 대한 평가는 없었다.(조준상 2000)

2000년 11월 빌 클린턴 미국 대통령이 베트남을 방문했고, 이듬해 양국은 베트남전 고엽제 피해에 대한 공동조사에 들어갔다. 2006년 6월에는 응우옌민찌엣(Nguyen Minh Triet) 베트남 주석이 종전 이래 베트남 국가원수로서는 처음으로 미국을 국빈(國賓) 방문했다. 그는 옛 월남에서 빠져나온 보트피플(난민)을 중심으로 베트남인 100만 명이 살고 있는 로스앤젤레스를 방문해 이례적인 환영을 받기도 했다.

국교정상화 이후 두 나라 간에는 경제협력이 급속도로 진전됐다. 양국 간 교역량은 2001년 15억 달러에서 2002년 28억 달러, 2003년 60억 달러, 2005년 96억 달러로 급증했다. 두 나라는 2006년 항구적 정상무역관계(PNTR)를 수립해 교역의 장벽을 없앴다. 그러나 이면의 상흔은 아직 다 가시지 않았다. 2009년 7월말 하노이발 AP통신에 따르면 베트남 중부 6개 주에서는 아직도 3분의 1에 해당하는 지역이 지뢰와 불발탄으로 덮여 있다. 베트남 군 고위관계자는 "불발탄과 지뢰를 모두 없애는 데에는 300년이 걸릴 것"이라고 말했다. 아이러니하게도 지뢰·불발탄 실태조사를 하며 지원캠페인을 벌이는 사람들은 미국의 베트남전 참전군인들이었다. 2008년까지 지뢰·불발탄으로 숨지거나 다친 사람은 베트남 전체에서 2만 7000명이 넘었다.(구정은 2009)

오늘날 해마다 2000만 명이 워싱턴에 있는 베트남전쟁기념관을 찾는다. 광택 있는 검은 화강암으로 지은 벽에는 베트남전쟁에서 사망한 5만 8000여 명의 미군 이름이 새겨져 있고, 수많은 가족이 자손들에게 그 이름을 보여주며 탁본을 뜨고 꽃을 바친다.

닐 퍼거슨(Niall Ferguson 2010)은 『콜로서스: 아메리카 제국 흥망사(Colossus: The Rise and Fall of American Empire)』(2004)에서 "미국은 베트남에서 체면이 깎였다. 미국이 잃은 것은 그것밖에 없다"고 단언했다.(Foster 2008) 그렇다면

사망하거나 실종된 병사들의 이름이 새겨진 베트남전쟁기념관.

더욱 문제다. 미국이 단지 제국의 체면을 위해 베트남전에 '올인' 했다는 논리도 가능해지기 때문이다.

베트남이란 나라가 미국이 모든 걸 걸어야 할 만큼의 가치는 없었다는 게 미국에서 자주 불거져 나오는 지적이다. 그럼에도 그렇게 된 이유와 관련해, 하버드대학 심리학과의 제임스 톰슨(James C. Thomson Jr., 1931~2002) 교수가 미국의 베트남 재앙을 신랄하게 비판하면서 제시한 '인간 에고 투자(human ego investment)'라는 개념을 주목할 만하다.

"어떤 결정에 참여한 사람은 그 결정에서 이해관계를 만들어낸다.

그 뒤로도 그 사람이 그것과 관계된 결정에 더 깊이 개입하면 그들의 이해관계 또한 점점 더 커져간다. 결정이 거치는 여러 단계 중에서 비교적 초기 단계에 놓여 있을 때에는 그 사람에게 강한 자신감을 거둬들이라고 설득할 수도 있을 것이다. 그러나 단계가 올라가면 올라갈수록 설득 작업은 더욱더 불가능해진다. 거기에서 마음을 바꿀 경우, 그전에 있었던 일련의 결정을 부인한다는 뜻이 은연중에 담기기 때문이다."(Lipman-Blumen 2005)

이는 앞서 거론한 '콩코드 효과' 또는 '매몰비용 효과(sunk cost effect)'로도 볼 수 있겠다. 물론 초강대국으로서 갖는 체면의 '매몰비용 효과'도 가능한 가설이다. 세계평화를 위해서는 "내셔널리즘의 괴물인 강대국들은 깨어져 조그마한 나라들로 대체되어야 한다"는 레오폴드 코어(Leopold Kohr)의 주장이 옳다는 말인가? 그는 "모든 사회적 불행의 숨은 원인은 단 하나, 팽창인 것 같다"며 "무언가가 잘못되어 있는 곳에는 무언가가 과도하게 커져 있다"고 했다. 그렇다. 미국의 축복이자 저주, 그것은 바로 미국이 너무 크다는 것이다.

참고문헌 Bowen 1987, Bryson 2009, Chomsky 2004a, Davis 2004, Englert 2006, Ferguson 2010, Foster 2008, Lipman-Blumen 2005, Nation 1987, Norberg-Hodge 2000, Preiswerk 1982, 강준만 2002-2006, 구자룡 2000, 구정은 2009, 김봉중 2006, 김성진 1999, 김영삼 2000, 김학준 1995a, 문부식 2002, 서중석 1997, 손세호 2007, 요미우리 1996, 요시다 도시히로 2008, 이병천·이광일 2001, 전인영 1996, 조국 1988, 조준상 2000, 최규장 1998, 한도현 1999

'킬링 필드'
캄보디아의 대학살

미국의 캄보디아 폭격이 낳은 비극

베트남전쟁의 종전으로 이제 동남아시아에는 평화가 찾아왔을까? 전혀 그렇지 않았다. 캄보디아의 폴 포트(Pol Pot, 1928~1998)는 공산혁명을 통해 '민주 캄푸치아(democratic Kampuchea)' 라는 공화국을 출범시켜 사회를 사회주의로 완전 개조하고자 하는 과정에서 '킬링 필드(Killing Field)' 로 알려진 대학살을 자행했다.

킬링 필드는 주로 '민주 캄푸치아' 의 학살만을 의미한다고 알려져 있으나, 넓게는 미군의 학살도 포함하는 개념이다.(한국에서는 1987년 대선 직전 KBS가 영화 〈킬링 필드[The Killing Fields]〉[1984]를 긴급 편성했는데 〈민중 민주주의란 무엇인가〉, 〈동토의 광란〉 등과 같이 방영함으로써 선거에 영향을 주는 불공정방송을 했다는 비난을 받은 바 있다.)

폴 포트의 본명은 살로스 사르(Saloth Sar)로 '폴 포트' 는 공산혁명 이후 1976년 민주 캄푸치아국 선포와 함께 지은 이름이다. 폴 포트는

1949~1952년 파리 유학 시절 공산주의 사상에 깊이 빠져 1952년 프랑스 공산당에 가입했다. 폴 포트는 노르돔 시아누크 중학교 시절의 한 학년 후배인 키우 삼판(Khieu Sampan)을 상징적 국가 원수로 앉혔다. 로버트 케이플런(Robert D. Kaplan 1997)에 따르면, 키우 삼판은 소르본 대학에서 쓴 박사학위 논문에서 도시에는 '기생충'들이 살고 있으므로, 이 기생충들을 '대량 이송'으로 농촌에서 소개시켜 농업의 성장을 꾀해야 한다고 주장한 인물이었다.

이들은 1960년대 초에 캄보디아 농촌에 돌아가서 '크메르 루주(Khmer Rouge; 붉은 크메르)'라는 이름으로 알려진 운동을 시작했다. 그 운동가들 역시 '크메르 루주'로 불렸다. 캄보디아 국왕 노로돔 시아누크는 프랑스 식민 시절이던 1941년 왕위에 올랐다가 독립 1년 후인 1955년 스스로 국왕 자리를 버리고 선거를 통해 정치 지도자로 변신했지만 1970년 미국의 지원을 받은 론 놀(Lon Nol, 1913~1985) 장군의 쿠데타로 쫓겨났다. 크메르 루주의 적은 친미(親美) 론 놀 정권이었다.

케이플런은 "닉슨의 엉성한 정책은 1969년의 캄보디아 비밀폭격과 1973년에 있었던 또 한 차례의 폭격으로 나타났다. 캄보디아 농촌을 휩쓴 B-52 폭격기들은 분노한 농민들을 크메르 루주의 품 안에 더 많이 안겨줄 뿐이었으며, 이에 따라 서방과 캄보디아 도시민들에 대한 크메르 루주의 증오심은 더욱 강화되었다. 캄보디아와 크메르 루주에 대한 닉슨과 키신저의 무지(無知)는 현대사에서 유례를 찾아보기 힘든 외교정책상의 파국을 가져왔다"고 전한다.

앞서 보았듯이, 남베트남 패망 직전인 1975년 4월 17일 크메르 루주는 론 놀 정권을 무너뜨리고 프놈펜을 점령했다. 크메르 루주는 민주

미국은 공산화를 막는다는 이유로 쿠데타로 집권한 론 놀 정부를 원조했고, 이는 폴 포트(오른쪽에서 두 번째 착석) 정권의 태동을 부추겼다.

캄푸치아를 세우고 3년 7개월의 통치 기간에 변형된 변증법적 유물론과 대중노선 등 급진적 사회주의 정책과 반베트남 인종주의를 바탕으로 캄보디아를 개조하기 시작했으며, 도시민들을 미리 계획한 대로 농경지대와 시골지역으로 추방하기 시작했다. 이상적인 농촌 공산사회를 건설한다는 미명 아래 이루어진 일이었다. 프놈펜 점령 이후 두 달 동안 전국적으로 200만~300만 명이 농부로 신분이 바뀌어 시골로 이동되었다.

김성주(2003)에 따르면 "긴 이동행군 중 노약자와 환자, 어린이 들은 말라리아와 풍토병이 시달려 죽기도 했다. 그러나 혁명군은 대열에서 이탈한 사람들을 짐승보다도 더 잔인하게 대했다. 추방 길을 인

솔한 부대원은 대부분 시아누크 정부와 론 놀 정권 시대의 가난한 하층민들로 1970년에서 1975년 사이에 캄보디아 공산당에 가입하여 무산계급 혁명을 교육받으며 착취계급에 대한 증오를 키웠던 사람들이었다."

캄보디아는 2500개가 넘는 사찰이 있는 불교국가였지만, 크메르 루주는 종교 지도자들을 모두 처형하고 불교의 씨를 말리는 정책을 폈다. 폴 포트는 시장을 폐쇄하고 학교 문을 닫으면서 "지금까지의 교육은 미 제국주의만 가르쳐왔으므로 학교는 모두 폐쇄되었다. 당신들은 지금부터 논밭에서 배워야 한다"고 말했다. 크메르 루주는 "살고자 하면 반드시 죽고, 죽고자 하면 반드시 산다"는 슬로건을 내걸고 무자비한 강제노역을 밀어 붙였으며, 노동할 힘과 의지가 없는 사람은 곧바로 총살했다.

남부 캄보디아에서 발원한 크메르족만이 순수한 민족이라고 생각한 폴 포트는 크메르족에 의한 캄보디아 건설을 이상으로 삼아 상상을 초월하는 '인종 청소'를 저질렀다. 캄보디아 내 중국인과 베트남인이 '청소' 대상이었다. 특히 베트남인들에 대한 증오가 강해, 베트남 여자와 결혼한 캄보디아인들은 아내를 죽이지 않으면 처형될 것이라는 명령을 받았다. 그 결과 2만 명 이상의 베트남인들이 목숨을 잃었다.(이종호 2010)

누구를 죽이건 살인 방식은 그 유례를 찾기 어려울 정도로 잔인했다. 케이플런에 따르면 "베트남인이라는 죄밖에 없는 국경선 너머의 동료 공산주의자들과 싸우기 위해 총탄을 아껴야 했기 때문에, 피살자 100만~150만 명 중에서 수천 명은 괭이와 삽으로 머리를 쳐서 죽였다.(여러 세대 동안 캄보디아에서 평화롭게 살아 온 약 20만 명의 베트남 교민들이 5열[간첩]의 의혹을 받고 처형되었다.) 캄보디아 학살에서 가장 특이한 점은 크메르 루주의 최고 지도층은 이런 짓을 할 의도가 전혀 없었다는 점이다. 폴 포트와 키우 삼판 등은 실제로 자기들의 급속한 사회변혁 계획은 아무도 죽이지 않고서도 대다수 캄보디아인들에게 보다 나은 삶을 가져다줄 수 있다고 생각했다."

100만~200만 명 학살

크메르 루주의 2인자였던 전 캄푸치아 공산당 부서기장 겸 국회의장 누온 체아(Nuon Chea)는 정문태(2005)와의 인터뷰에서 도시민을 농촌으로 추방한 이유에 대해 전혀 다른 주장을 폈다. "1969~1973년에 미국이 베트콩을 잡겠다며 아무 잘못도 없는 캄보디아에 융단폭격을 가해 50만~80만 명의 양민을 학살했잖아. 게다가 미국이 조종해온 론 놀 괴뢰정부를 우리가 뒤엎고 프놈펜에 입성했으니 미군 폭격을 염려했을 수밖에. 냉전이 온 세상을 지배한데다 베트남전쟁이 마지막 발악을 하고 있던 상황까지 염두에 둔다면, 그런 결정은 상식으로 봐야 해. 미군 폭격이 예상되는데도 인민들을 도시에 앉혀 놓고 죽도록 내버려둘 수 있었겠어?"

누온 체아는 "왜 그런 순수한 주민 소개령이 강제노동으로 변했나?"라는 질문에 대해서는 이렇게 답했다. "당시 상황을 봐. 모든 부를 미국에 기생했던 론 놀 정권 하수인들이 빼먹고 인민들은 먹을거리도 약품도 없었던 시절이야. 캄보디아는 농업사회야. 인민들이 먹으려면 농사를 지어야 하지 않겠어? 그래서 도시민들도 농사를 짓게

했던 거야."

누온 체아는 대학살이 벌어진 이유에 대해서는 "아무도 인민을 처형하겠다는 계획이나 전략을 생각한 적이 절대로 없었어"라면서 "혁명전선 내부에 여러 파벌이 섞여 있어 중앙 지도부가 완전히 통제할 수 없었기 때문이야. 최고지도부의 명령이 하부로 내려가면서 파벌들에 의해 변질됐겠지. 전국적으로 하부 단위 군인들이 벌이는 일을 중앙 지도부가 모두 관리할 수도 없었고"라고 주장했다.

캄보디아에서 베트남인들의 학살이 계속되자 참다못한 베트남이 1978년 12월 24일 15만 명의 군대를 동원해 전면 공격에 들어갔고, 1979년 1월 베트남군이 프놈펜에 입성했다. 얼마나 당했으면 캄보디아인들이 베트남군을 해방자로 환영했을까. 폴 포트는 북부 산악 지대로 도피해 게릴라전을 계속했는데, 공산 베트남이 소련과 동맹관계에 있었기 때문에 미국과 그 동맹국인 태국은 1980년대 내내 중국의 무기 지원을 받아 베트남 점령당국과 싸우고 있던 크메르 루주를 지원했다. 그래서 캄보디아 침공 후 10년 동안 베트남 군인 약 5만 명이 캄보디아에서 죽었고 20만 명이 부상당했다.

크메르 루주의 집권 3년 7개월 동안 얼마나 죽었는지 아무도 모르지만 인구 800만 명 중 적어도 100만 명 이상의 캄보디아인이 처형, 고문, 굶주림, 가혹한 노동 등으로 숨졌으며 그 가운데 50만 명은 처형되었을 것으로 추정되었다. 200만 명 이상이 살해되었다는 주장도 있다. 상상을 초월하는 이런 학살극에 대해 케이플런은 캄보디아 역사에는 늘 잔인한 만행이 있었다고 주장한다.

"크메르 루주가 집권하기 전인 1970~1975년 내전 중에도 분노한 군중이 국회의원 두 명을 살해하여 공개적으로 그 시신을 먹은 적이 있었다. 크메르 루주가 승리하기 전 5년 동안 수많은 민간인을 포함한 50만 명이 피살되었다. 크메르 루주는 이 같은 폭력적인 경향을 부추기기 위해 의도적으로 10~12세짜리 어린 소년들을 전투원과 간부로 선발했다. 이렇게 해서 크메르 루주는 아직 제대로 '사회화'하지 않은 군대를 만들어냈다. 그것은 동정심이라곤 찾아볼 수 없는 어린이 군대였다. …… 인도차이나의 어디에도 캄보디아처럼 도시와 농촌이 분리된 나라는 찾아볼 수 없다. 이 나라의 숲은 울창하며 프놈펜 같은 도시에는 바둑판 같은 거리에 식민지시대의 유럽풍 건물들이 들어서 있다. 크메르 루주가 보기에 이런 도시에서 사는 사람들은 동포가 아니라 역사적으로 캄보디아를 착취해온 베트남 교민들과 마찬가지로 모두가 '기생충'이며 '적'이었다."

케이플런은 "나는 서아프리카가 겪고 있는 마구잡이 범죄 등 사회적 혼란은 취약한 문화적 기반, 대부분의 지역이 금세기에 와서야 문자를 갖게 되었다는 사실 그리고 다른 문명들로부터의 지리적 고립 등이 가져온 결과라고 생각했다. 그러나 지금 내가 와 있는 곳은 동남아 불교와 유교의 발상지이며, 1200년이나 된 문자를 가진 고장이고 주변의 모든 나라가 어느 정도 인상적인 경제성장 단계에 접어들고 있는 고장이었다"고 지적하면서 다음과 같이 말한다.

"그런데도 캄보디아는 마구잡이 범죄와 모기가 전파하는 질병, 폭도를 닮은 정부군, 게릴라 때문에 통치가 불가능한 농촌지방 등 어딘가 시에라리온을 닮은 데가 많았다. 사실 캄보디아의 문자 해독률은 35퍼센트로 시아에라리온의 21퍼센트보다 높았다. …… 닉슨과 키신저, 특히 크메르 루주가 캄보디아를 파멸시킨 것이다. …… 나는 캄보디아나 시에라리온 같은 나라들이 실패하는 이유를 설명하는 데 있어 아직은 문화가 중요한 요소라는 생각이 들었다. …… 아마도 크메르인 같은 토착민족은 타이인이나 베트남인처럼 역사적으로 대규모로 이주한 집단에 비해 역동성이 떨어지는 것 같다. 캄보디아가 안고 있는 특수한 문제는 라이베리아의 경우처럼 고립과 불신을 불러일으키는 그 울창한 산림과 관계된 것인지도 모른다."

과연 그럴까? 그렇다면 1975년 12월 7일 인도네시아가 역사적으로나 인종적으로 아무런 관련이 없는 동 티모르를 침공해 이후 전 인구의 3분의 1인 20만 명을 학살한 비극은 어떻게 보아야 할까? 그리고 친미적인 수하르토(Suharto)의 1965년 쿠데타에서부터 수십 만 명의 농민 학살에 이르기까지 미국의 지원과 방관이 있었고, 쿠데타 직후 수하르토(Suharto)에게 5000여 명의 살생부를 건넨 것도 미국이었고, 동 티모르 침공 몇 시간 전 자카르타를 방문한 미국의 제럴드 포드 대통령과 헨리 키신저가 인도네시아 정부와 은밀하게 교감했고, 이스라엘이 인도네시아에 미국 전투기를 공급했으며 대량학살을 미국, 영국, 호주, 독일, 프랑스 정부 등이 외면했다는 사실은 어떻게 보아야 할까?(Chomsky 2001a · 2002a, Chomsky & Herman 1985 · 2006, Edwards 2004, 황성환 2006)

킬링 필드의 저주

크메르 루주 몰락 이후에도 내전에 시달렸던 캄보디아는 1993년에서야 비로소 유엔의 도움으로 입헌군주제 국가로 재탄생했다. 민주 캄푸치아 정부에서 1년간 국가수반 노릇을 하다가 쫓겨나 외국을 떠돌아다니던 노로돔 시아누크가 다시 국왕 자리에 올랐다.(시아누크는 2004년 말 왕위를 아들에게 물려주었다.) 국토의 20퍼센트를 게릴라들이 장악하고 있던 1990년대 중반 캄보디아에 묻힌 지뢰는 1000만 개에 이르렀다. 지뢰 때문에 매달 200~300명의 부상자가 생겨 캄보디아는 세계에서 불구자 비율이 가장 높을 것으로 추정되었다.

1997년 노벨평화상 수상자인 대인지뢰 제거 운동가 조디 윌리엄스 (Jody Williams)는『중앙일보』1998년 2월 4일자 대담에서 "캄보디아 국토의 50퍼센트가 넘는 지역이 지뢰 위험에 노출돼 있습니다. 농업 국가인 나라에서 마음 놓고 농사를 짓지 못할 정도입니다. 한번은 난민 8만 5000여 명이 이동했는데 겨우 2만여 명이 살아 남았습니다"라고 말했다.

1996년 8월 크메르 루주의 민주 캄푸치아 정부에서 부총리 겸 외무장관을 지낸 이엥 사리(Ieng Sary)가 1만여 명에 이르는 크메르 루주 군대를 이끌고 훈 센(Hun Sen) 총리에게 투항했으며, 폴 포트는 1998년 4월 15일 밀림에서 사망했다. 1998년 12월 25일에는 누온 체아 및 대통령과 총리를 지내며 민주 캄푸치아의 '얼굴 마담' 노릇을 했던 키우 삼판이 투항함으로써 크메르 루주는 사실상 붕괴되었다.

2004년 11월 초 캄보디아 내전 당시 베트남군의 공격을 피해 정글로 숨어들었던 크메르 루주 게릴라와 가족들이 캄보디아와 라오스 접경지대에서 라오스군에게 발견되었다. 일행의 수는 1979년에는 4가구 12명이었으나, 그동안 모두 22명의 아이를 낳아 34명이 되었다. 이들은 영양부족 상태인데다 나뭇잎과 나무껍질로 옷을 해 입은 원시인의 모습이었다. 도피 당시 15세였던 렉 문은 "생존을 위해 삼킬 수 있는 것은 모두 먹었다"면서 "그래도 정글 밖을 나갈 생각은 하지 못했다"고 말했다.

캄보디아는 킬링 필드의 후유증 탓으로 2003년 1인당 국민소득 290달러의 최빈국으로 머무르고 있다. 1200만 인구의 40퍼센트 이상이 하루 1달러 정도의 수입으로 살아가고 있다. 부정부패도 극심해 최대 5억 달러에 이르는 잠정적 정부 세입이 해마다 밀수나 횡령을 비롯한 불법행위로 새나가고 있다. 킬링 필드의 저주는 아직도 계속되고 있는 것일까?

크메르 루주 정권이 붕괴된 지 30년 만인 2009년 11월 초순, 캄보디아 정부는 프놈펜의 시소와드 고등학교 등 전국 고교를 대상으로 크메르 루주의 학살행위를 수록한 책을 배포하기 시작했다. 캄보디아 청소년들은 종전에는 부모와의 대화를 통해 크메르 루주의 폴 포트 정권이 저지른 학살행위에 관해 들었으나 앞으로는 교과서를 통해 어두웠던 조국의 역사를 배우게 됐다. 지금까지의 교과서는 폴 포트 시대에 관해 불과 다섯 문장만을 실었다. 하지만 이 교과서는 다섯 개의 문장을 확대해 한 권의 책으로 편찬된 것이다.

이 역사책은 캄보디아 문헌 센터가 수집한 폴 포트 정권의 잔학행위에 관한 증거들을 역사학자 캄볼리 다이가 정리했다. 하지만 그 역시 민감한 문제를 조심스럽게 다루고 있다. 강제노동, 숙청, 학살, 고문 등의 독립된 장을 갖고 있지만 생생한 사진을 싣지 않았다. 시소와드 고등학교의 역사교사 임 사오 소카는 "젊은이들이 조국의 역사에서 과거 어떤 불행한 사건이 일어났는지 제대로 이해한다면 향후 '킬

링 필드' 같은 불행한 역사는 되풀이되지 않을 것"이라고 말했다.(설
원태 2009)

2009년 11월 25일 '킬링 필드' 대학살 가담자에 40년 형이 구형됐
다. 이날 캄보디아 검찰은 '더치(Duch)'라는 이름으로 더 잘 알려진
전 투올 슬랭(S-21) 교도소장 카잉 구엑 에아브(Kaing Guek Eav)에게 종
신형이나 다름없는 40년 형을 내린 것이다. 유엔이 지원하고 있는 크
메르 루주 전범재판소는 캄보디아 정부와의 협상에 따라 최고 형량을
사형이 아닌 종신형으로 규정하고 있다. 유엔과 캄보디아 정부는 10
년 동안 협상을 벌인 끝에 2006년 전범재판소를 설치했다. 캄보디아
정부가 크메르 루주 지도자들을 처벌할 경우 정국이 또다시 불안해질
우려가 크다며 이들에 대한 처벌에 소극적인 입장을 보였기 때문이
다. 하지만 캄보디아 내에서는 크메르 루주가 자행한 반인륜적인 범
죄의 진실을 밝혀내고 가해자들을 처벌해야 한다는 목소리가 작지 않
은 상황이다.

에아브는 크메르 루주 정권에 협력하지 않는다고 수감된 사람들을
무차별적으로 처형하고 고문한 혐의를 받았다. 그가 교도소장으로 재
직할 당시 수감자 1만 6000명 중 살아남은 사람은 14명뿐이었다. 캄보
디아와 태국 국경지역에 숨어 살던 그는 1999년 체포됐다. 빌 스미스
검사는 이날 최후 논고에서 "에아브는 크메르 루주 정권의 충실한 대
리인이었다"며 "당초 45년을 구형하려 했지만 그가 이미 상당기간 복
역하면서 범죄를 시인했고 수사에도 적극 협력한 점을 고려해 형량을
낮췄다"고 밝혔다.

에아브는 "수감자들을 외과적인 연구대상으로 삼아 피를 뽑아 살

해하기도 했다. 하지만 권력자의 명령에 따랐을 뿐"이라고 항변했다. 에아브를 포함해 전범 혐의로 기소된 크메르 루주 고위 간부는 모두 5명이다. 나머지는 2인자로 군림했던 누온 체아를 비롯해 키우 삼판 전 국가원수, 렝 사리 전 외무 장관, 렝 트리드 전 사회부 장관 등이다. 이들에 대한 재판은 2011년에 시작될 예정이다.(최익재 2009)

오늘날 킬링 필드는 이른바 '다크 투어리즘(Dark Tourism)'의 명소로 각광을 받고 있다. '다크 투어리즘'이란 휴양과 관광을 위한 일반 여행과 달리 재난과 참상지를 보며 반성과 교훈을 얻는 여행을 말한다. 인간말종 집단이라 할 크메르 루주 뒤에 미국의 지원이 버티고 있었다는 사실을 얼마나 많은 관광객이 깨닫고 돌아갈지는 의문이지만 말이다.

참고문헌 Chomsky 2001a · 2002a, Chomsky & Barsamian 2009, Chomsky & Herman 1985 · 2006, Cochrane 2004, Edwards 2004, Kaplan 1997, Neale 2004, Osborne 2000, 김성주 2003, 설원태 2009, 유신모 2004, 이종호 2010, 이홍우 2004, 정문태 2005, 최익재 2009, 홍윤서 2003, 황성환 2006

'가족시청 시간제' 와 '바바라 월터스 파동'
텔레비전의 방어와 공격

〈본 이너슨트〉 파문

1974년 4월 『유 에스 뉴스 앤드 월드 리포트(U. S. News and World Report)』의 여론조사에서 재미있는 결과가 나왔다. "미국에서 가장 영향력 있는 조직이나 집단은 누구인가?" 이 질문에서 1위는 백악관이어야 마땅하겠건만, 백악관은 2위로 밀려났다. 1위는 바로 텔레비전이었다. 연방대법원이 공동 2위를 차지했고, 신문은 3위였다. 이제부터 이야기할 〈본 이너슨트〉 파문은 이런 맥락에서 이해하는 게 좋겠다.

1970년대 초반 네트워크 텔레비전에서 가장 맹활약을 한 프로그램 장르는 텔레비전용 영화였다. 그러나 텔레비전용 영화는 텔레비전용이라곤 하지만 영화적 요소를 많이 담고 있었기 때문에 늘 섹스와 폭력의 과도한 묘사가 큰 문제가 되었다. 특히 1974년 9월 10일 NBC가 방영한 텔레비전용 영화 〈본 이너슨트(Born Innocent)〉는 큰 파문을 몰고 왔다. 이 영화는 불량청소년들을 격리하여 수용하는 재생원이 한

십대 소녀에게 미치는 악영향을 주제로 한 것이었다. 이 영화에서 14세의 순진한 주인공 소녀가 다른 수감 소녀들에게 끌려가 하수구를 뚫는 막대기로 강간을 당하는 장면은 시청자들에게 큰 충격을 안겨주었다. 이 프로그램이 방영된 직후 뉴욕, 로스앤젤레스, 워싱턴, 시카고 등의 NBC 직할방송국들은 3000여 건의 편지와 전화를 받았는데 20대 1의 비율로 NBC를 비판한 것이었다.

영화가 방영된 지 4일 후 캘리포니아에서는 7세 소녀와 그녀의 친구가 3명의 십대 소녀와 1명의 십대 소년에게 공격 당해 맥주병으로 강간을 당하는 사건이 발생했다. 공격에 가담한 한 청소년은 경찰에서 범죄의 힌트를 〈본 이너슨트〉에서 얻었다고 말했다. 공격을 당한 소녀의 부모는 NBC를 상대로 소송을 제기했으며 시청자단체들은 성과 폭력이 난무하는 텔레비전의 문제점을 다시 본격적으로 거론하기 시작했다. FCC는 텔레비전의 성과 폭력에 대해 조치를 취해야 할 입장에 놓였다. 그러나 법적으로 그럴 능력을 부여받지 못한 FCC가 할 수 있는 일은 극히 제한되어 있었다. FCC 위원장 리처드 와일리 (Richard Wiley)는 1974년 11월 방안을 강구하기 위해 3대 네트워크의 간부들과 일련의 회동을 갖기 시작했다. (Brown 1975, Cowan 1978)

1974년 12월말 프랭크 스탠턴의 뒤를 이어 당시 방송계의 대변인을 자처하던 CBS 사장 아서 테일러(Arthur R. Taylor)는 3대 네트워크들이 저녁 7시부터 9시 사이에는 전 가족 시청에 적합한 프로그램만 방영하자는 이른바 "가족시청 시간(family viewing time)" 제도를 제안했다. CBS가 선두에 나설 테니 나머지 네트워크들이 따라달라는 것이었다.

그로부터 한 달 후 미국 방송계에서 자율규제기구의 성격을 갖고 있는 NAB(National Association of Broadcasters)는 CBS가 제안한 "가족시청 시간 제도"를 전 방송계 차원에서 실천하기로 결의했다. NAB의 새로운 강령은 가족시청에 적합지 않은 프로그램을 가족시청 시간에 방영해서는 안 되며 또 다른 시간대에 방영하더라도 그 프로그램이 성인용이라는 경고를 방송 시작 전에 내보내야 한다고 규정했다.(Broadcasting 1975)

가족시청 시간제의 문제

급조된 가족시청 시간제는 몇 가지 문제점을 안고 있었다. NAB는 가족시청 시간을 저녁 7시부터 9시까지라고 규정했지만 7시부터 8시까지는 뉴스가 방영되었기에 실제 적용 시간은 1시간에 불과했다. 게다가 가족시청 시간에 적합한 프로그램의 기본이 전혀 명시되어 있지 않은 점도 문제였다. 아이들이 학교에서 돌아오는 시간인 저녁 5시에서 7시 사이에는 과연 어떻게 할 것인가도 문제가 아닐 수 없었다. 『타임』은 가족시청 시간제가 FCC와 네트워크들이 성과 폭력에 대한 시청자 및 의회의 반발을 회피하기 위해 내놓은 "냉소적인 타협책"이라고 평했다.(Broadcasting 1975a, Reel 1979, TV Guide 1975)

네트워크들은 1975년 시즌부터 가족시청 시간에는 모든 가족들이 다 시청할 수 있게끔 성과 폭력이 전혀 없는 프로그램들만 방영했다. 그에 따라 CBS의 〈월튼네 가족(The Waltons)〉, ABC의 〈초원의 집(Little House on the Prairie)〉, 〈스타스키와 허치(Starsky and Hutch)〉, 〈600만 달러의 사나이〉, 〈바이오닉 우먼〉 등 가족드라마와 어린이들을 위한 '키드비드(kidvid)'가 큰 인기를 얻었다. 반면 가족시청 시간대 이후의 시간에는 성과 폭력이 예전보다 더 자유롭게 묘사됨에 따라 청소년들이 늦게까지 잠들지 않고 텔레비전을 보는 부작용을 낳아 소기의 성과를 거둘 수 없었다.

더욱이 방송편성상의 변화로 인해 피해를 입는 프로그램의 제작자들이 크게 반발하고 나섰다. 〈매시〉의 제작자인 진 레이놀즈(Gene Reynolds)는 가족시청 시간제가 "섹스나 폭력이 아니라 사상에 대항하기 위한 것"이라고 비난했다. 독립제작자들은 말할 것도 없고 방송작가조합, 방송연출가조합, 배우조합 등도 가족시청 시간제가 표현의 자유를 침해하고 방송편성에 정부의 개입을 허용함으로써 수정헌법 제1조를 위배했다고 주장했다. 그들은 가족시청 시간제가 자율규제인 양 위장했지만 실은 의회와 FCC의 압력에 따라 불법적으로 생겨났다고 주장했다. 그들은 또 가족시청 시간제는 창작활동을 위축시키고 리얼리즘에 충실하고 사회적 중요성을 반영코자 하는 방송인들의 노력에 역행하는 것이며, 이와 같은 노력은 사회적 문제들을 다루다 파생되는 최소한의 악영향으로부터 아이들을 보호하는 것보다 더 중요한 일이라고 주장했다.(Advertising Age 1975, Broadcasting 1975b)

1975년 12월 〈TV 가이드〉의 여론조사에 따르면 가족시청 시간제를 찬성하는 시청자는 82퍼센트에 이르렀다. 1976년 6월 〈TV 가이드〉의 2차 여론조사는 여전히 80퍼센트의 시청자가 가족시청 시간제를 지지한다는 결과를 보여주었다. 의회 내의 의견은 상원과 하원사이에서 크게 엇갈리고 있었다. 하원 커뮤니케이션 소위원회 위원장 토버트 맥도널드(Torbert H. Macdonald, 1917~1976)는 가족시청 시간제를 텔레비전 네트워크들의 비판을 모면하기 위한 "PR 속임수"라고 비판한 반면, 상원 커뮤니케이션 소위원회 위원장 존 파스토어(John O. Pastore, 1907~2000)는 가족시청 시간제를 "책임 있는 자율규제"라고 칭찬했다.

가족시청 시간제로부터 가장 큰 타격을 입은 프로그램 독립제작자들은 가족시청 시간제를 급기야 법원으로 끌고 갔다. 1976년 11월 워런 페르구송(Warren J. Ferguson, 1920~2008) 판사는 FCC, 3대 네트워크, NAB 등 모두가 수정헌법 제 1조를 침해했다는 판결을 내렸다. 그러나 그는 가족시청 시간제를 취소하라는 판결은 내리지 않았다. 그는 다만 정부는 앞으로 프로그램 편성에 절대 개입하지 말아야 한다고 경고했으며 텔레비전 네트워크들은 그들의 뜻에 따라 가족시청 시간제를 취소할 수도 있다는 판결을 내렸다. 그러나 그와 같은 판결만으로 네트워크들이 갑자기 가족시청 시간제를 없앨 수는 없었다. 네트워크들에 대한 여론의 따가운 시선을 의식하지 않을 수 없기 때문이었다.

바바라 월터스 파동

가족시청 시간제는 텔레비전에 대한 비판을 막으려는 방송사들의 전략이었지만, 방송사들이 방어에만 치중한 건 아니었다. 상업주의는 더욱 치열해졌으며 방송 뉴스도 그런 치열한 상업주의 공세의 대상이 되었다. 1976년경 각 네트워크 보도부문이 네트워크 텔레비전 전체 흑자의 1퍼센트에 이르렀다. 그러나 네트워크는 늘 입으로는 보도부문이 적자를 본다고 강조했다. CBS 사장 테일러가 시인했듯 "뉴스에서 돈을 번다는 것은 좋지 않은 일"로 생각되었기 때문이다.(Matusow 1983)

네트워크들은 내심 뉴스로 돈 벌기에 혈안이 돼 있었다. 이는 1976

바바라 월터스(왼쪽)와 포드 부부. 월터스는 골다 메이어 총리, 블랙팬서의 대변인 캐슬린 닐 클리버, 헨리 키신저, 피델 카스트로 등을 인터뷰해 명사전문 인터뷰어로 자리 잡았다.

년에 일어난 '바바라 월터스 파동'으로 적나라하게 드러났다. 인터뷰를 전문으로 하던 여성 앵커 바바라 월터스(Barbara Walters)가 미국방송 사상 최초로 연봉 100만 달러, 5년 계약의 파격적인 조건으로 NBC에서 ABC로 이적하면서 벌어진 파동이다. 월터스는 ABC 저녁뉴스에서 해리 리즈너(Harry Reasoner)와 공동 앵커로 활약했다. ABC와 맺은 월터스의 계약서는 영화배우의 계약서와 비슷했다. 돈은 ABC가 지불하되 월터스가 마음대로 쓸 수 있는 개인 인력은 연구원, 비서, 분장사, 의상전문인 등 각 1명씩이었다. 월터스는 딸의 보모 월급도 ABC가 지불할 것을 요구했지만 이것만은 거절되었다.(Powers 1977)

당시 CBS 뉴스의 사장이었던 리처드 샐런트(Richard Salant)는 다음과 같이 놀라움을 표시했다. "기절초풍할 지경이다. 이건 저널리즘이 아니라 민요 무용대회다. 바바라 월터스는 저널리스트인가 아니면 셰어

(Cher; 미국의 유명한 여성연예인)인가? 하긴 ABC는 다음에 셰어를 앵커로 쓸지도 모른다. 이런 서커스 분위기가 계속된다면 나도 그런 분위기에 휩쓸리지 않을 수 없겠지만 그 전에 이 바닥을 떠나고 말겠다."

의회에서 커뮤니케이션 소위원회 위원장을 맡고 있던 상원의원 존 패스토어(John Pastore)도 다음과 같은 비판을 퍼부었다. "네트워크들은 커뮤니케이션 소위원회에 나와서는 경제사정이 어렵다며 악어 눈물을 흘린다. 그런데 그들은 이 여자에게 100만 달러를 주겠다는 것이다. 미국 대통령이 버는 것보다 다섯 배나 많은 돈을. 참으로 정신 나간 짓이다." (Barrett 1978)

CBS 앵커맨 크롱카이트도 "네트워크 텔레비전 뉴스를 쇼 비즈니스로부터 멀리하려던 우리의 모든 노력이 수포로 돌아갔다"고 개탄했다. 그러나 월터스는 크롱카이트의 발언에 몹시 분노하여 다음과 같이 그의 위선을 지적했다.

"나는 크롱카이트의 연봉이 정확히 얼마인지 모릅니다. 그러나 장담컨대 내 연봉과 큰 차이가 없을 거예요. 게다가 그는 1년에 3개월간의 휴가를 즐기잖아요. 그래요. 그는 대우를 받을 만하지요. 크롱카이트는 모든 기자, 모든 앵커맨들 가운데 시청자들에게 가장 친절하고 사랑스럽게 보이는 사람이니까요. 그렇지만 그 누구도 내가 얼마나 일을 열심히 하는지에 대해서는 이야기하질 않더군요." (Powers 1977)

월터스의 분노는 어느 정도 정당한 것이었다. 그녀는 당시 방송계에 널리 퍼져 있던 남녀차별주의 때문에 여론의 집중포화를 맞았던 것일 뿐, 이미 남성 앵커맨들은 월터스와 같은 스타의 지위를 만끽하고 있었다. 방송 저널리즘의 스타 시스템은 1970년대 후반 내내 더욱 강화되었으며 1970년대 말에는 '스포츠 저널리즘'의 성격마저 보였다.

독립방송국의 성장과 WTBS

시청률 경쟁에서 승리하여 수익을 늘리려는 ABC의 집요한 노력은 ABC가 1976년부터 방영한 드라마 〈미녀 3총사(Charlie's Angels)〉에서도 나타났다. 가족시청 시간제의 도입과 함께 성을 묘사하는 프로그램을 주시청시간대에 방영할 수 없게 되자 ABC는 겉으로는 '여권신장'을 내세우면서 사실은 섹스를 강조하는 매우 교묘한 방법을 이 프로그램을 통해 선보인 것이다. 이 프로그램에 등장하는 '미녀 3총사'는 매우 격렬한 탐정역할을 하면서도 수시로 비키니 또는 잠옷차림으로 나타났고 또 신체가 많이 노출되는 꽉 낀 옷을 입고 범인과 치열한 격투를 함으로써 그들의 성적 매력을 한껏 과시했다.

한편 1971년에 선포된 PTAR은 네트워크 가맹국에 대한 독립방송국들의 경쟁력을 크게 높여주는 결과를 낳았다. 이를 이해하기 위해 먼저 몇 가지 개념을 이해할 필요가 있다. FCC는 신디케이션(syndication)은 "국내의 복수시장 텔레비전 방송국에 배급하는 프로그램으로 네트워크 프로그램이 아닌 것"이라고 규정했다. 물론 생방송은 신디케이션 프로그램이라고 하지 않는 것이 보통이다. 프로덕션이 제작한 네트워크의 오락 프로그램은 처음 1년간은 네트워크가 국내 독점방송권을 갖지만 그 뒤 방송권은 제작자에게 돌아간다. 네트워크 방송이 끝난 프로그램의 편수가 어느 정도 쌓이면 프로그램 제작자는 그것을 신디케이션 프로그램으로 복수시장의 텔레비전 방송국에 배급한다. 네트워크가 방송한 프로그램을 신디케이션 프로그램으로 재사용하는 까닭에 업계에서는 이런 종류의 프로그램을 "오프 네트워크(off network)" 프로그램이라고 부른다. 전에는 네트워크가 "오프 네트워크" 프로그램을 자회사를 통해 신디케이션에 내보냈지만, 1973년 FCC가 이를 금지했다. 그 후 프로그램 제작사가 "오프 네트워크" 프로그램의 국내배급을 담당했다. 처음부터 신디케이션 프로그램으로 제작 · 배급되는 것은 "first run syndication"이라고 했다.

PTAR에 따르면 네트워크 가맹국이 로컬시간을 메우는 방법은 "first run syndication" 프로그램과 자체제작 프로그램 두 가지뿐이었다. 독립방송국의 경우는 그런 제약이 없었으므로 "오프 네트워크" 프로그램을 효과적으로 사용해 주시청시간의 로컬시간에서 네트워크 가맹국에 대한 경쟁력을 높일 수 있었다.

또 1976년 12월 테드 터너(Ted Turner)라는 인물이 조지아 주 애틀랜타에서 자신의 UHF독립국 프로그램을 위성을 통해 전국의 유선텔레비전 방송국들에게 24시간 방송을 중계하는 WTBS '수퍼스테이션(Superstation)'을 개시한 것은 독립국의 존재를 시청자들에게 인식시키는 데에 크게 기여했다. 통신 분야의 대기업 RCA가 샛콤 위성을 발사했다는 소식을 들은 터너는 자신이 소유한 UHF-TV인 채널 17의 프로그램을 24시간 전국의 케이블 텔레비전에 중계해 광고수입과 가입비를 동시에 벌어들이겠다는 기발한 생각을 한 끝에, 수퍼스테이션을 출범시킨 것이다. 케이블 텔레비전와 위성의 결합으로 탄생된 수퍼스테이션의 개념을 최초로 만들어낸 건 캔자스시티의 UHF 방송국 KBMA-TV의 사장 밥 워밍턴(Bob Wormington)이었다. WTBS와 더불어 시카고의 WGN-TV, 샌프란시스코의 KTVU 등이 미국의 대표적인 수

퍼스테이션으로 떠올랐다.

가족시청 시간제는 전반적인 프로그램의 개선에는 별 영향을 미치지 못했지만 시청자운동을 활성화하는 계기가 되었다. 특히 1976년 대통령선거에서 무명의 민주당 대통령후보 지미 카터는 시민단체들의 지지에 크게 의존함으로써 당선될 경우 시민운동에 대해 모처럼 호의적인 행정부의 출범을 예고했다. 선거유세 시 카터는 당시 소비자운동의 기수 랠프 네이더(Ralph Nader)가 개최한 토론회에 참석하여 텔레비전의 폭력을 규탄하고 자신이 대통령이 될 경우 네이더의 지지를 받는 FCC를 만들겠다고 공언했다.

그러나 이제 곧 살펴보겠지만, 카터 시대는 미국인들에게 또 다른 종류의 환멸만 안겨준다. 미국인들이 느끼는 환멸의 정체는 따져보아야 할 문제지만, 여기서도 문제가 되는 게 바로 미국이 세계를 이끌어야 한다는 자존심과 '명백한 운명', '예외의식' 그리고 '팍스 아메리카나'다. 바로 이 가치를 위해 뛰어들었던 베트남전쟁은 미국인들의 지지를 받지 못했지만, 이는 도덕과 정의감보다는 미국에 참으로 익숙한 승리를 쟁취하지 못한 채 희생이 너무 크다는 문제의식의 산물이었다. 어느 나라 사람이건 승자를 사랑하지 않을 리 없겠지만 "미국인은 승자를 사랑한다"는 말은 특별히 더 맞는 듯하다. 카터 이후에 로널드 레이건 행정부가 등장한 것도 바로 그 법칙의 설득력을 웅변한다. 11권에서는 이 대비되는 두 모습을 살펴보기로 하자.

참고문헌 Advertising Age 1975, Barrett 1978, Broadcasting 1975 · 1975a · 1975b, Brown 1975 · 1982, Castleman & Podrazik 1982, Cowan 1978, Gregg 1977, Hodgson 1977, Küng-shankleman 2001, Matusow 1983, Powers 1977, Reel 1979, Time 1974, TV Guide 1975, 강준만 2001

Lionel Abel, 〈Seven Heroes Of the New Left〉, 「New York Times Magazine」, May 5, 1968, pp.132~133.

Richard P. Adler, ed., 「All in the Family: A Critical Appraisal」, New York: Praeger Publishers, 1979.

Advertising Age, 〈Producers Claim Family Viewing Hour Threatens Their Creative Expression〉, 「Advertising Age」, October 6, 1975, p.44.

Spiro T. Agnew, 〈Television News Coverage〉, Wil A. Linkugel et al., 「Contemporary American Speeches: A Sourcebook of Speech Forms and Principles」, Belmont, Ca.: Wadsworth, 1972, pp.191~200.

타리크 알리(Tariq Ali) & 수잔 왓킨스(Susan Watkins), 안찬수·강정석 옮김, 「1968: 희망의 시절, 분노의 나날」, 삼인, 2001.

J. Herbert Altschull, 〈The Journalist and Instant History: An Example of Jackal Syndrome〉, 「Journalism Quarterly」, 50(1973), pp.489~496.

Samir Amin, 〈NIEO: How to Put Third World Surpluses to Effective Use〉, 「Third World Quarterly」, 1:1(January 1979).

크리스 앤더슨(Chris Anderson), 정준희 옮김, 「프리: 비트 경제와 공짜 가격이 만드는 혁명적 미래」, 랜덤하우스, 2009.

보니 앤젤로(Bonnie Angelo), 이미선 옮김, 「대통령을 키운 어머니들」, 나무와숲, 2001.

Michael J. Arlen, 「Living Room War」, New York: Penguin Books, 1969.

폴 애브리치(Paul Avrich), 하승우 옮김, 「아나키스트의 초상」, 갈무리, 2004.

Ananatha Sudhaker Babbili, 〈International News Flow and the Non-Aligned Nations: The Predicament of Imbalance and the Right to Communicate〉, Ph. D. Diss., University of Iowa, 1981.

Marvin Barrett, ed., 「Moments of Truth?: The Fifth Alfred I. Dupont-Columbia University

Survey of Broadcast Journalism』, New York: Thomas Y. Crowell, 1975.

Marvin Barrett, 『Rich News, Poor News: Alfred I. Dupont-Columbia University Survey of Broadcast Journalism』, New York: Thomas Y. Crowell, 1978.

다니엘 벨(Daniel Bell), 김진욱 옮김, 『자본주의의 문화적 모순』, 문학세계사, 1990.

Ronald Berman, 『Advertising and Social Change』, Beverly Hills, Ca.: Sage, 1981.

Carl Bernstein & Bob Woodward, 『All the President's Men』, New York: Simon and Schuster, 1974.

John R. Bittner, 『Professional Broadcasting: A Brief Introduction』, Englewood Cliffs, N.J.: Prentice-Hall, 1981.

Ezra Bowen, 〈The Posse Stops a 'Softie': Scientists Blackball a Political Theorist〉, 『Time』, May 11, 1987, pp.75~76.

벤저민 브래들리(Benjamin C. Bradlee), 김영배 옮김, 『'워싱턴포스트' 만들기』, 프레시안북, 1997.

벤저민 브래들리(Benjamin C. Bradlee), 김상도 발췌번역, 〈진실도 용기없으면 무용지물〉, 『미디어 오늘』, 1997a년 6월 2일, 5면.

벤저민 브래들리(Benjamin C. Bradlee), 김상도 발췌번역, 〈"팀워크, 최대 무기"〉, 『미디어 오늘』, 1997b년 6월 25일, 7면.

벤저민 브래들리(Benjamin C. Bradlee), 〈제5장 리처드 닉슨: "나는 그들에게 칼을 쥐어주었다"〉, 로버트 윌슨(Robert A. Wilson) 편, 허용범 옮김, 『대통령과 권력』, 나남, 2002, 111~129쪽.

Broadcasting, 〈Another Wiley Summit Meeting Called〉, 『Broadcasting』, January 6, 1975, pp.6~7.

Broadcasting, 〈Wholesomeness to Be the Rule at 7~9 p.m.〉, 『Broadcasting』, February 19, 1975a, pp.31~34.

Broadcasting, 〈Family Viewing〉, 『Broadcasting』, June 16, 1975b, pp.40~41.

데이비드 브룩스(David Brooks), 형선호 옮김, 『보보스: 디지털 시대의 엘리트』, 동방미디어, 2001.

Les Brown, 『Television: The Business Behind the Box』, New York: Harvest Book, 1971.

Les Brown, 〈TV Designates 7~9 P. M. as 'Family Time'〉, 『New York Times』, April 19, 1975, pp.1, 79.

Les Brown, 『Les Brown's Encyclopedia of Televisions』, New York: Zoetrope, 1982.

빌 브라이슨(Bill Bryson), 정경옥 옮김, 『빌 브라이슨 발칙한 영어산책: 엉뚱하고 발랄한 미국의 거의 모든 역사』, 살림, 2009.

즈비그뉴 브레진스키(Zbigniew Brzezinski), 명순희 옮김, 『대실패: 20세기 공산주의의 출현과 종말』, 을유문화사, 1989.

린다 번햄(Linda Burnham) & 미리암 루이(Miriam Louie), 〈마르크스주의 여성해방론: 불가능한 결혼〉, 하이디 하트만(Heidi Hartmann) 외, 김혜경 · 김애령 옮김, 『여성해방이론의 쟁점: 사회주의 여성해방론과 마르크스주의 여성해방론』, 태암, 1989, 121~295쪽.

Harry Castleman & Walter J. Podrazik, 『Watching TV: Four Decades of American Television』, New York: McGraw-Hill, 1982.

William H. Chafe, 『The Unfinished Journey: America Since World War Ⅱ』, New York:

Oxford University Press, 1986.

Giraud Chester et al., 『Television and Radio』, New York: Appleton-Century-Crofts, 1971.

노암 촘스키(Noam Chomsky), 유달승 옮김, 『숙명의 트라이앵글: 미국-이스라엘-팔레스타인(전2권)』, 이후, 2001a.

노암 촘스키(Noam Chomsky), 강주헌 옮김, 『촘스키, 누가 무엇으로 세상을 지배하는가』, 시대의창, 2002.

노암 촘스키(Noam Chomsky), 홍건영 옮김, 『테러리즘의 문화』, 이룸, 2002a.

노암 촘스키(Noam Chomsky), 황의방 옮김, 『환상을 만드는 언론』, 두레, 2004a.

노암 촘스키(Noam Chomsky) & 데이비드 바사미언(David Barsamian), 강주헌 옮김, 『촘스키, 세상의 권력을 말하다(전2권)』, 시대의창, 2004.

노암 촘스키(Noam Chomsky) & 데이비드 바사미언(David Barsamian), 장영준 옮김, 『촘스키, 변화의 길목에서 미국을 말하다』, 시대의창, 2009.

노암 촘스키(Noam Chomsky) & 에드워드 허만(Edward S. Herman), 임채정 옮김, 『미국의 제3세계 침략정책』, 일월서각, 1985.

노엄 촘스키(Noam Chomsky) & 에드워드 허만(Edward S. Herman), 정경옥 옮김, 『여론조작: 매스미디어의 정치경제학』, 에코리브르, 2006.

Claudio Cioffi-Revilla & Richard L. Merritt, ⟨Communications Research and the New World Information Order⟩, 『Journal of International Affairs』, 35:2(Fall/Winter 1981-1982).

존 코크레인(Joe Cochrane), ⟨벗어나기 힘든 가난의 질곡이여: 부패청산 못한 캄보디아, 해외원조 계속되나 국민생활은 갈수록 나빠져⟩, 『뉴스위크 한국판』, 2004년 12월 22일, 26면.

존 콜먼(John Coleman), 이창식 옮김, 『음모의 지배계급 300인 위원회: 보이지 않는 세계정부』, 들녘, 2001.

Phoebe Courtney, 『Nixon and the CFR』, New Orleans, La.: Free Men Speak, 1971.

Geoffrey Cowan, 『See No Evil: The Backstage Battle Over Sex and Violence』, New York : Simon and Schuster, 1978.

데이비드 크로토(David Croteau) & 윌리엄 호인스(William Hoynes), 전석호 옮김, 『미디어 소사이어티: 산업·이미지·수용자』, 사계절, 2001.

Timothy Crouse, 『The Boys on the Bus』, New York: Ballantine Books, 1972.

Current Biography, ⟨Toffler, Alvin⟩, 『Current Biography』, 1975.

Current Biography, ⟨Fonda, Jane⟩, 『Current Biography』, 1986.

Jean d'Arcy, ⟨Direct Broadcast Satellite and the Right to Communicate⟩, 『EBU Review』, 118(November 1969), pp.14~18.

케네스 데이비스(Kenneth C. Davis), 이순호 옮김, 『미국에 대해 알아야 할 모든 것, 미국사』, 책과함께, 2004.

Jenny Deam, ⟨Possible Power Shift in 1990s⟩, 『The Korea Times』, October 28, 1990, p.5

Gary Donaldson, ed., 『Modern America: A Documentary History of the Nation Since 1945』, Armonk, NY: M.E.Sharpe, 2007.

아리엘 도르프만(Ariel Dorfman) & 아르망 마텔라르(Armand Mattelart), 『도널드 덕 어떻게 읽을

것인가: 디즈니 만화로 가장한 미 제국주의의 야만』, 새물결, 2003.

Stephen E. Doyle, 〈International Satellite Communications and the New Information Order: Distressing Broadcasting Satellites〉, 『Syracuse Journal of International Law and Commerce』, 8:2(Summer 1981), pp.365~374.

막스 더블린(Max Dublin), 황광수 옮김, 『왜곡되는 미래』, 의암출판, 1993.

윌리엄 J. 듀이커(William J. Duiker), 정영목 옮김, 『호치민 평전』, 푸른숲, 2003.

리처드 다이어(Richard Dyer), 주은우 옮김, 『스타: 이미지와 기호』, 한나래, 1995.

Murray Edelman, 『Politics as Symbolic Action: Mass Arousal and Quiescence』, Chicago: Markham, 1971.

데이비드 에드워즈(David Edwards), 송재우 옮김, 『프리덤 쇼』, 모색, 2004.

Edith Efron, 『The News Twisters』, Los Angeles, Ca.: Nash Publishing, 1971.

제프 일리(Geoff Eley), 유강은 옮김, 『The left 1848~2000: 미완의 기획, 유럽좌파의 역사』, 뿌리와 이파리, 2008.

Michael Emery & Edwin Emery, 『The Press and America: An Interpretive History of the Mass Media』, 8th ed., Boston, Mass.: Allyn and Bacon, 1996.

Thomas I. Emerson, 『Toward a General Theory of the First Amendment』, New York: Vintage Books, 1966.

Thomas I. Emerson, 『The System of Freedom of Expression』, New York: Random House, 1970.

질비아 엥글레르트(Sylvia Englert), 장혜경 옮김, 『상식과 교양으로 읽는 미국의 역사』, 웅진지식하우스, 2006.

Edward Jay Epstein, 〈Did the Press Uncover Watergate?〉, 『Commentary』, 58(July 1974), pp.21~24.

Edward Jay Epstein, 『Between Fact and Fiction: The Problem of Journalism』, New York: Vintage Books, 1975.

M. Stanton Evans, 〈Notes on the Election of 72〉, 『National Review』, February 23, 1971, p.205.

Pam Eversole, 〈Concentration of Ownership in the Communications Industry〉, 『Journalism Quarterly』, 48(Summer 1971), pp.251~260.

Frantz Fanon, 『The Wretched of the Earth』, New York: Grove Press, 1968.

프란츠 파농(Frantz Fanon), 박종렬 옮김, 『대지의 저주받은 자들』, 광민사, 1979.

프란츠 파농(Frantz Fanon), 이석호 옮김, 『검은 피부, 하얀 가면』, 인간사랑, 1998.

찰스 펜(Charles Fenn), 김기태 옮김, 『호치민 평전』, 자인, 2001.

니알 퍼거슨(Niall Ferguson), 김일영·강규형 옮김, 『콜로서스: 아메리카 제국 흥망사』, 21세기북스, 2010.

뤽 페리(Luc Ferry) & 알랭 르노(Alain Renaut), 구교찬 외 옮김, 『68 사상과 현대프랑스철학: 푸꼬, 데리다, 부르디외, 라깡에 대한 비판적 소고』, 인간사랑, 1995.

슐라미스 화이어스톤(Shulamith Firestone), 『성의 변증법』, 풀빛, 1983.

다니엘 플린(Daniel J. Flynn), 오영진 옮김, 『미국의 변명』, 한국경제신문, 2003.

존 벨라미 포스터(John Bellamy Foster), 박종일 · 박선영 옮김, 『벌거벗은 제국주의: 전 지구적 지배를 추구하는 미국의 정책』, 인간사랑, 2008.

로널드 프레이저(Ronald Fraser), 안효상 옮김, 『1968년의 목소리: "불가능한 것을 요구하라!"』, 박종철출판사, 2002.

J. W. Freiberg, 〈Frantz Fanon: Left Hegelian〉, 『Insurgent Sociologist』, 4:2(Winter 1974).

힐러리 프렌치(Hilary French), 주요섭 옮김, 『세계화는 어떻게 지구환경을 파괴하는가』, 도요새, 2001.

에릭 프라이(Eric Frey), 추기옥 옮김, 『정복의 역사, USA』, 들녘, 2004.

Fred Friendly, 『The Good Guys, The Bad Guys and the First Amendment』, New York: Random House, 1976.

사이먼 프리스(Simon Frith), 권영성 · 김공수 옮김, 『사운드의 힘: 록 음악의 사회학』, 한나래, 1995.

프랜시스 후쿠야마(Francis Fukuyama), 한국경제신문 국제부 옮김, 『대붕괴 신질서』, 한국경제신문, 2001.

존 루이스 개디스(John Lewis Gaddis), 정철 · 강규형 옮김, 『냉전의 역사: 거래, 스파이, 거짓말, 그리고 진실』, 에코리브르, 2010.

Herbert J. Gans, 『Deciding What's News: A Study of CBS Evening News, NBC Nightly News, Newsweek and Time』, New York: Vintage Books, 1979.

Gary Paul Gates, 『Air Time: The Inside Story of CBS News』, New York: Harper & Row, 1978.

데이비드 거겐(David Gergen), 서율택 옮김, 『CEO 대통령의 7가지 리더십: 리처드 닉슨에서부터 빌 클린턴까지』, 스테디북, 2002.

Todd Gitlin, 『The Whole World Is Watching: Mass Media in the Making and Unmaking of the New Left』, Berkeley: University of California Press, 1980.

Todd Gitlin, 『The Twilight of Common Dreams: Why America Is Wracked by Culture Wars』, New York: Metropolitan Books, 1995.

말콤 글래드웰(Malcolm Gladwell), 이무열 옮김, 『블링크: 첫 2초의 힘』, 21세기북스, 2005.

엠마 골드만(Emma Goldman), 김시완 옮김, 『저주받은 아나키즘』, 우물이있는집, 2001.

존 스틸 고든(John Steele Gordon), 안진환 · 황수민 옮김, 『부의 제국: 미국은 어떻게 세계 최강대국이 되었나』, 황금가지, 2007.

캐서린 그레이엄(Katharine Graham), 뉴스위크 한국판 뉴스팀 옮김, 『캐서린 그레이엄 자서전: 워싱턴 포스트와 나의 80년』, 중앙일보, 1997.

프레드 그린슈타인(Fred I. Greenstein), 김기휘 옮김, 『위대한 대통령은 무엇이 다른가』, 위즈덤하우스, 2000.

Richard B. Gregg, 〈The Rhetoric of Political Newscasting〉, 『The Central States Speech Journal』, 28(Winter 1977), pp.221~237.

Jonathan F. Gunter, 〈An Introduction to the Great Debate〉, 『Journal of Communication』, 28:4(Autumn 1978), pp.142~56.

Theodore M. Hagelin, 〈Prior Consent on the Free Flow of Information over International Satellite Radio and Television: A Comparison and Critique of U. S. Domestic and International Broadcast Policy〉, 『Syracuse Journal of International Law and Commerce』, 8:2(Summer 1981), pp.265~321.

David Halberstam, 『The Powers That Be』, New York: Dell, 1979.

H. R. Haldeman, 『The Ends of Power』, New York: A Dell Book, 1978.

Charles M. Hammond, Jr., 『The Image Decade』, New York: Communication Arts, 1981.

빅터 데이비스 핸슨(Victor Davis Hanson), 남경태 옮김, 『살육과 문명: 서구의 세계 제패에 기여한 9개의 전투』, 푸른숲, 2002.

로버트 하그리브스(Robert Hargreaves), 오승훈 옮김, 『표현자유의 역사』, 시아출판사, 2006.

크리스 하먼(Chris Harman), 이수현 옮김, 『세계를 뒤흔든 1968』, 책갈피, 2004a.

마빈 해리스(Marvin Harris), 원재길 옮김, 『아무것도 되는 게 없어: 마빈 해리스의 현대문화 산책』, 황금가지, 1996.

셀리그 해리슨(Selig S. Harrison), 이홍동 외 옮김, 『셀리그 해리슨의 코리안 엔드게임』, 삼인, 2003.

하이디 하트만(Heidi Hartmann), 〈마르크스주의와 여성해방론의 불행한 결혼: 보다 발전적인 결합을 위하여〉, 하이디 하트만(Heidi Hartmann) 외, 김혜경·김애령 옮김, 『여성해방이론의 쟁점: 사회주의 여성해방론과 마르크스주의 여성해방론』, 태암, 1989, 15~64쪽.

더그 헨우드(Doug Henwood), 이주명 옮김, 『월스트리트 누구를 위해 어떻게 움직이나』, 사계절, 1999.

시모어 M. 허시(Seymour Myron Hersh), 김석 옮김, 『세상을 바꾼 탐사보도: 밀라이 학살과 그 후 유증에 관한 보고』, 세종연구원, 2009.

데이빗 헤이만(David Heymann), 유지나 옮김, 『재키라는 이름의 여자』, 한국언론자료간행회, 1992.

크리스토퍼 히친스(Christopher Hitchens), 안철홍 옮김, 『키신저 재판』, 아침이슬, 2001.

앨리 러셀 혹실드(Arlie Russell Hochschild), 이가람 옮김, 『감정노동: 노동은 우리의 감정을 어떻게 상품으로 만드는가』, 이매진, 2009.

Godfrey Hodgson, 『American In Our Time』, Garden City, N. Y.: Doubleday, 1977.

헤이르트 홉스테드(Geert Hofstede), 차재호·나은영 옮김, 『세계의 문화와 조직』, 학지사, 1995.

마이클 헌트(Michael H. Hunt), 권용립·이현휘 옮김, 『이데올로기와 미국외교』, 산지니, 2007.

새뮤얼 헌팅턴(Samuel P. Huntington), 장원석 옮김, 『미국정치론: 부조화의 패러다임』, 오름, 1999.

캐슬린 홀 재미슨(Kathleen Hall Jamieson), 원혜영 옮김, 『대통령 만들기: 미국대선의 선거전략과 이미지메이킹』, 백산서당, 2002.

Leon Jaworski, 『The Right and the Power: The Prosecution of Watergate』, New York: Thomas Y. Crowell, 1976.

폴 존슨(Paul Johnson), 왕수민 옮김, 『영웅들의 세계사』, 웅진지식하우스, 2009.

Garth Jowett, 〈The Selling of the Pentagon: Television Confronts the First Amendment〉, John E. O'Connor, ed., 『American History/American Television: Interpreting the

Video Past』, New York: Frederick Ungar, 1983, pp.256~278.

카트린 칼바이트(Cathrin Kahlweit) 외, 장혜경 옮김, 『20세기 여인들 성상, 우상, 신화』, 여성신문사, 2001.

로버트 케이플런(Robert D. Kaplan), 황건 옮김, 『지구의 변경지대: 21세기로 가는 마지막 여행』, 한국경제신문사, 1997.

조지 카치아피카스(George Katsiaficas), 이재원·이종태 옮김, 『신좌파의 상상력: 세계적 차원에서 본 1968』, 이후, 1999.

Phillip O. Keirstead, 〈ENG: 'Live' News from Almost Anywhere〉, Francis H. Voelker & Ludmila A. Voelker, eds., 『Mass Media: Forces in Our Society』, 3rd ed., New York: Harcourt Brace Jovanovich, 1978, pp.204~211.

Frank Kessler, 『The Dilemmas of Presidential Leadership: Of Caretakers and Kings』, Englewood Cliffs, N.J.: Prentice-Hall, 1982.

Wilson Bryan Key, 『Subliminal Seduction: Ad Media's Manipulation of a Not So Innocent America』, Englewood Cliffs, N.J.: Prentice-Hall, 1973.

윌슨 브라이언 키(Wilson Bryan Key), 허갑중 옮김, 『현대사회와 잠재의식의 광고학』, 나남, 1992.

윌슨 브라이언 키(Wilson Bryan Key), 허갑중 옮김, 『섹스어필 광고 섹스어필 미디어』, 책과길, 1994.

Andrew A. King & Floyd Douglas Anderson, 〈Nixon, Agnew, and the "Silent Majority": A Case Study in the Rhetoric of Polarization〉, 『Western Speech』, 35(Fall 1971), pp.243~255.

마틴 루터 킹(Martin Luther King, Jr.), 클레이본 카슨(Clayborne Carson) 엮음, 『나에게는 꿈이 있습니다: 마틴 루터 킹 자서전』, 바다출판사, 2000.

나오미 클라인(Naomi Klein), 정현경·김효명 옮김, 『NO LOGO: 브랜드파워의 진실』, 중앙M&B, 2002.

윌리엄 카노크(William Knoke), 황태호·최기철 옮김, 『21세기 쇼크』, 경향신문사, 1996.

귀도 크놉(Guido Knopp), 이동준 옮김, 『광기와 우연의 역사 2』, 자작나무, 1996.

Harry Kranz, 〈The Presidency v. the Press: Who Is Right?〉, Aaron Wildavsky ed., 『Perspectives on the Presidency』, Boston, Mass.: Little, Brown, 1975, pp.205~220.

William Kuhns, 『The Electronic Gospel』, New York: Herder & Herder, 1969.

루시 퀑-쉔클만(Lucy Küng-shankleman), 박인규 옮김, 『BBC와 CNN: 미디어 조직의 경영』, 커뮤니케이션북스, 2001.

Randall A. Lake, 〈Order and Disorder in Anti-Abortion Rhetoric: A Logological View〉, 『The Quarterly Journal of Speech』, 70:4(November 1984), pp.425~443.

진 랜드럼(Gene N. Landrum), 노은정·모윤신 옮김, 『성공하는 여성들의 심리학』, 황금가지, 1997.

Lawrence W. Lichty, 〈Watergate, the Evening News, and the 1972 Election〉, John E. O' Connor, ed., 『American History/American Television: Interpreting the Video Past』, New York: Frederick Ungar, 1983, pp.232~255.

패트리샤 넬슨 리메릭(Patricia Nelson Limerick), 김봉중 옮김, 『정복의 유산: 서부개척으로 본 미국의 역사』, 전남대학교 출판부, 1998.

대너 린더만(Dana Lindaman) & 카일 워드(Kyle Ward) 엮음, 박거용 옮김, 『역지사지 미국사: 세계의 교과서로 읽는 미국사 50 장면』, 이매진, 2009.

진 립먼-블루먼(Jean Lipman-Blumen), 정명진 옮김, 『부도덕한 카리스마의 매혹』, 부글북스, 2005.

세이무어 마틴 립셋(Seymour M. Lipset), 문지영 외 옮김, 『미국 예외주의: 미국에는 왜 사회주의 정당이 없는가』, 후마니타스, 2004.

Seymour M. Lipset & Earl Raab, 『The Politics of Unreason: Right-Wing Extremism in America, 1790-1970』, New York: Harper and Row, 1970.

고트프리트 리슈케(Gottfried Lischke) & 앙겔리카 트라미츠(Angelica Tramitz), 김이섭 옮김, 『세계풍속사 3: 마릴린 먼로에서 마돈나까지』, 까치, 2000.

Edward Luck & Peter Fromuth, 〈Anti-Americanism in the Third World at the United Nations: Perception or Reality?〉, Alvin Z. Rubinstein & Donald E. Smith, eds., 『Anti-Americanism in the Third World: Implications for U. S. Foreign Policy』, New York: Praeger, 1985.

J. Fred MacDonald et al., 〈Radio and Television Studies and American Culture〉, 『American Quarterly』, 32:3(1980), pp.301~317.

마이클 매클리어(Michael Maclear), 유경찬 옮김, 『베트남: 10,000일의 전쟁』, 을유문화사, 2002.

Archibald MacLeish, 〈If We Want Peace, This Is the First Job〉, 『New York Times Magazine』, November 17, 1946, pp.11, 60, 61.

Frank Mankiewicz & Joel Swerdlow, 『Remote Control: Television and the Manipulation of American Life』, New York: Ballantine Books, 1978.

Herbert Marcuse, 『One-Dimensional Man: Studies in the Ideology of Advanced Industrial Society』, Boston, Mass.: Beacon Press, 1964.

Herbert Marcuse, 〈Repressive Tolerance〉, Robert Paul Wolff et al., 『A Critique of Pure Tolerance』, Boston, Mass.: Beacon Press, 1965, pp.81~123.

H. 마르쿠제(Herbert Marcuse), 박병진 옮김, 『일차원적 인간: 선진산업사회의 이데올로기 연구』, 한마음사, 1986.

데이비드 마크(David Mark), 양원보 · 박찬현 옮김, 『네거티브 전쟁: 진흙탕 선거의 전략과 기술』, 커뮤니케이션북스, 2009.

Mustapha Masmoudi, 〈The New World Information Order and Direct Broadcasting Satellites〉, 『Syracuse Journal of International Law and Commerce』, 8:2(Summer 1981), pp.324~341.

Barbara Matusow, 『The Evening Stars: The Making of the Network News Anchor』, New York: Ballantine, 1983.

데이비드 맥컬러(David McCullough), 〈제1장 권력과 대통령: 본질적인 것은 보이지 않는다〉, 로버트 윌슨(Robert A. Wilson) 편, 허용범 옮김, 『대통령과 권력』, 나남, 2002, 19~35쪽.

Joe McGinniss, 『The Selling of the President 1968』, New York: Pocket Books, 1969.

앵거스 맥래런(Angus McLaren), 임진영 옮김, 『20세기 성의 역사』, 현실문화연구, 2003.

코린 맥러플린(Corinne McLaughlin) & 고든 데이비드슨(Gordon Davidson), 황대권 옮김, 『새벽의 건설자들: 더 나은 미래를 위한 생태 공동체 만들기』, 한겨레신문사, 2005.

Thomas L. McPhail, 『Electronic Colonialism: The Future of International Broadcasting and Communication』, Beverly Hills, Ca.: Sage, 1987.

Joseph A. Mehan, 〈Unesco and the U. S.: Action and Reaction〉, 『Journal of Communication』, 31:4(Autumn 1981).

J. G. 메르키오르(JosGuilherme Merquior), 이종인 옮김, 『푸코』, 시공사, 1998.

John C. Merrill & Ralph D. Barney, eds., 『Ethics and the Press』, New York: Communication Arts, 1975.

장 메이에(Jean Meyer), 지현 옮김, 『흑인노예와 노예상인: 인류최초의 인종차별』, 시공사, 1998.

Joshua Meyrowitz, 〈Where Have All the Heroes Gone?: Politics in the Video Eye〉, 『Psychology Today』, July 1984, pp.46~51.

Joshua Meyrowitz, 『No Sense of Place: The Impact of Electronic Media on Social Behavior』, New York: Oxford University Press, 1985.

Marguerite Michaels, 〈The Media and the News〉, 『Current』, June 1980, pp.14~24.

Sig Mickelson, 『The Electric Mirror』, New York: Dodd, Mead, 1972.

네이슨 밀러(Nathan Miller), 김형곤 옮김, 『이런 대통령 뽑지 맙시다: 미국 최악의 대통령 10인』, 혜안, 2002.

에드윈 무어(Edwin Moore), 차미례 옮김, 『그 순간 역사가 움직였다: 세계사를 수놓은 운명적 만남 100』, 미래인, 2009.

Tom Morganthau, 〈영광과 오욕…칠전팔기 일생: 타계한 닉슨 전 미대통령에 찬사와 비난 엇갈려〉, 『뉴스위크 한국판』, 1994년 5월 4일, 26~31쪽.

딕 모리스(Dick Morris), 홍대운 옮김, 『신군주론』, 아르케, 2002.

딕 모리스(Dick Morris), 홍수원 옮김, 『파워게임의 법칙』, 세종서적, 2003.

Richard Morris & Philip Wander, 〈Native American Rhetoric: Dancing in the Shadows of the Ghost Dance〉, 『The Quarterly Journal of Speech』, 76:2(May 1990), pp.164~191.

Roger Morris, 『Uncertain Greatness: Henry Kissinger and American Foreign Policy』, New York: Harper & Row, 1977.

Lance Morrow, 〈Twilight of the Firebrand: George Wallace Bids Farewell to an Odyssey and an Era〉, 『Time』, April 14, 1986, p.31.

Lance Morrow, 〈The Whole World Was Watching〉, 『Time』, August 26, 1996, pp.26~27.

Nation, 〈Scholars Bite Mad Dog〉, 『Nation』, May 9, 1987, p.1.

조너선 닐(Jonathan Neale), 정병선 옮김, 『미국의 베트남 전쟁: 미국은 어떻게 베트남에서 패배했는가』, 책갈피, 2004.

Harold L. Nelson ed., 『Freedom of the Press from Hamilton to the Warren Court』, Indianapolis, Indiana: Bobbs-Merrill, 1967.

W. 러쎌 뉴먼(W. Russell Neuman), 전석호 옮김, 『뉴미디어와 사회변동』, 나남, 1995.

W. 러쎌 뉴먼(W. Russell Neuman), 이재기 옮김, 「대중은 침묵하되 표는 던진다」, 두영, 1995a.

New York Times, 〈Remarks on Humoring Indians Bring Protest form Tribal Leaders〉, 「New York Times」, May 10, 1988, pp.1, 10.

Horace Newcomb, 「TV: The Most Popular Art」, Garden City, N.Y.: Anchor Books, 1974.

Newsweek, 〈Cronkite Takes a Stand〉, 「Newsweek」, March 11, 1968, p.108.

Newsweek, 〈The American Jew: New Pride, New Problems(Cover Story)〉, 「Newsweek」, March 1, 1971, pp.56~64.

Richard M. Nixon, 「The Real War」, New York: Warner Books, 1981.

리처드 닉슨(Richard M. Nixon), 박정기 옮김, 「20세기를 움직인 지도자들」, 을지서적, 1998.

Richard M. Nixon, 〈"I Have Never Been a Quitter"〉, Gary Donaldson, ed., 「Modern America: A Documentary History of the Nation Since 1945」, Armonk, NY: M.E.Sharpe, 2007a, pp.233~235.

존 T. 누난(John T. Noonan), 이순영 옮김, 「뇌물의 역사」, 한세, 1996.

헬레나 노르베리-호지(Helena Norberg-Hodge), 이민아 옮김, 「허울뿐인 세계화」, 따님, 2000.

Michael Novak, 〈The Election of Anchormen〉, 「National Review」, September 18, 1981, p.1082.

Robert D. Novak, 〈The Burglars and Their Pursuers〉, 「National Review」, July 19, 1974, pp.823~824.

William L. O' Neill, 「Coming Apart: An Informal History of America in the 1960' s」, New York: Times Books, 1971.

Gary R. Orren & Nelson W. Polsby, eds., 「Media and Momentum: The New Hampshire Primary and Nomination Politics」, Chatham, N. J.: Chatham House, 1987.

John Osborne, 〈Nixon' s Devils〉, 「The New Republic」, August 7 & 14, 1976, pp.11~12.

밀턴 오스본(Milton Osborne), 조흥국 옮김, 「한권에 담은 동남아시아 역사」, 오름, 2000.

Vance Packard, 「The Naked Society」, New York: Pocket Books, 1964.

토머스 패터슨(Thomas E. Patterson), 미국정치연구회 옮김, 「미디어와 미국선거: 이미지 정치의 명암」, 오름, 1999.

Kevin P. Phillips, 「The Emerging Republican Majority」, New York: Doubleday, 1969.

케빈 필립스(Kevin P. Phillips), 오삼교 · 정하용 옮김, 「부와 민주주의: 미국의 금권정치와 거대 부호들의 정치사」, 중심, 2004.

콜린 파월(Collin L. Powell), 류진 옮김, 「콜린 파월 자서전」, 샘터, 1997.

Jon T. Powell, 「International Broadcasting by Satellite: Issues of Regulation, Barriers to Communication」, Westport, Conn.: Quorum Books, 1985.

Ron Powers, 「The Newscasters」, New York: St. Martin' s Press, 1977.

Roy Preiswerk, 〈Could We Study International Relations As If People Mattered?〉, Richard Falk, Samuel S. Kim, and Saul H. Mendlovitz, eds., 「Toward a Just World Order」, Boulder, Colo.: Westview Press, 1982.

클라이드 프레스토위츠(Clyde Prestowitz), 이문희 옮김, 「부와 권력의 대이동」, 지식의숲, 2006.

찰스 프리처드(Charles L. Pritchard), 김연철·서보혁 옮김, 『실패한 외교: 부시, 네오콘 그리고 북핵위기』, 사계절, 2008.

Celeste Condit Railsback, 〈The Contemporary American Abortion Controversy: Stages in the Argument〉, 『The Quarterly Journal of Speech』, 70:4(November 1984), pp.410~424.

Ayn Rand, 『The Virtue of Selfishness』, New American Library, 1964.

William H. Read, 『America's Mass Media Merchants』, Baltimore, Md.: Johns Hopkins Univ. Press, 1976.

A. Frank Reel, 『The Networks: How They Stole the Show』, New York: Charles Scribner's Sons, 1979.

로버트 라이시(Robert B. Reich), 형선호 옮김, 『슈퍼 자본주의』, 김영사, 2008.

토마스 라이퍼(Thomas Reifer) & 제이미 써들러(Jamie Sudler), 〈국가간 체제〉, 이매뉴얼 월러스틴(Immanuel Wallerstein) 외, 『이행의 시대: 세계체제의 궤적, 1945-2025』, 창작과비평사, 1999, 27~56쪽.

James Ridgeway, 『The Closed Corporation: American Universities in Crisis』, New York: Ballantine Books, 1968.

윌리엄 라이딩스 2세(William J. Ridings, Jr.) & 스튜어트 매기버(Stuart B. McIver), 김형곤 옮김, 『위대한 대통령 끔찍한 대통령』, 한·언, 2000.

제러미 리프킨(Jeremy Rifkin), 이희재 옮김, 『소유의 종말』, 민음사, 2001.

Steven V. Roberts, 〈President Charms Students, But Not by Dint of His Ideas〉, 『New York Times』, June 1, 1988b, p.7.

헤더 로저스(Heather Rogers), 이수영 옮김, 『사라진 내일: 쓰레기는 어디로 갔을까』, 삼인, 2009.

시어도어 로작(Theodore Roszak), 구홍표 옮김, 『세계여 경계하라: 재앙의 제국 미국의 승리주의자들』, 필맥, 2004.

더글라스 러슈코프(Douglas Rushkoff), 홍욱희 옮김, 『당신의 지갑이 텅 빈 데는 이유가 있다: 디지털 시대에도 예외가 아닌 대기업의 교묘한 마케팅 전략』, 중앙M&B, 2000.

Kirpatrick Sale, 『Powershift: The Rise of the Southern Rim and Its Challenge to the Eastern Establishment』, New York: Random House, 1975.

로버트 사무엘슨(Robert Samuelson), 〈대통령 능력에 대한 환상〉, 『뉴스위크 한국판』, 2004년 9월 15일자.

Herbert I. Schiller, 『Mass Communications and American Empire』, New York : Augustus M. Kelly, 1969.

Arthur M. Schlesinger, Jr., 『The Imperial Presidency』, Boston, Mass.: Houghton Mifflin, 1973.

David Schoenbrun, 『America Inside Out: At Home and Abroad from Roosevelt to Reagan』, New York: McGraw-Hill, 1984.

라이너 M. 슈뢰더(Rainer M. Schroeder), 이온화 옮김, 『개척자·탐험가·모험가』, 좋은생각, 2000.

Robert L. Scott, 〈Rhetoric That Postures: An Intrinsic Reading of Richard M. Nixon's Inaugural Address〉, 『Western Speech』, 34(1970), pp.46~52.

알리샤 C. 셰퍼드(Alicia C. Shepard), 차미례 옮김, 『권력과 싸우는 기자들』, 프레시안북, 2009.

F. Leslie Smith, 〈CBS Reports: The Selling of the Pentagon〉, David J. Leroy and Christopher H. Sterling, eds., 『Mass News: Practices, Controversies and Alternatives』(Englewood Cliffs, N.J.: Prentice-Hall, 1973.

Donald Stabile, 『Prophets of Order: The Rise of the New Class, Technocracy and Socialism in America』, Boston, Mass.: South End Press, 1984.

글로리아 스타이넘(Gloria Steinem), 곽동훈 옮김, 『여성 망명정부에 대한 공상』, 현실문화연구, 1995.

글로리아 스타이넘(Gloria Steinem), 양이현정 옮김, 『일상의 반란』, 현실문화연구, 2002.

글로리아 스타이넘(Gloria Steinem), 양이현정 옮김, 『남자가 월경을 한다면』, 현실문화연구, 2002a.

Richard Stout, 〈The Pre-Pre-Campaign-Campaign〉, 『Public Opinion』, 5(December/January 1983), pp.17~20, 60.

앤터니 서머스(Anthony Summers), 정형근 옮김, 『조작된 신화: 존 에드거 후버(전2권)』, 고려원, 1995.

커윈 C. 스윈트(Kerwin C. Swint), 김정욱·이훈 옮김, 『네거티브, 그 치명적 유혹: 미국의 역사를 바꾼 최악의 네거티브 캠페인 25위~1위』, 플래닛미디어, 2007.

에번 토머스(Evan Thomas), 〈재키는 미국인의 영원한 우상〉, 『뉴스위크 한국판』, 1994년 6월 1일, 27면.

헬렌 토머스(Helen Thomas), 한국여성언론인연합 공역, 『백악관의 맨 앞줄에서』, 답계, 2000.

Time, 〈Too Many Candid Camera?〉, 『Time』, September 30, 1974, p.66.

Alvin Toffler, 『The Culture Consumers: Art and Affluence in America』, Baltimore, Md.: Penguin Books, 1964.

Alvin Toffler, 『Future Shock』, New York: Bantam Books, 1970.

앨빈 토플러(Alvin Toffler), 이규행 감역, 『예견과 전제』, 한국경제신문사, 1989.

앨빈 토플러(Alvin Toffler) & 하이디 토플러(Heidi Toffler), 김중웅 옮김, 『부의 미래』, 청림출판, 2006.

존 톰린슨(John Tomlinson), 강대인 옮김, 『문화제국주의』, 나남, 1994.

마크 트라헌트(Mark N. Trahant), 〈1970년대: 인디언 국가의 새로운 지도자들〉, 프레더릭 E. 혹시 (Frederick E. Hoxie)·피터 아이버슨(Peter Iverson) 엮음, 유시주 옮김, 『미국사에 던지는 질문: 인디언, 황야, 프런티어, 그리고 국가의 영혼』, 영림카디널, 2000, 348~375쪽.

Judith S. Trent, 〈Richard Nixon's Methods of Identification in the Presidential Campaigns of 1960 and 1968: A Contest Analysis〉, 『Today's Speech』, 19(Fall 1971), pp.23~30.

바바라 터크먼(Barbara W. Tuchman), 조민·조석현 옮김, 『독선과 아집의 역사(전2권)』, 자작나무, 1997.

Gaye Tuchman, 〈The Technology of Objectivity: Doing Objective TV News Film〉, 『Urban

Life and Culture』, April 1973, pp.3~26.

Edward R. Tufte, 『Political Control of the Economy』, Princeton, N. J.: Princeton University Press, 1980.

에드워드 R. 터프트(Edward R. Tufte), 김도훈 옮김, 『경제의 정치적 통제: 선거와 경제』, 대영문화사, 1987.

Jeremy Tunstall, 『The Media Are American: Anglo-American Media in the World』, New York: Columbia University Press, 1977.

TV Guide, 〈What 'Family Programming' Means〉, 『TV Guide』, September 13, 1975, pp.9~11.

래리 타이(Larry Tye), 송기인 외 옮김, 『여론을 만든 사람, 에드워드 버네이즈: 'PR의 아버지'는 PR을 어떻게 만들었나?』, 커뮤니케이션북스, 2004.

UNESCO, 『Mass Media in Society: The Need of Research, Reports and Papers on Mass Communication, No. 59』, Paris: UNESCO, 1970.

Sanford J. Ungar, 『The Papers & the Papers: An Account of the Legal and Political Battle over the Pentagon Papers』, New York: E. P. Dutton & Co., 1972.

Marsha L. Vanderford, 〈Vilification and Social Movements: A Case Study of Pro-Life and Pro-Choice Rhetoric〉, 『Quarterly Journal of Speech』, 75:2(May 1989), pp.166~182.

Tapio Varis, 〈Golbal Traffic in Television〉, 『Journal of Communication』, 24:1(Winter 1974), pp.102~109.

Robert W. Venables, 〈Reagan Remarks Insult American Indians〉, 『New York Times』, June 23, 1988, p.22.

Richard A. Viguerie, 『The New Right: We're Ready to Lead』, New York: Caroline House, 1981.

이매뉴얼 월러스틴(Immanuel Wallerstein) 외, 송철순·천지현 옮김, 『반체제운동』, 창작과비평사, 1994.

Weatherman, 〈The "Weatherman Manifesto"〉, Gary Donaldson, ed., 『Modern America: A Documentary History of the Nation Since 1945』, Armonk, NY: M.E.Sharpe, 2007, pp.182~184.

Alan Wells, 『Picture Tube Imperialism: The Impact of U.S. Television on Latin America』, Maryknoll, N. Y: Orvis, 1972.

Tom Wicker, 『On Press』, New York: The Viking Press, 1975.

Sylvia Maureen Williams, 〈Direct Broadcast Satellites and International Law〉, 『International Relations』, 8:3(May 1985), pp.245~269.

Gary Wills, 『Nixon Agonistes: The Crisis of the Self-Made Man』, New York: New American Library, 1969.

Earl Wilson, 『The Show Business Nobody Knows』, New York: Bantam Books, 1971.

Robert Wood, Private Letter to Joon Mann Kang, April 9, 1985.

제임스 우달(James Woodall), 김이섭 옮김, 『존 레논: 음악보다 아름다운 사람』, 한길사, 2001.

Bob Woodward, 『Veil: The Secret Wars of the CIA 1981-1987』, Simon and Schuster, 1987.

Bob Woodward & Carl Bernstein, 『The Final Days』, New York: Simon and Schuster, 1976.

레나테 자하르(R. Zahar) & 김종철, 『프란츠 파농 연구』, 한마당, 1981.

하워드 진(Howard Zinn), 조선혜 옮김, 『미국민중저항사(전2권)』, 일월서각, 1986.

하워드 진(Howard Zinn), 〈냉전시대 역사의 정치학: 억압과 저항〉, 노엄 촘스키(Noam Chomsky)
    외, 『냉전과 대학: 냉전의 서막과 미국의 지식인들』, 당대, 2001, 80~129쪽.

하워드 진(Howard Zinn), 이아정 옮김, 『오만한 제국: 미국의 이데올로기로터 독립』, 당대, 2001a.

하워드 진(Howard Zinn), 유강은 옮김, 『전쟁에 반대한다』, 이후, 2003a.

하워드 진(Howard Zinn) & 레베카 스테포프(Rebecca Stefoff), 김영진 옮김, 『하워드 진 살아있는
    미국역사』, 추수밭, 2008.

강인선, 〈워터게이트 '딥 스로트'는 당시 FBI 부국장〉, 『조선일보』, 2005년 6월 2일, A2면.

강정석, 〈68 혁명, 현대사의 분수령: 미국-도덕적 분노에서 급진적 전망으로〉, 『역사비평』, 제51호
    (2000년 여름).

강준만, 『정보제국주의: 제3세계의 도전과 미국의 대응』, 한울아카데미, 1989.

강준만, 『춤추는 언론 비틀대는 선거: 언론과 선거의 사회학』, 아침, 1992.

강준만, 『커뮤니케이션 사상가들』, 한나래, 1994.

강준만, 『세계의 대중매체 1: 미국편』, 인물과사상사, 2001.

강준만, 『한국현대사 산책(전18권)』, 인물과사상사, 2002~2006.

강준만, 『대중매체 법과 윤리(개정판)』, 인물과사상사, 2009a.

강준만 외, 『권력과 리더십(전6권)』, 인물과사상사, 1999~2000.

강준만 외, 『시사인물사전(전20권)』, 인물과사상사, 1999~2003.

경향신문, 〈"존슨 전 대통령, 부통령실 도청"/미 학자 내달 출간 책에서 폭로〉, 『경향신문』, 1998년 3
    월 17일, 7면.

고성호 외, 〈'워터게이트' 베일벗은 딥 스로트〉, 『한국일보』, 2005년 6월 2일, 5면.

고재학, 〈플레이보이〉, 『한국일보』, 2009년 11월 16일자.

고종석, 『코드 훔치기: 한 저널리스트의 21세기 산책』, 마음산책, 2000.

곽병찬, 〈개별적인 것이 정치적인 것이다〉, 『한겨레』, 2009년 4월 15일자.

구자룡, 〈월남전 미국인 탈출 특종사진은 오보…사진기자 시인〉, 『동아일보』, 2000년 4월 25일, 8면.

구정은, 『어제의 오늘』, 『경향신문』, 2009년 6월 24일~10월 28일자.

권용립, 『미국 외교의 역사』, 삼인, 2010.

권태호, 〈히피들 백발되어 다시 모이다: 우드스탁 40주년 페스티벌〉, 『한겨레』, 2009년 8월 18일자.

권홍우, 『99%의 롤모델: 오늘의 부족한 1%를 채우는 역사』, 인물과사상사, 2010.

김동철, 『자유언론법제연구』, 나남, 1987.

김민구, 〈달 착륙 40주년… "음모론은 그만"〉, 『조선일보』, 2009년 7월 21일자.

김민아, 〈국민 사랑 받았던 '뉴스의 전설' 월터 크롱카이트 전 CBS 앵커 별세〉, 『경향신문』, 2009a
    년 7월 20일자.

김봉중, 〈제1부 제3장 신좌파운동〉, 김덕호·김연진 엮음, 『현대 미국의 사회운동』, 비봉출판사,
    2001a, 95~129쪽.

김봉중, 『카우보이들의 외교사: 먼로주의에서 부시 독트린까지 미국의 외교전략』, 푸른역사, 2006.

김성주, 〈폴 포트: 캄보디아 공산혁명의 빅브라더, 20세기 최대의 양민 학살자〉, 윤상인 외 엮음, 『위대한 아시아』, 황금가지, 2003.

김성진, 『한국정치 100년을 말한다』, 두산동아, 1999.

김연진, 〈제2부 제3장 소수인종운동〉, 김덕호 · 김연진 엮음, 『현대 미국의 사회운동』, 비봉출판사, 2001, 278~323쪽.

김영삼, 『김영삼 회고록: 민주주의를 위한 나의 투쟁 2』, 백산서당, 2000.

김영식, 〈'닉슨의 과거' 폭로는 계속된다〉, 『동아일보』, 2008년 12월 5일자.

김용삼, 〈'남미에서 가장 잘 나가는' 칠레〉, 『월간조선』, 1996년 3월, 418~441쪽.

김웅숙, 『소비문화 이데올로기 분석』, 커뮤니케이션북스, 1998.

김일균, 〈용의자 카진스키가 유나바머라는 가정하에 이루어진 그의 사회심리 분석 보고서〉, 유나바머(Unabomber), 조병준 옮김, 『유나바머』, 박영률출판사, 2001, 125~151쪽.

김정렴, 『아, 박정희: 김정렴 정치회고록』, 중앙 M&B, 1997.

김종철, 『오바마의 미국, MB의 대한민국』, 시대의창, 2009.

김진국 · 정창현, 『www.한국현대사.com』, 민연, 2000.

김창수, 〈한미관계, 종속과 갈등〉, 한국정치연구회 편, 『박정희를 넘어서: 박정희와 그 시대에 대한 비판적 연구』, 푸른숲, 1998.

김창훈, 『한국외교 어제와 오늘』, 다락원, 2002.

김철규, 〈제2부 제5장 소비자운동〉, 김덕호 · 김연진 엮음, 『현대 미국의 사회운동』, 비봉출판사, 2001, 360~391쪽.

김충식, 『정치공작사령부 남산의 부장들』, 동아일보사, 1992.

김학준, 〈분단의 배경과 고정화 과정〉, 송건호 외, 『해방전후사의 인식 1』, 한길사, 1995.

김학준, 『북한 50년사: 우리가 떠안아야 할 반쪽의 우리 역사』, 동아출판사, 1995a.

남윤호, 〈매몰비용〉, 『중앙일보』, 2004년 10월 25일, 35면.

네이 마사히로, 〈새로운 산업국가〉, 이균 옮김, 『세계를 움직인 경제학 명저 88』, 한국경제신문사, 1998a, 257~258쪽.

노동일보, 〈미 노동운동가 차베스 기념 캘리포니아주 공휴일로 지정〉, 『노동일보』, 2001년 3월 31일, 6면.

노서경, 〈68 혁명, 현대사의 분수령: 서유럽-부르주아 사회에 대한 마지막 항거〉, 『역사비평』, 제51호(2000년 여름).

노정팔, 『한국방송과 50년』, 나남, 1995.

도재기, 〈어제의 오늘〉, 『경향신문』, 2009년 7월 20일, 9월 21일자.

리동진, 〈올리버 스톤 감독의 「닉슨」 출시〉, 『조선일보』, 1996년 5월 16일, 28면.

모리 켄, 하연수 옮김, 『구글 · 아마존화 하는 사회』, 작가정신, 2008.

문갑식, 〈학생운동권 대부에서 분쟁지역 돕기 나선 양국주의 '탈레반 인생'〉, 『조선일보』, 2009년 10월 31일, B1~2면.

문부식, 〈'광주' 20년 후-역사의 기억과 인간의 기억〉, 『기억과 역사의 투쟁: 2002년 당대비평 특별호』, 삼인, 2002.

민용기, 『그래도 20세기는 좋았다 1901-2000』, 오늘, 1999.

박성준, 〈박정희는 "보복"…존슨은 "협상"〉, 『시사저널』, 2002년 1월 24일, 24면.

박성현, 〈지식기반 경제와 지식기반 전쟁: 토플러의 『전쟁과 반전쟁』〉, 나라정책연구회 편, 『21세기 나라의 길』, 나라정책연구회, 1994.

박영배 · 신난향, 『미국 현대문명 보고서: 게이 레즈비언부터 조지 부시까지』, 이채, 2000.

박재선, 『제2의 가나안 유태인의 미국』, 해누리, 2002.

박준건, 〈생태사회의 사회철학〉, 한국철학사상연구회, 『문화와 철학』, 동녘, 1999.

박태균, 〈그때 오늘: 닉슨과 마오쩌둥의 어울릴 듯 어울리지 않는 만남〉, 『중앙일보』, 2010년 2월 20일자.

방송문화진흥회 편, 『방송대사전』, 나남, 1990.

배병삼, 〈한 미국신문과 신문사의 이면: 캐롤 펠센탈 지음 『권력, 특권 그리고 워싱턴포스트』〉, 『출판저널』, 1993년 4월 5일, 26면.

백승찬, 〈어제의 오늘〉, 『경향신문』, 2009년 5월 1일~2009년 12월 4일자.

백창재, 『미국 패권 연구』, 인간사랑, 2009.

사루야 가나메, 남혜림 옮김, 『검증, 미국사 500년의 이야기』, 행담출판, 2007.

서동진, 『록 젊음의 반란』, 새길, 1993.

서울신문, 〈월남전 잔혹상 알린 '거리의 처형'〉, 『서울신문』, 1998년 7월 17일, 11면.

서정갑, 『부조화의 정치: 미국의 경험』, 법문사, 2001.

서중석, 〈1960년 이후 학생운동의 특징과 역사적 공과〉, 『역사비평』, 제39호(1997년 겨울).

설원태, 〈캄보디아, 킬링필드 교과서 수록〉, 『경향신문』, 2009년 11월 11일자.

성동기, 〈20일 달 착륙 40주년 아직도 식지 않는 '조작설'〉, 『동아일보』, 2009년 7월 15일자.

소에지마 다카히코, 신동기 옮김, 『누가 미국을 움직이는가』, 들녘, 2001.

손세호, 『하룻밤에 읽는 미국사』, 랜덤하우스, 2007.

송기도 · 강준만, 『콜롬버스에서 후지모리까지: 중남미의 재발견』, 개마고원, 1996.

송무, 『영문학에 대한 반성: 영문학의 정당성과 정전 문제에 대하여』, 민음사, 1997.

신준영, 〈"김일성은 10월 유신 알고 있었다"〉, 『말』, 1997년 7월, 101~104쪽.

신현준, 『이매진, 세상으로 만든 노래』, 새길, 1993.

신현준, 〈'혁명가' 존 레논의 고독과 투쟁〉, 월간 『말』, 1994년 1월호.

아루가 나츠키 · 유이 다이자부로, 양영철 옮김, 『상식으로 꼭 알아야 할 미국의 역사』, 삼양미디어, 2008.

안병섭, 『잊을 수 없는 명화, 불멸의 스타 이야기』, 신영미디어, 1993.

양건, 〈표현의 자유〉, 김동민 편저, 『언론법제의 이론과 현실』, 한나래, 1993.

양재인, 〈정치엘리트의 역할과 공과〉, 이우진 · 김성주 공편, 『현대한국정치론』, 사회비평사, 1996.

염규호, 〈미국에서의 명예훼손과 사생활침해: 헌법이론과 학설을 중심으로〉, 『언론중재』, 통권 51호(1994년 여름).

오원철, 『에너지정책과 중동진출』, 기아경제연구소, 1997.

오원철, 『한국형 경제건설 ⑦: 내가 전쟁을 하자는 것도 아니지 않느냐』, 한국형경제정책연구소, 1999.

오치 미치오 외, 김영철 편역, 『마이너리티의 헐리웃: 영화로 읽는 미국사회사』, 한울, 1993.

요미우리 신문사 엮음, 이종주 옮김, 『20세기의 드라마(전3권)』, 새로운 사람들, 1996.

요시다 도시히로, 김해경 · 안해룡 옮김, 『공습』, 휴머니스트, 2008.

요코이 신지, 장경환 옮김, 『서브리미널 마케팅: 대중조작의 신기법』, 앞선책, 1996.

우에노 이타루 외, 『세계사를 지배한 경제학자 이야기』, 국일증권경제연구소, 2003.

원용진, 『대중문화의 패러다임』, 한나래, 1996.

월간중앙, 〈미 비밀해제 문건으로 본 한미동맹 50년사〉, 『월간중앙』, 2003년 4월호.

유근배, 〈미국의 환경운동〉, 미국학연구소 편, 『미국사회의 지적 흐름: 정치 · 경제 · 사회 · 문화』, 서울대학교출판부, 1998, 293~318쪽.

유병선, 〈베트남전 킬링필드 '미라이 학살' 30주〉, 『경향신문』, 1998년 3월 17일, 7면.

유신모, 〈베트남군 피해 정글로 숨은 크메르 루주 가족 25년만에 문명사회 컴백〉, 『경향신문』, 2004년 12월 9일, 15면.

유신모, 〈어제의 오늘〉, 『경향신문』, 2009년 1월 2일~2009년 9월 5일자.

유일상, 『언론법제론』, 개정판, 박영사, 2000.

윤길주, 〈인터뷰/ '코리아 게이트'의 주역 김한조씨: "국가를 위한 일이었기에 이런 고통을 참고 삽니다"〉, 『뉴스메이커』, 1995년 9월 28일, 59면.

윤승용, 〈푸에블로 승무원 33년만에 '명예회복'〉, 『한국일보』, 2001년 4월 25일, 12면.

이기택, 『국제정치사(제2개정판)』, 일신사, 2000.

이기홍, 〈"미래 향한 야심찬 투자 美의 도약 쏘아올렸다": 오늘 달착륙 40주년… 美사회 케네디 재조명 열기〉, 『동아일보』, 2009년 7월 20일자.

이기환, 〈[어제의 오늘]1968년 푸에블로호 납치〉, 『경향신문』, 2009년 1월 23일자.

이동원, 『대통령을 그리며』, 고려원, 1992.

이병천, 〈세계 자본주의 패권모델로서의 미국경제: 포드주의 경영자본주의에서 금융주도 신자유주의까지〉, 전창환 · 조영철 편, 『미국식 자본주의와 사회민주적 대안』, 당대, 2001, 29~70쪽.

이병천 · 이광일 편, 『20세기 한국의 야만 2』, 일빛, 2001.

이보형, 『미국사 개설』, 일조각, 2005.

이삼성, 『20세기의 문명과 야만: 전쟁과 평화, 인간의 비극에 관한 정치적 성찰』, 한길사, 1998.

이상민, 〈닉슨-키신저 시대의 대외정책(1969-1976)〉, 최영보 외, 『미국현대외교사: 루즈벨트 시대에서 클린턴 시대까지』, 비봉출판사, 1998, 321~374쪽.

이상우, 『박정권 18년: 그 권력의 내막』, 동아일보사, 1986.

이신행, 〈제2부 제1장 민권운동〉, 김덕호 · 김연진 엮음, 『현대 미국의 사회운동』, 비봉출판사, 2001, 193~238쪽.

이인묵, 〈닉슨 "에드워드 케네디의 여성 편력 캐내라"〉, 『조선일보』, 2010년 1월 13일자.

이재광, 〈세계석학 인터뷰: 임마뉴엘 월러스틴〉, 『윈』, 1997년 1월.

이재호, 〈'꿈' 파는 기업인가 '악바리 상혼' 인가: 월트 디즈니사의 '두얼굴'〉, 『동아일보』, 1995년 8월 12일, 9면.

이종호, 『세기의 악당: 악인은 왜 매력적일까』, 북카라반, 2010.

이주영, 『미국사』, 대한교과서, 1995.

이주영, 〈미국 신좌파: 역사적 의미와 유산〉, 미국학연구소 편, 『미국사회의 지적 흐름: 정치 · 경제 ·

사회 · 문화』, 서울대학교출판부, 1998, 247~270쪽.

이준구, 〈미국 환경정책의 현황〉, 미국학연구소 편, 『21세기 미국의 역사적 전망 I: 정치 · 외교 · 환경』, 서울대학교출판부, 2001, 385~430쪽.

이찬근, 『투기자본과 미국의 패권』, 연구사, 1998.

이창신, 〈제2부 제4장 여성운동〉, 김덕호 · 김연진 엮음, 『현대 미국의 사회운동』, 비봉출판사, 2001, 324~359쪽.

이창신, 『미국 여성사』, 살림, 2004.

이철송, 〈'NYT, 워터게이트 먼저 알고도 놓쳐'〉, 『경향신문』, 2009년 5월 27일자.

이태호, 〈우드스탁의 해는 저무는가: 격정의 도가니, 우드스탁99 참관기〉, 『월간중앙』, 1999년 9월, 248~256쪽.

이현상, 〈베트남전 미군 양민 학살 현장 '미라이 마을' 관광 명소 떠올라〉, 『중앙일보』, 1998년 3월 17일, 9면.

이홍우, 〈캄보디아의 역사 바로 세우기〉, 『국민일보』, 2004년 11월 4일, 23면.

임종수, 〈1960~70년대 텔레비전 붐 현상과 텔레비전 도입의 맥락〉, 『한국언론학보』, 48권 2호(2004년 4월).

장호순, 『미국 헌법과 인권의 역사: 민주주의와 인권을 신장시킨 명판결』, 개마고원, 1998.

전인영, 〈남북관계의 전개와 통일정책의 허실〉, 한흥수 편, 『한국정치동태론』, 오름, 1996.

전쟁기념사업회, 『한국전쟁사』, 행림출판, 1992.

정문태, 〈"혁명을 이용한 나쁜 놈들이 있었지": 크메르루즈 혁명 30돌 기념 특별 인터뷰〉, 『한겨레 21』, 2005년 4월 26일, 64~78면.

정미경, 〈록의 해방구: 1969년 미 '우드스톡 페스티벌' 개최〉, 『동아일보』, 2006년 8월 15일, 21면.

정순일, 『한국방송의 어제와 오늘: 체험적 방송 현대사』, 나남, 1991.

정연주, 〈미 켄트대 반전시위 유혈진압 30주년〉, 『한겨레』, 2000년 5월 6일, 7면.

정인환, 〈스톤월 40년, 더뎌도 세상은 변한다〉, 『한겨레 21』, 제768호(2009년 7월 13일).

정진석, 〈유신정권 '포드 방한' 로비 극비 공작〉, 『한국일보』, 1995a년 9월 25일, 9면.

정진석, 『총성 없는 전선: 격동의 한 · 미 · 일 현대 외교 비사』, 한국문원, 1999.

조국, 〈한국 근현대사에서의 사상통제법〉, 『역사비평』, 창간호(1988년 여름).

조선일보, 〈닉슨, 유태인의 언론장악 우려〉, 『조선일보』, 1994년 5월 18일, 7면.

조선일보, 〈"닉슨 자살 우려 주변약 치웠다": 헤이그 "사임 압력 높아져 예방조치"〉, 『조선일보』, 1995년 12월 26일, 7면.

조선일보 문화부 편, 『아듀 20세기(전2권)』, 조선일보사, 1999.

조성진, 〈세계적 록가수들 한국 팬 에너지에 '감전': 인천 펜타포트 록 페스티벌〉, 『중앙일보』, 2006년 7월 31일, 16면.

조영미, 〈밀레트〉, 김우창 외 엮음, 『103인의 현대사상: 20세기를 움직인 사상의 모험가들』, 민음사, 1996, 229~235쪽.

조영철, 〈앵글로아메리칸 모델의 기업지배구조와 노사관계〉, 김진방 · 성낙선 외, 『미국 자본주의 해부』, 풀빛, 2001, 157~187쪽.

조이영, 〈책갈피 속의 오늘〉, 『동아일보』, 2008년 9월 3일~2009년 2월 13일자.

조정환, 『21세기 스파르타쿠스』, 갈무리, 2002.

조준상, 〈[해외 미디어]베트남전, 미국의 두 시각〉, 『한겨레』, 2000년 5월 11일, 9면.

주태산, 『경제 못살리면 감방간대이: 한국의 경제부총리, 그 인물과 정책』, 중앙 M&B, 1998.

중앙일보 특별취재팀, 『실록 박정희』, 중앙 M&B, 1998.

중앙일보 현대사연구소연구팀, 〈주한미군 철수 6〉, 『중앙일보』, 1995년 10월 24일, 10면.

지명관, 『한국을 움직인 현대사 61 장면』, 다섯수레, 1996.

천주교인권위원회 엮음, 『사법살인: 1975년 4월의 학살』, 학민사, 2001.

최규장, 『언론인의 사계』, 을유문화사, 1998.

최명 · 백창재, 『현대 미국정치의 이해』, 서울대학교 출판부, 2000.

최민영, 〈"추수감사절(Thanksgiving Day)이 아니라 추수강탈절(Thankstaking Day)이다"〉, 『경향
     신문』, 2005년 11월 26일자.

최상천, 『알몸 박정희』, 사람나라, 2001.

최익재, 〈'킬링 필드' 교도소장 징역 40년 구형〉, 『중앙일보』, 2009년 11월 26일자.

최희진, 〈[어제의 오늘]1969년 보잉사 B747 첫 비행 성공〉, 『경향신문』, 2010년 2월 9일자.

최희진, 〈[어제의 오늘]1968년 미국 전역서 흑인 시위 분출〉, 『경향신문』, 2010a년 4월 6일자.

팽원순, 『매스코뮤니케이션 법제이론』, 개정판, 법문사, 1988.

한겨레, 〈열렬한 평화주의자 변신/20년 전 베트남전 기밀폭로 엘스버그〉, 『한겨레』, 1991년 6월 13
     일, 6면.

한겨레, 〈베트남 양민학살 지휘 미군 '40년만의 속죄'〉, 『한겨레』, 2009년 8월 24일자.

한겨레신문 문화부 편, 『20세기 사람들(전2권)』, 한겨레신문사, 1995.

한국기독교교회협의회 인권위원회, 『1970년대 민주화운동 (Ⅱ)』, 한국기독교교회협의회, 1987.

한국미국사학회 엮음, 『사료로 읽는 미국사』, 궁리, 2006.

한도현, 〈베트남 참전: 연 31만명 '젊은피' 대가 베트남 특수 누려〉, 『한국일보』, 1999년 7월 27일, 14
     면.

한배호, 『한국정치변동론』, 법문사, 1994.

한승동, 〈미 언론 키운 한마디 "오케이, 보도합시다"〉, 『한겨레』, 2009년 4월 11일자.

한홍구, 『대한민국사』, 한겨레신문사, 2003.

한홍구, 〈박정희 정권의 베트남 파병과 병영국가화〉, 『역사비평』, 제62호(2003a년 봄).

홍영기, 〈미국 금융시스템의 위기와 대응: 80~90년대 변화를 중심으로〉, 김진방 · 성낙선 외, 『미각
     자본주의 해부』, 풀빛, 2001, 189~218쪽.

홍윤서, 『전쟁과 학살, 부끄러운 미국』, 말, 2003.

홍은주, 『경제를 보는 눈』, 개마고원, 2004.

홍하상, 『카리스마 vs 카리스마 이병철 · 정주영』, 한국경제신문, 2001.

황성환, 『미 정부 비밀 해제 문건으로 본 미국의 실체』, 소나무, 2006.

황순영, 『우리만 모르고 있는 마케팅의 비밀』, 법문사, 2003.

황유석, 〈69년 '美정찰기 피격' 때 대북 군사보복 검토: 美 국무부 1969~72년 한반도 외교문서 공
     개〉, 『한국일보』, 2010년 5월 6일자.

찾아
보기